イギリス革命と変容する〈宗教〉

イギリス革命と変容する〈宗教〉

異端論争の政治文化史

那須　敬

岩波書店

目次

凡　例

• 慣例に従って、年号は旧暦(ユリウス暦)のまま用いるが、一年の始まりは一月一日とした(すなわち一月一日から三月二四日までを、三月二五日以降と同じ年に繰り入れた)。

• 引用文中の〔 〕は筆者による補足を示す。

• 印刷出版物タイトルの綴りは、基本的にオリジナルのままとしたが、uとvの使い分けに一貫性が見られない場合は現在の用法に直した。一七〇〇年以前の印刷出版物の出版地は、とくに記載しない限りすべてLondonとし、表記を省略した。

• 本書では次の略号を用いた。

ODNB: *Oxford Dictionary of National Biography*, online edition (Oxford University Press, since 2004, last accessed October 2018).

• 使用した一次・二次文献はすべて章末注に記載した。別途、主要参考文献表を岩波書店ホームページにて公開している。

http://iwnm.jp/061326

序　章

1　宗教、宙に浮く

ロンドンの人気パンフレット作家にして渡し守詩人《ウォーター・ポエット》ジョン・テイラー（John Taylor, 1578-1653）による一六四一年のパンフレット、『宗教の敵たち』の表紙絵には、シーツか毛布のような大きな四角い布の端を握って立つ四人の男が描かれている[1]（**図1**）。洒落た市民風の服装をした男性が三人と、頭髪を剃って腰から十字架をさげた托鉢修道士。修道士の名は「教皇派 Papist」、他の三人は「再洗礼派 Anabaptist」「ブラウン派 Brownist」「ファミリー派 Familist」と書かれている。布の中央におかれた聖書は、四人が布を水平に引っ張り合うことで、宙に浮かんでいる。彼らは聖書を落とさないように大切に守っているのだろうか。そうではない。パンフレットの副題が示す通り、彼らは「ずうずうしくも、宗教を放り上げようとしている《トス・イン・ア・ブランケット》」のである。

「再洗礼派」「ブラウン派」「ファミリー派」はいずれも、エリザベス一世（Elizabeth I, 在位 1558-1603）が「礼拝統一法」（一五五九年）で定めたイングランド国教会への帰順命令に従わず、一六世紀後半から非合法の集会活動を続けていたプロテスタント非信従者《ノンコンフォーミスト》集団、すなわちセクトの呼び名であった。「再洗礼派」は、全住民を自動的に体制教会に所属させる幼児洗礼を拒否して、「信者の洗礼《ビリーヴァーズ・バプティズム》」による独自の教会形成を行い、イングランドではバプテスト派の起源となったグループである。いっぽう「ブラウン派」は、聖職者資格を持ちながらも国教会礼拝から離れて私的

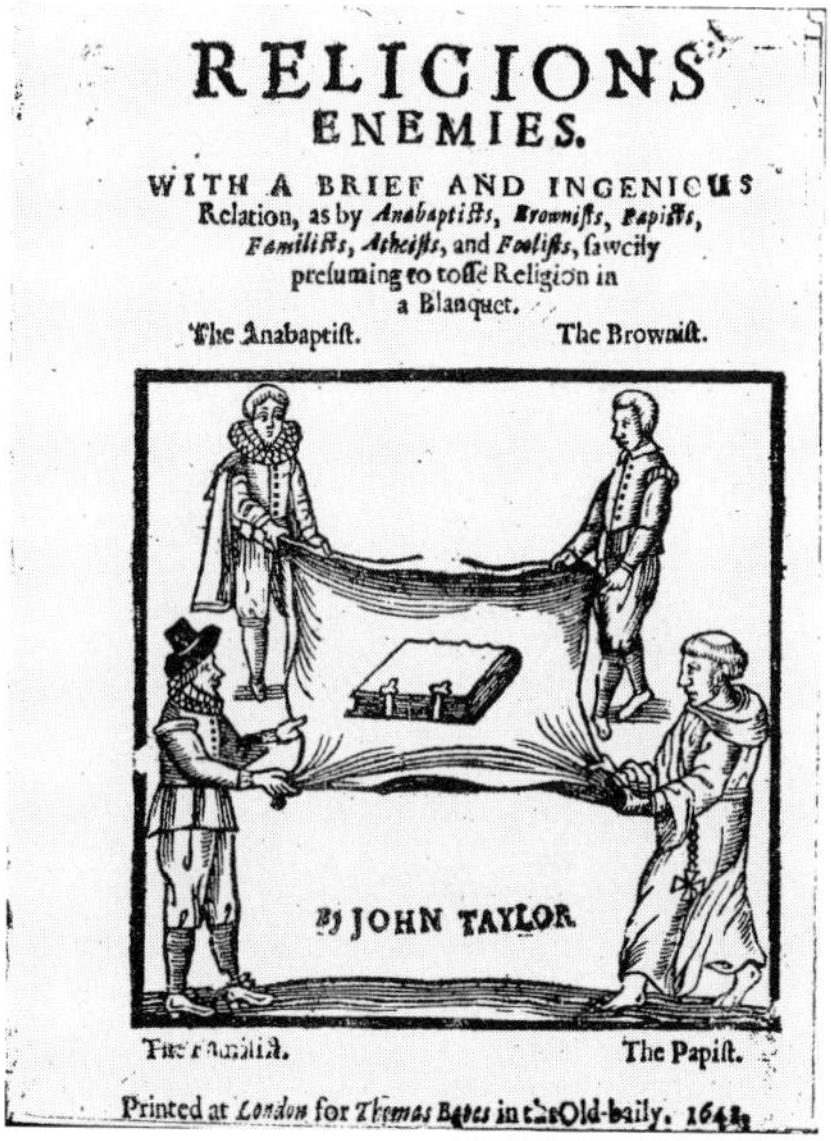

図1 『宗教の敵たち』(1641年) University of Illinois at Urbana-Champaign

な集会で説教をしていたロバート・ブラウン(Robert Browne, 1550?–1633)の名にちなんだ、分離派《セパラティスト》ピューリタンの総称であった。「ファミリー派」は、ドイツの神秘主義者ニコラス(Henry Nicholas[Hendrik Niclaes], 1502–c.1580)を始祖とする教団「ファミリー・オヴ・ラヴ」の略称である。三つのグループは起源も特徴も異なるが、かといって教派として安定した組織を持っていたわけでもない。テイラーの読者たちにとってこれらの名前は、体制教会を脅かすあやしげな危険分子のステレオタイプであったと考えるべきだろう。(2) 興味深いのは、これら急進的なプロテスタント諸セクトと、イングランド国教会の宿敵とも言うべき「教皇派」すなわちローマ・カトリックとが共謀して、「宗教」の転覆を狙っているという、テイラーの見立てである。

テイラーによれば、神は、人間の安全と救済のために、しかるべき秩序に即した身分と職能をこの世界に与えたのだった。それは第一に、人間の法を神の掟と調和させることのできる国王、王族、貴族たちであり、第二に、国王たちの下で教会を司り「キリストの迷える羊たち」を導き教える聖職者たちであり、第三に身体の健康を守る医師たちであり、第四に社会生活上の利害を調整し経済活動を円滑にすすめる法律家たちであった。しかし人は、魂の幸福よりも「身体、富、栄誉」を優先し、聖職者たち以上に医師と法律家をあがめるようになってしまった、とテイラーは言う。その結果、教会の力は衰え、「アリウス派、再洗礼派、ブラウン派、ドナトゥス派、エウテュケス派、ファミリー派、マルキオン派、モンタノス派、ニコライ派、ペラギウス派、教皇派、ピューリタン、ノウァティアヌス派、その他すべての異端とセクト」が、教会とその統治者を攻撃し始めた。彼らは互いに敵対しながら、しかし信仰深さを装って、各々自分たちこそ真の教会であると宣言してはばからない。(3) いまや宗教は宿屋や居酒屋の「テーブル・トーク」になってしまった。「五人がひとつの意見に収まることはない、だが誰もが自分が正しいと思っている」。九〇年にわたって使われてきた国教会の祈禱書はこき下ろされ、聖職者の祭服や儀式も批判されている。ある者は礼拝で跪《ひざまず》き、ある者は立ち、ある者は椅子に座っている。宗教は「煮込み料理《ブランケット》のように、ごたまぜ《ホッチポッチ》にされてしまった」。(4) 宗教が放り込まれた毛布《ブランケット》が、途中でフランス風煮込み料理に変わってしまったのは、テイラー流の駄洒落かもしれないが、要点は同じであろう。イングランドの宗教は危険にさらされているのである。

熱心な国教遵奉者《コンフォーミスト》で、内戦中は国王チャールズ一世(Charles I，在位 1625-1649)を支持することになるテイラーにとって、混乱の責任は、一六四〇年に召集されて以来、国教会制度を弱体化させているイングランド議会にあった。祈禱書や礼拝様式をめぐる激しい論争が繰り広げられたのも、国内でさまざまなセクトの活動が活発になったのも、議会が開かれてからのことだった。聖職者よりも医師と法律家が持てはやされている、というテイラーの皮肉は、内科医ジョン・バストウィックと弁護士ウィリアム・プリンの人気に対するあてつけかもしれない。バストウィックとプリンは、ピューリタン聖職者ヘンリ・バートンとともに、カンタベリ大主教ウィリアム・ロード(William Laud，1573-1645)の主導する宗教政策を批判した罪で、一六三七年に耳そぎ刑を処されたのち投獄されていたのが、一六四〇年に議会命令によって全員解放され、一躍英雄となっていたのだった。立場は逆転し、ロードをはじめとする国教会主教や高位聖職者たちは議会によって悪政の責任を追及されることになった。一六四一年三月にロードはロンドン塔に投獄され、五月には貴族院における主教の議席を剝奪する法案にまで議会の討論は及んだ。ロンドン市民の反聖職者

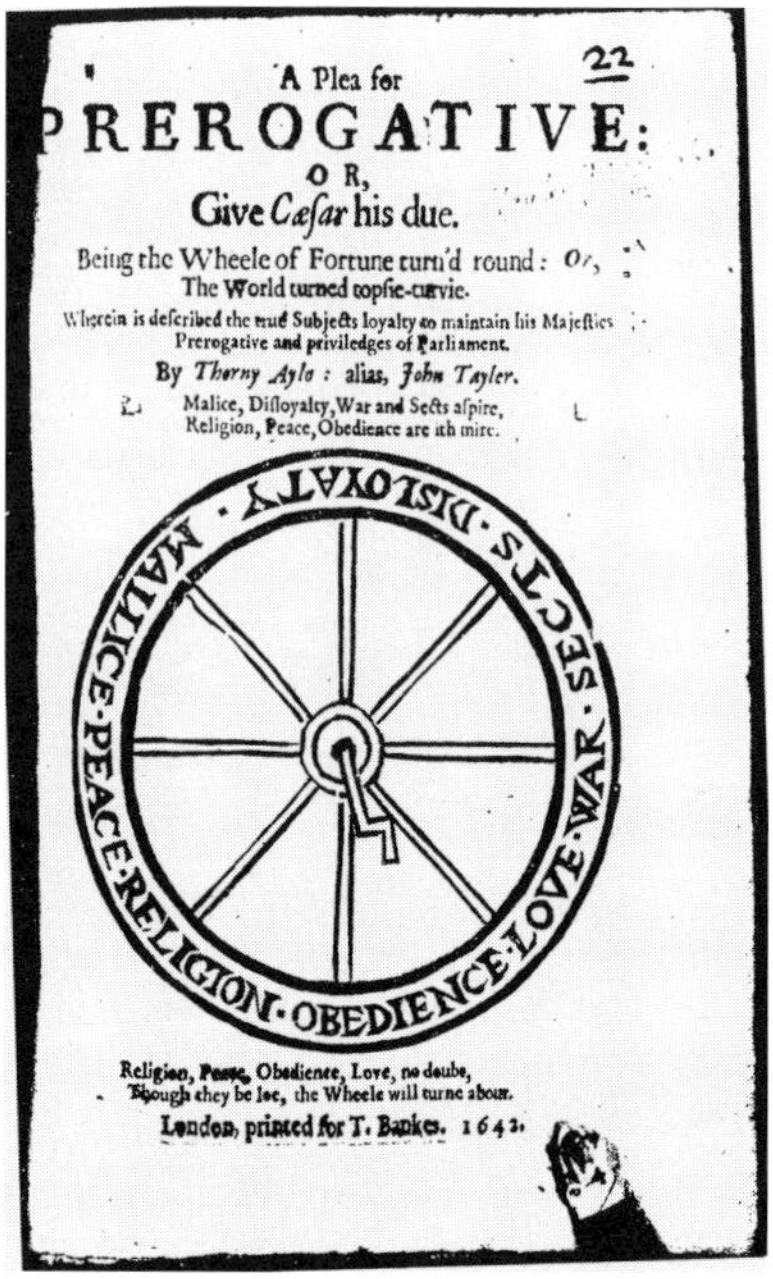

図2 『国王大権を求めて』(1642年)
British Library

感情は高まっていた。テイラーは、「教会の改革、矯正、浄化、純化」をうたいながら実際には教会の「迫害」を断行する勢力こそ、宗教の転覆を謀る「異端やセクト」と、さらにはローマ・カトリック勢力とさえ、共犯関係にあるのだと、嫌みを述べているのである[5]。テイラーの翌年のトラクト『国王大権を求めて』の表紙絵では、「運命の輪」が回転して、「平和」「宗教」「従順」「愛」が下に、「戦争」「セクト」「不忠」「悪意」が上になっている[6](**図2**)。テイラーの目の前で宗教は宙づりになり、秩序はひっくり返ろうとしていた。

テイラーの警告をよそに、イングランドは内戦と革命の時代に突入していった。アイルランドで勃発した大規模なカトリック反乱(一六四一年一〇月)を受けて、軍事と宗教の統率権をめぐる議会とチャールズ一世の溝は深まり、一六四二年夏には本格的な戦争が始まったのである。それでも、宗教秩序を崩壊の危機から守ることは、内戦の続いた一六四〇年代、さらに国王処刑後の一六五〇年代にも、政策と言論にかかわったすべての者の関心事であり続けた。宗教の何を保護し、何を改革しなければならないのか。『宗教の敵たち』の表紙絵を用いて言うならば、布の中央におかれ宙ぶらりになった聖書(宗教)は、これからどこへ行くのか、それを誰が、どうやって守るのかが、問題だったのである。

しかし視点を変えてみれば、テイラーの表紙絵に描かれた「敵たち」もまた、革命期にあらわれた「宗教」を体現していたと言える。革命期を通じてローマ・カトリックに対する敵意は消えることがなかったが、プロテスタント諸セクトの存在は常態化していった。一六五〇年には「礼拝統一法」は廃止され、イングランド国教会は唯一の公認教会としての地位を失ったのである。すべてのイングランド人に義務づけられていた国教会礼拝への出席は任意となった。「再洗礼派」はバプテスト教会として、他のピューリタン分離派諸集団とともに国教会外での礼拝の自由を獲得した。布の中央におかれたひとつの「宗教」に目を凝らしているうちに、布を囲む「敵たち」のほうが新たに「宗教」を名乗ることになっていた、と表現することができるかもしれない。

宗教をめぐる戦争によって宗教そのものの意味が変わってしまうという、このパラドクシカルな転換こそ、イギリス革命期の宗教変動のもっとも重要な特徴である。一七世紀半ばの革命は、宗教改革の主導権をめぐる戦いであったが、同時に、宗教とは何であるかという文化的前提を問いなおす戦いでもあった。本書の目的は、教会のあるべき姿をめぐって複雑に交叉する論争の軌跡をたどりながら、イギリス近世史上最大の政変とも言える革命と「宗教」の関係について、考察することである。

2 「ピューリタン革命」論をこえて

これまでの歴史学は、一七世紀の革命と宗教をどのように論じてきただろうか。膨大な先行研究をここで詳細に解説することはできないが、はじめに批判的に検討しなければならないのは、問題設定としての「ピューリタン革命」である。「ピューリタン革命」とは、短期・長期議会召集(一六四〇年)から、議会派・国王派に分かれた三度の内戦

（第一次：一六四二—一六四六年、第二次：一六四八年、第三次：一六五〇—一六五一年）、国王処刑（一六四九年）、共和国樹立（一六四九年）とクロムウェルの護国卿体制（一六五三—一六五九年）、そして王政復古（一六六〇年）にいたる二〇年間の出来事に対して、一九世紀後半から二〇世紀前半の歴史学が与えた名称であり、ひとつの解釈であった。ただしそれ以前には、この事件は「反乱 rebellion」の名で呼ばれることが普通であった。「革命」は、一六八八—一六八九年の名誉革命のほうを指すことばだったのである。[7] サミュエル・ガードナーに続く二〇世紀の歴史家たちは、チャールズ一世の専制に対する議会主権主義の、あるいは抑圧的な国教会体制に対する自律的なプロテスタント信仰者たちの闘争として、一七世紀半ばの出来事を再評価した。かつての不幸な「反乱」は、誇るべき「革命」となったのである。[8]

　ホイッグ史観とも呼ばれる、このような肯定的・進歩主義的な歴史解釈を支える中心概念が、「ピューリタニズム」であった。もとより「ピューリタン」は、明確な社会的カテゴリーや特定の神学体系ではない。一六世紀後半から一七世紀前半にかけて、このことばは祈禱書や祭服、主教制 episcopacy などを悪しきローマ・カトリックの残滓として批判したり、一般民衆の不信仰を糾弾したりする一部の熱心な聖職者たちの独善を揶揄するラベルであり、蔑称であった。[9] しかし歴史家たちは、プロテスタント宗教改革の理念型としてピューリタニズムを肯定的に定義し、革命前の国教会のさまざまな「不完全さ」と対比させた。すなわち、国教会が国王の政治的な（不純な）動機によるトップダウン式の改革の産物であったこと、「カトリック的」な礼拝様式を残したこと、個人の信仰の自由を認めなかったこと、といった諸問題である。こうして否定的に定義された「アングリカニズム」と、これに対峙する「ピューリタニズム」の二項対立を、課税や行政をめぐる国王と議会の対立に重ね合わせることによって、後者の勝利を歴史の必然として説明したのが、「ピューリタン革命」論であった。[10]

　ピューリタニズムに内在する近代性に着目するホイッグ史観では、スコットランド教会をモデルとした統一的な長老制国教会を望む「長老派 Presbyterians」と、これに反対する「独立派 Independents」とに議会支持者たちが分裂したことは、ダーウィン主義的とも呼べるような一種の進化論で説明されてきた。ウィリアム・ハラーのような歴史家にとって、長老派失脚の理由は、彼らがはじめ主教制国教会を批判し教会改革に賛成したにもかかわらず、「宗教的寛容」や「信仰の自由」といったピューリタニズムが本来志向していたより近代的な価値までは理解できなかったという、その未熟さあるいは不完全さにあったのである。[11] ピューリタニズムの先進性によって一七世紀の歴史的変化を説明するグランド・ナラティヴは、「チャーチ」に対する「セクト」型教会に近代資本主義との親和性を見出したマックス・ヴェーバーにも、諸セクトやレヴェラーズに社会主義思想の起源をもとめたクリストファー・ヒルのマルクス主義歴史学にも継承された。[12] 一七世紀のピューリタンはまた、二〇世紀世界において大きな経済・軍事・政治的影響力を誇ったアメリカ合衆国の精神的ルーツとしても、研究する価値のあるテーマであった。日本の歴史教育でいまなお流通している「清教徒革命」とは、このような二〇世紀歴史学の面影を残した概念なのである。宗教秩序の動揺に、一七世紀のイングランド人たちがどのように向き合ったかといった視点は、そこにはない。

しかし人文・社会科学の諸研究領域において近代主義への批判が行われたように、進歩主義的あるいは楽観的な「ピューリタン革命」像は、二〇世紀の終わりまでに修正主義世代の歴史家たちによって見直しを迫られた。批判は、ある到達点に向かう必然的な変化の過程として歴史を描く目的論、一七世紀には存在しなかった近代的な諸概念やカテゴリーを用いて過去を説明するアナクロニズム、出来事の偶発性や個人の主体性を無視して、マクロレベルでの構造的変化に歴史を回収する基底還元論などに向けられた。新しい社会史や文化史の成果を吸収しながら、研究の視角は革命における民衆、ジェンダー、言説と公共圏、表象文化などへ多極化していった。[13] 説明原理としての「ピューリタニズム」は影を潜め、よりニュートラルな「イングランド内戦 the English civil war」の呼称が一般化していった。

かつての歴史叙述がイングランド中心に偏っていたことに対する反省も、新しい研究動向に反映された。同じステュアート王家の統治下におかれてはいたが、政治的・宗教的・文化的にイングランドとは大きく異なっていたスコットランドおよびアイルランドが戦争に与えた影響を考慮して、歴史家たちの議論は「三王国戦争 the war(s) of the three kingdoms」ないし「ブリテン革命 the British revolution」へと移行していったのである。[14] 邦訳された『オックスフォード　ブリテン諸島の歴史』シリーズは、こうした新しい問題意識から編纂された画期的な入門書である。[15] ただし、三王国戦争論はその射程の広さゆえに歴史像を複雑に、総括をより困難にしたことも事実である。

本書では、おおまかにブリテン史全体にかかわる政変を「イギリス革命」(ここでの「イギリス」はブリテン諸島、すなわちイングランド、スコットランド、アイルランドを含むステュアート三王国を指す)と呼び、イングランドにおける戦争については「イングランド内戦」と呼ぶことにするが、ふたつのあいだに厳密な境界線を引くものではない。ただし、上述したホイッグ的な歴史理解を相対化するために、「ピューリタン革命」の語は避けることにしよう。「ピューリタン」は、国教会のさらなる改革に期待しつつ敬虔な信仰生活に努める人々や、そうした文化的傾向を指すことばとして用いる。しかし本書では、「アングリカン」と「ピューリタン」という誤った対立構造に頼らずに、革命期の宗教とその変化について考察したいのである。

3　宗教とは何であったか

では、そもそも宗教とはどのようなものであっただろうか。中部イングランド、ノーサンプトンの牧師エウセビウス・パジット(Eusebius Pagit, 1546/7-1617)は、一般信徒向けに書いた教理問答書《カテキズム》で、一七世紀を通じてロング・セラーとなった『聖書のはなし』(初版一六〇二年)の本文を、次のような印象的な問いかけで始めている。

Question. What is Religion?　質問　宗教とは何ですか?

Answer. A knitting of us againe to God.　答え　私たちをふたたび神と結びあわせることです。(16)

パジットの「knitting of us 私たちを結ぶ」という表現は、近世イングランドにおける宗教のあり方を理解する上で重要なヒントとなる。ここでパジットは、人と神との結びつきだけでなく、「私たち」の社会的結合をも意味しているからである。社会的な規範に束縛されない個人の信条や、私的な精神的営み、特定の神学思想の体系といった、現代的な宗教理解は、ここにはない。宗教とは第一義的に、すべての人がそのなかに組み込まれるべき望ましい秩序《オーダー》のことであった。

神と人間社会の理想的な結びつきという状態を意味することばである以上、宗教に数や種類は想定されなかった。宗教は、それが成立しているか、欠如ないし破損しているかのいずれかであって、数えたり選んだりすることのできる「もの」ではなかった。(17) イングランドの出版物上で名詞「Religion」の複数形が頻繁に用いられるようになるのは一六四〇年代すなわち革命期以降であるが、本書で明らかにするように、それは、思想信条の自由を求めた人々ではなく、宗教の単一性を堅守しようとする聖職者や神学者たちによる書物においてであった。

宗教の単一性、そして宗教と社会の一体性を保障していたのが、教会であった。キース・トマスのことばを借りるならば、「イングランド国教会は、その最も重要な現われ方の一つからいえば、社会そのものに他ならなかったのである」[18]。たしかにヘンリ八世(Henry VIII, 在位 1509-1547)の宗教改革はローマ・カトリック教会からの分離独立を意味したが、イングランド国内において教会の唯一性と普遍性という原則に変化はなかった。続くエドワード六世(Edward VI, 在位 1547-1553)期にはじめて導入されて以来、国教会礼拝を規定し続けた「共通祈禱書 *The Book of Common Prayer*」(一五四九年、一五五二年、一五五九年)の「コモン」とは、公的あるいは共同という意味である。単一のイングランド国教会は、主教制にもとづいて統治された。すなわち教会全体がカンタベリとヨークのふたつの大主教管区 province に分けられ、このふたりの大主教(カンタベリがヨークに優越した)の下に、合計二七の主教区 diocese がおかれた(ウェールズの四主教区を含む)。各主教区の主教 bishop は、大執事 archdeacon や地方執事 rural dean の補佐を受けながら、個々の教区 parish 教会を統括した[19]。一七世紀イングランド国教会の教区の数は九〇〇〇程であった。これらすべての上に、国教会首長(または最高統治者)として立っていたのが、イングランド国王であった。

国教会の重要性を誰もが理解していたからこそ、そこからの分離にはピューリタンたちでさえ警戒した。国教会の不備を批判することと、国教会そのものを否定することはまったく別の考えだったからである[20]。思想教条にかかわらず、分派《シズム》はそれだけで社会の一体性を、またキリスト教徒の愛《チャリティ》を破壊しかねなかった。それゆえ、一六四〇年代に議会が主教制を廃止し抜本的な教会改革に着手したとき、ピューリタン聖職者の大半は、全国民が単一の教会に連なるような伝統的な宗教秩序の維持を望んで、長老派を支持したのである。本書の課題のひとつは、分離主義をめぐる当時の論争を、セクトや独立派の側からではなく、教会の一致の原則からこれを「異端」として禁止しようとした長老派支持者たちの側から検討することである。

教会の社会的機能は、イングランドの人々の生活空間であった教区を見ても明らかである。宗教改革以前から、すべてのイングランド人は教区のなかに生まれ、教区教会で礼拝し、洗礼、結婚、葬儀という人生の重要な通過儀礼を教区教会で行ってきた。共同体《コミュニティ》とは、ともに聖餐《コミュニオン》の秘蹟に参加する集団のことであったから、聖餐礼拝《ユーカリスト》こそ人々を「結ぶ」重要な役割を果たしていた。[21] 逆に、教区の調和を乱した者や隣人と敵対関係にある者は、重い罪を犯した者と同様、聖餐式への参加を一時的に禁止された。陪餐停止 excommunication は、字義通り、神と人間社会の両方からの絶交を意味する、きわめて重い処罰であった。

教区教会のなかの座席は、身分や特権、納税額、(未婚者は)年齢、性別などによって分かれていたから、教会は人々に彼らが集団として属する社会の構造と、そのなかで各々がおかれた順位《オーダー》を教える場所でもあった。[22] 一六世紀から一七世紀にかけて説教、寓意画、戯曲などがくりかえし強調したのは、君主と国民、聖職者と平信徒、主人と使用人、夫と妻、親と子といった主従関係の重要性であったが、こうした社会関係は神と被造物の関係に対応するものとして説明された。イメージされたのは、「不平等ではあるが機能的に相互依存した諸部分からなる一つの有機体」としての社会であった。[23] 後代の歴史家たちが「存在の大いなる連鎖 The great chain of being」と名づけたこのような秩序観は、人間社会だけでなく、動植物から物質世界、天体の運動から人体の構造までもとりこんで、神の下にあるすべての存在を説明した。[24] ジョン・テイラーが『宗教の敵たち』で擁護しようとした正しき秩序とは、このことであった。

このように近世の宗教は、それなしで他のものを説明することが困難なほど、隅々にまで影響力を有していた。宗教は、人間関係の基礎という点において社会と同義であり、また意味の体系、思考と行動の様式と見れば文化そのものであったと言うことができる。ただしここで、変化の余地のまったくない安定した社会をイメージしたり、人々の考えが教会のイデオロギーに支配されていたと考えたりすれば、認識を誤ることになる。国教会成立(一五三四年)から名誉革命までの一五〇年間は、宗教のあるべきかたちをめぐって、王権、議会、教会関係者、知識人、さらに一般信徒のあいだで、さまざまな意見が激しく闘わされた時代であった。社会秩序と不可分であったからこそ、宗教は絶え間ない競争の対象となり、またその舞台となったのである[25]。

こうした争いを、不合理な旧弊と近代的な価値観との戦いとして読むホイッグ史観の問題については先に触れた。近年のイギリス史研究は、宗教改革を明確な目的をもった一回限りの出来事として描くのではなく、空間的多様性を意識しながらこれを脱構築し、さまざまな可能性と矛盾を含み、一六世紀から一八世紀にいたる長期的かつ複合的な議論と実験、対立と妥協のプロセスとして、すなわち「長い宗教改革 the Long Reformation」として論ずるようになった[26]。そのなかで起こった一六四〇年代から五〇年代の内戦と革命は、ジョン・モリルの提唱したように「宗教(をめぐる)戦争 wars of religion」と呼ぶのがふさわしいかもしれない[27]。

4　本書の構成とアプローチ

以上の議論をふまえて、本書では次のような問いを立てたい。社会生活と国家統合の要としての、また文化としての宗教は、イングランドの内戦と革命を通して、どのように擁護され、議論と闘争の対象となり、どのような変化を被ったのだろうか。宗教をめぐる戦いに誰がどのような目的で参与し、その結果、宗教は革命前とどのように違った姿になっていただろうか。

前半の第1章から第3章では、反教権主義《アンチクラリカリズム》や教会音楽、対スコットランド関係や異端の弾圧といった問題をめぐって、イングランド人聖職者、貴族や庶民院議員ら政治エリート、市民、さらにスコットランド人聖職者たちのあいだで交わされた議論を、イングランド宗教改革の継続という観点から考察する。ここではとくにイングランド議会の果たした役割を再評価するのと同時に、議会と「ピューリタン」を無批判に同一視してきた「ピューリタン革命」論の限界も示したい。後半では、革命期イングランドの宗教文化の特徴とも言えるセクトの増加に対して、これを「異端」として論じた出版物と、その言説に視点を移す。第4、第5、第6章でそれぞれ取り上げるトマス・エドワーズ、イフライム・パジット、アレクサンダー・ロスは、ヒルによって「プロの異端狩り」[28]と評された聖職者たちである。しかし、言語や表現形式、また活動のコンテクストに注意を払えば、宗教の危機への彼らの対応の仕方が少しずつ異なっていたことが分かる。テイラーが嘆いた「異端とセクト」のさまざまな表象はしたがって、革命期イングランドにおける宗教理解の変化の様相を考察する上で重要な手がかりとなる。セクトの登場は、宗教の唯一性という大前提に対する重大な挑戦であったからである。

研究手法は、テクスト分析が中心となる。神学書、論争書、説教、パンフレット、風刺、新聞などの印刷出版物のほか、法令や条約、議事録、請願書、国家文書《ステート・ペーパーズ》に収められた書簡や報告書などの政府・議会関連史料、また聖職者や議員ら個人の私信や日誌など、使用する史料の種類と性格はさまざまである。

イギリス革命史研究において、こうした史料の選択に目新しさはない。ただし、本書ではこれらの文書史料を、過去の出来事を再構成するための情報源《ソース》として用いるのと同時に、一七世紀イングランドにおける経験の構成要素としても分析したい。たとえば、第4章で取り上げる長老派聖職者トマス・エドワーズの異端学書『ガングリーナ』(一六四六年)は、革命期に登場した諸セクトの思想や活動を記録した史料として引用されてきたが、セクトに対するエドワーズの激しい敵意と、セクトに同情的と見られた独立派聖職者たちを政治的に孤立させるという目的ゆえに、内容の信憑性がしばしば歴史家のあいだで問題になった。あらゆる道徳律を無用と考える反律法主義《アンチノミアニズム》、汎神論、性的放縦といった過激な特徴をもつ急進セクト「ランターズ」の実在をめぐる研究論争が有名である。一九八六年のモノグラフでJ・C・デイヴィスは、『ガングリーナ』を含む「煽動的」な出版物の史料的価値を疑い、明確な特徴と組織をもった一個のグループとしてのランターズは実在しなかったと論じた。これにヒルやE・P・トムスンをはじめとする多くの歴史家が強く反発し、大きな議論が巻き起こったのである[29]。だが、宗教をめぐる革命期の論争的な文書を信頼することができるか否かは、歴史家だけが直面した問題ではない。同時代人に対しても、これらのテクストはみずから事実を語る情報源として振る舞ったからである。目撃者の証言や手紙の抜粋を組み合わせるジャーナリスティックな編集、さまざまな「誤謬」をカタログ化する手法もまた、真実を創出する装置であった。『ガングリーナ』のような異端学書は、出来事の(バイアスのかかった)記録であるのと同時に、それじたいが出来事なのである。

一七世紀イングランドの宗教的急進主義の研究は、ヒルの時代にピークをむかえた後しばらく停滞していたが、近年ふたたび盛んになり、研究成果の充実が著しい[30]。だが本書の関心は、さまざまな宗教的立場や異端的セクトの思想や活動の内容を明らかにすることではない。また、歴史をつらぬく普遍的な概念としての「異端」の一般的な考察も行わない。むしろ、宗教秩序とその危機をめぐる革命期の複雑な闘争のなかで、言語や表象を通して「正統」と「異端」が定義された歴史に注目したい。どのような歴史的概念も、たえず意味を変え、あるときに役割を失う。ステレオタイプとしての「ランターズ」も、宗教的アイデンティティとしての「ピューリタン」も、意味の交渉の過程でつねに再構築されていたのである[31]。イングランドの「長い宗教改革」史において「異端」が大きな政治的重要性をもったのは、一七世紀半ばの革命期が最後であったというのが、本書の主張のひとつである。

このような問題設定は、「言語論的転回」以降の歴史学研究の考え方に沿うものである。ただし、言語活動や文化的交渉を通して宗教的カテゴリーやアイデンティティが構築されると認めることや、「正統」や「異端」の歴史性・流動性を検討することは、これらが虚構だとか、中味のない名前にすぎないと主張することではない。本書の課題は、宗教的真理をめぐる論争が社会的な緊張を実際に産み出し、人々の行動を形づくり、結果的に宗教や文化そのものまで変化させてゆく過程について考えることなのである。エドワーズ研究の第一人者アン・ヒューズのことばを引用して、序を閉じたい。「ラベルやカテゴリー、ステレオタイプによって人々は何が真実で正統であるのかを定義しようとし、また敵対する者を部外者、他者として悪者扱いする。これら〔ラベルやカテゴリー〕は、現実の世界に影響を与える。なぜならこれらは、世界がどのように経験され、理解されるかを、〔控え目に言っても〕左右するからである(32)」。

それでは、チャールズ一世即位四年目の一六二八年、イングランド最東北の主教座聖堂都市ダラムから、考察を始めよう。

（1） John Taylor, *Religions enemies: with a brief and ingenious relation, as by Anabaptists, Brownists, Papists, Familists, Atheists, and Foolists, saucily presuming to tosse religion in a blanquet*(1641). テイラーについては以下を参照。Bernard Capp, *The World of John Taylor the Water-Poet 1578–1653*(Oxford, 1994); 佐々木和貴「越境する船頭――ジョン・テイラーと初期ステュアート朝ロンドン」『十七世紀英文学研究――十七世紀英文学と都市』一二巻(二〇〇四年)、四五―六二頁。

（2） B. R. White, *The English separatist tradition*(Oxford, 1971); Michael R. Watts, *The dissenters*, vol. 1(Oxford, 1978), ch. 1; J. F. McGregor, 'The Baptists: fount of all heresy', in J. F. McGregor and B. Reay(eds.), *Radical religion in the English revolution*(Oxford, 1984), pp. 23–63; Christopher W. Marsh, *The family of love in English society, 1550–1630*(Cambridge, 1994). ブリティッシュ・ライブラリ所蔵の『宗教の敵たち』の表紙絵には、毛布の下に「すべて独立派 all Independents」という、書籍商ジョージ・トマソンによると考えられる書き込みが残っている(British Library, E.176[7])。ただし一六四一年の時点で、分離会衆教会に集う者を「独立派」と呼んでいた例は少ない。本書第4章3節を参照。

（3） Taylor, *Religions enemies*, pp. 4–5. 再洗礼派、ブラウン派、ファミリー派等を除く古代・中世キリスト教の異端については以下を参照。D・クリスティ＝マレイ『異端の歴史』野村美紀子訳(教文館、一九九七年)；水垣渉・小高毅(編)『キリスト教論争史』(日本キリスト教団出版局、二〇〇三年)。

（4） Taylor, *Religions enemies*, p. 6.

(5) *Ibid.*, pp. 1, 2. ただし、キャップによればテイラーはロード派主教たちによる教会統治を全面的には支持していなかった。Capp, *World of John Taylor*, chs. 6 and 8.

(6) John Taylor, *A plea for prerogative: or, give caesar his due*(1642).

(7) ジョン・モリル「一七世紀ブリテンの革命再考」富田理恵訳『思想』九六四号(二〇〇四年)、五二頁。

(8) R・C・リチャードソン『イギリス革命論争史』今井宏訳(刀水書房、一九七九年)、第四、第五章。加筆された第三版はR. C. Richardson, *The debate on the English revolution*, 3rd edn. (Manchester, 1998); 岩井淳・指昭博(編)『イギリス史の新潮流――修正主義の近世史』(彩流社、二〇〇〇年)、第三、第五章も参照。

(9) Patrick Collinson, *The puritan character*(Los Angeles, 1989), reprinted in Idem, *From Cranmer to Sancroft*(London, 2006), pp. 101-128; Idem, 'A comment: concerning the name puritan', *The journal of ecclesiastical history*, vol. 31, no. 4(1980), pp. 483-488. See also J. Coffey and P. C. H. Lim(eds.), *The Cambridge companion to puritanism*(Cambridge, 2008); C. Durston and J. Eales (eds.), *The culture of English puritanism, 1560-1700*(New York, 1996).

(10) 「ピューリタン」概念の問題と可能性については、那須敬「言語論的転回と近世イングランド・ピューリタン史研究」『史学雑誌』第一一七編、第七号(二〇〇八年)、八三―九六頁。

(11) 独立派の求める信仰の自由に真っ向から反対した長老派聖職者たちは、「光にそむいたのだ。しかしそれは、彼らが自分たちで火をつけた、その光だったのである」。William Haller, *Liberty and reformation in the puritan revolution*(New York, 1955), p. 119. 進化論的なピューリタニズム理解については、Patrick Collinson, 'Sects and the evolution of puritanism', in F. J. Bremer(ed.), *Puritanism: transatlantic perspectives on a seventeenth-century Anglo-American faith*(Boston, 1994), p. 147.

(12) マックス・ヴェーバー『プロテスタンティズムの倫理と資本主義の精神』大塚久雄訳(岩波文庫、一九八九年); Christopher Hill, *The world turned upside down*(London, 1972); Idem, 'Irreligion in the "puritan" revolution' in McGregor and Reay(eds.), *Radical religion in the English revolution*, pp. 191-211; 岩井淳・大西晴樹(編)『イギリス革命論の軌跡――ヒルとトレヴァ＝ローパー』(蒼天社出版、二〇〇五年)。

(13) 研究視角の多様性は、次の書にもっとも端的にあらわれている。Michael J. Braddick(ed.), *The Oxford handbook of the English revolution*(Oxford, 2015). 修正主義については注(8)文献のほか、以下も参照。近藤和彦「「イギリス革命」の変貌」『思想』九六四号(二〇〇四年)、四二―五一頁。

(14) Conrad Russell, *The causes of the English civil war* (Oxford, 1990); John Morrill, *The nature of the English revolution* (London, 1993); Peter Gaunt, *The British wars, 1637-1651* (London, 1997); David Scott, *Politics and war in the three Stuart kingdoms, 1637-49* (Basingstoke, 2004); Allan I. Macinnes, *The British revolution, 1629-1660* (Basingstoke, 2005); ジョン・モリル「ブリテンの複合君主制一五〇〇―一七〇〇」後藤はる美訳『思想』九六四号(二〇〇四年)、七六―九二頁。

(15) ジョン・モリル「聖者と兵士の支配――ブリテン諸島における宗教戦争、一六三八〜一六六〇年」、ジェニー・ウァーモールド(編)『オックスフォード　ブリテン諸島の歴史7――一七世紀　一六〇三―一六八八年』西川杉子監訳(慶應義塾大学出版会、二〇一五年)、一一一―一五二頁。

(16) Eusebius Pagit, *The history of the Bible briefly collected by way of question and answere* (1602), p. 1. See also Ian Green, *The Christian's ABC* (Oxford, 1996), pp. 210-211, 253 and passim. 文化としての宗教について以下も参照されたい。那須敬「宗教と文化」、井野瀬久美惠(編)『イギリス文化史』(昭和堂、二〇一〇年)、一七―三四頁。

(17) この問題は第6章で検討する。

(18) キース・トマス『宗教と魔術の衰退(上)』荒木正純訳(法政大学出版局、一九九三年)、二二二頁。

(19) イングランド宗教改革初期における主教と教区教会の関係については、山本信太郎『イングランド宗教改革の社会史』(立教大学出版会、二〇〇九年)を参照。

(20) Patrick Collinson, *The religion of Protestants* (Oxford, 1982), pp. 273-276.

(21) John Bossy, 'The mass as a social institution 1200-1700', *Past and present*, vol. 100, no. 1 (1983), pp. 29-61.

(22) トマス『宗教と魔術の衰退(上)』、二二三頁；指昭博「近世イングランドの教会座席」、指(編)『キリスト教会の社会史』(彩流社、二〇一七年)、第五章。

(23) キース・ライトソン『イギリス社会史　一五八〇―一六八〇』中野忠訳(リブロポート、一九九一年)、二二頁。

(24) C・A・パトリディーズほか『存在の連鎖』村岡晋一ほか訳(平凡社、一九八七年)；今関恒夫「無秩序へとさまよいだすとき――イギリス革命前夜における「正統派ピューリタン」と社会」、今関恒夫ほか『近代ヨーロッパの探求三　教会』(ミネルヴァ書房、二〇〇〇年)、二六六―二六七頁。

(25) Russell, *Causes of the English Civil War*, ch. 3, esp. pp. 62-68.

(26) Nicholas Tyacke (ed.), *England's long Reformation 1500-1800* (London, 1998). See also John Spurr, *The Post-Reformation*

(Harlow, 2006); Peter Marshall, *Reformation in England 1480–1642* (London, 2012).

(27) 一九八四年の論文をモリルは、「イングランド内戦はヨーロッパ最初の革命ではなく、最後の宗教戦争だった」の文で閉じている。John Morrill, 'The religious context of the English civil war', *Transactions of the Royal Historical Society*, 5th series, 34 (1984), p. 178, reprinted in Idem, *The nature of the English revolution* (London, 1993), p. 68. cf. p. 37. 注(15)文献のほか以下も参照。John Morrill, 'Renaming England's wars of religion', in C. W. A. Prior and G. Burgess (eds.), *England's wars of religion, revisited* (Farnham, 2011), pp. 307–325.

(28) Hill, 'Irreligion in the "puritan" revolution', p. 206.

(29) J. C. Davis, *Fear, myth and history* (Cambridge, 1986).「ランターズ」論争の詳細と評価は、那須「言語論的転回」を参照。

(30) たとえば、David R. Como, *Blown by the spirit* (Stanford, 2004); Peter Lake, *The boxmaker's revenge* (Stanford, 2001); A. Hessayon and D. Finnegan (eds.), *Varieties of seventeenth- and early eighteenth-century English radicalism in context* (Farnham, 2011); Articles in the special issue: 'Gerrard Winstanley: theology, rhetoric, politics' in *Prose studies*, vol. 36, no. 1 (2014).

(31) Peter Lake, 'Introduction', in P. Lake and M. Questier (eds.), *Conformity and orthodoxy in the English Church, c.1560–1660* (Woodbridge, 2000), esp. pp. xi–xii, xviii–xix.

(32) Ann Hughes, *Gangraena and the struggle for the English revolution* (Oxford, 2004), p. 11.

第1章　イングランド議会と反教権主義

1　王と馬丁

一六二八年四月二八日の月曜日に、ダラム大聖堂参事会が主催しアン・タイラー宅で行われた晩餐会で、聖堂参事会聖職者《プリベンダリ》ジョン・カズン(John Cosin, 1595-1672)は、いつものように同僚や客人たちと穏やかな討論を楽しんでいた。華やかなテーブルには首席司祭《ディーン》をはじめとする大聖堂関係者たちに加え、地元ジェントルマンや市参事会員ら有力市民など、聖俗界の要人たちが集まっていた。のちのカズンの回想によれば、客人はみな「学識のある」聡明な人々で、会話は「親しく」「カジュアルな」ものだった。カズンの前途は明るかった。ケンブリッジを卒業後、ダラム主教リチャード・ニール(Richard Neile, 1562-1640)付のチャプレン(牧師)に抜擢され、一六二四年にダラム大聖堂参事会席という高給ポストを獲得したカズンは、翌年にはヨーク大主教区のイースト・ライディング地区の大執事にも任命されている。これらに加え、一六二八年の時点で彼はダラム周辺二教区の聖職禄も保有していた[1]。これらの地位をカズンに与えたニールは、国教会主教のなかでも強い影響力をもち、国王チャールズ一世の厚い信頼のもと一六二七年には枢密院顧問官に任命されていた(図1)。

しかしこの夜のカズンの失言が、半年後に遠く離れたウェストミンスターで予想外の波紋を起こすことになる。カズンが宴席で、教会に対する国王の至上権を否定する発言をしたという報告が、法務長官サー・ロバート・ヒースの耳に

図1　ジョン・カズン
Auckland Castle, 筆者撮影

入ったのである。ダラム市の公証人トマス・キングが一〇月二七日に提出した宣誓供述によれば、カズンは客人たちの前で「チャールズ王はイングランド国教会のキリストに次ぐ首長 Supreme head ではないし、陪餐停止については、私の馬のひづめを磨く馬丁ほどの権限も持っていない」と言い放ったという。[2]

　報告が虚偽の流言でない限り、カズンを召喚し星室法廷での訴追の手続きを開始するという法務長官ヒースからの通知に、ダラム大聖堂参事会は迅速に対応した。カズン本人を含めた参事会聖職者たちの供述が集められ、一一月中にヒースに送り返された。同僚たちはキングの言う問題発言は耳にしていないと証言し、騒ぎは「カズン氏の名と評判を傷つけるため」の罠だと主張した。夕食会に同席していたダラム州長官サー・ウィリアム・ベラシスも証言に加わり、カズンの無罪を訴えた。[3]

　カズン自身による釈明文によれば、夕食会での発言は教会法についての会話中のことで、論題は陪餐停止権、すなわち信徒の聖餐式への参加を禁止する聖職者の権限は誰に由来するか、についてであった。「それはキリストです」とカズンが言うと、客人のひとりで地元ジェントリのプレザンス氏が割って入り、[4] 国王ではないのか、また国王も聖職者同様に陪餐停止できるのではないか、と尋ねた。カズンは「〔陪餐停止を〕執行するのは、たしかに国王の下においてです」、と答える。「しかしその権限はキリストのみに由来し、叙任された聖職者であるゆえに持つものです。この特権を聖職者たちから取り上げた国王はひとりもいません」。するとプレザンスがふたたび尋ねた。「ならばどうして、国王は教会の首長であると言えるのでしょう」。ここでカズンは「首長」の名は国王に対して用いるべきではない、と言ったのだった。国王は教会の「最高統治者 Supreme governor」であるというのがエリザベス一世の「国王至上法」(一五五九年)の定めであって、教会の首長と呼ぶべき人物はキリストひとりである。こうカズンは説明した。我々聖職者は君主たちの統治を喜んで受け入れるが、秘蹟《サクラメント》を執り行ったり陪餐を停止したりする力を我々が為政者に委譲したなどと考えるのは誤りである。「人々が教会の統治に従うように強いる外面的な強制力は、国王のみに発するものです。ですが、教会統治の力そのものはキリストから出たものであって、それは使徒たちに与えられ、それを聖職者たちが継承したのです」。同席者たちはおおむね同意してくれたが、残念ながらプレザンス氏は何か誤解したのかもしれない、とカズンは締めくくっている(5)。

理路整然とした供述書のトーンとは対照的に、カズンはみずからが立たされた窮地を理解していた。国教会の「最高統治者」であっても聖職者ではない国王に、信徒の陪餐を停止する権能はないという彼の見解に、誤りはないはずだった。それでも、一介の聖職者が国王の教会に対する至上権を軽んじたと判断されれば、立場は危うかった。「心痛に苦しみ、魂の平静を失っています」と、ロンドン主教で枢密院顧問官でもあったウィリアム・ロードにカズンは書き送っている。「ベリアル(悪魔)の子」キングの「信じがたい中傷」とはいえ、国王自身の「尊き恩顧」を失うのは耐え難い。カズンが期待したのは、ロードの口添えによって国王の恩赦を取り付けることだった。「あなた様のほかに、この危険を私から取り除き、国王陛下の深き慈悲の下に私を留めおくことのできる方はおられません(6)」。

大聖堂参事会の同僚たち、さらにダラム州の名門ベラシス家の後ろ楯を得てもなお、カズンが恩赦の確保に気をもんでいたのは、彼が国王の不興を恐れていたからだけではなかった。イングランド議会がもし再開すれば、ただちに自分が批判の的となることを知っていたのである。国教会主教や大聖堂参事会に連なるエリート聖職者のネットワークのなかでは安泰だったカズンは、ウェストミンスターの俗人議員たちのあいだでは評判が悪かった。一般信徒向けの私的な信仰読本として一六二七年にカズンが出版した『家庭のための祈禱文集 *A collection of private devotions*』に、宗教改革前の祈禱文、とくにプロテスタントではあり得ないはずの、死者の魂のための祈りが収録されていたことが、庶民院の調査委員会で問題になっていたのである。批判された祈禱文を削除した修正版がすぐに出版されたが、修正前の版も同時に流通し続けたことで、カズンの意図はさらに怪しまれた(7)。

一六二八年六月から停会していた議会は、一六二九年一月二〇日に再開した。二週間後の二月四日、カズンを告発する請願書が庶民院に届けられた。ダラム大聖堂に導入された「教皇主義的な教義と儀式」についての責任を追及する内部告発だった(8)。だがさらに、「宗教について国王は馬丁ほどの権限も持たない」とカズンが言い、なおかつ恩赦をすでに受けている、と別の議員が発言すると、議場はどよめいた。ただちに庶民院が組織した調査委員会で明らかになったのは、カズンについて情報を収集していた法務長官ヒースが、キングの宣誓供述とダラム大聖堂関係者からの証言の食い違いを見て捜査を中断し、国王の枢密院顧問官たちの命令で恩赦状を作成していたこと、恩赦の対象はカズンひとりではなく、後述するリチャード・モンタギュー(Richard Mountague, 1575–1641)、ロバート・シブソープ(Robert Sibthorpe, *d.* 1662)、ロジャー・メイナリング(Roger Maynwaring, 1589/90–1653)およびカズンの四人で、いずれも議会がかねてから敵対視していた国教会聖職者であったこと、そして、カズンの保護者、ダラム主教で枢密院顧問官のニールが、ヒースの下書きに加筆と修正を施し恩赦状を完成させていたことだった。聖職者の不祥事がまたしても身内によってもみ消された、と議員たちは理解した。恩赦状が完成したのはじつに議会再開の三日前であった(9)。

複数の議員日誌やのちに刊行された議事録類を見ると、庶民院における議論は、問題を重大視しなかったヒースの甘さ、事件の隠蔽を図ったニールら枢密院顧問官たちの身内びいき、カズンがダラム大聖堂に導入したという「教皇主義的」な礼拝儀式などに及んでいる。しかし、国王と馬丁をともにみずからの聖職者特権の下においてみせたカズンの尊大さこそ、議員たちの反教権主義を刺激するものであった。カズンのことばはそれだけで「大逆罪」に値する、というサー・ジョン・エリオット（Sir John Eliot, 1592-1632）の発言を複数の史料が記録している。カズンは「国王の至上権を否定した」[10]。エリオットにとって、これが問題の核心であった。

カズンにとって幸いにも、議会はこのあと一ヶ月も続かなかった。三月二日、国王に停会を命じられた庶民院議長と、これを阻止しようとする他の議員たちが文字通りつかみ合うなか、宗教と行政における不正を国王に訴えるエリオットの抗議文が読み上げられたあと、チャールズ一世の第三議会は幕を閉じた。イングランドはやがて長い無議会時代に突入する。エリオットをはじめとする庶民院議員たちが議場での審問を計画していたカズンやニールは弾劾を免れたいっぽう、国王の怒りを買ったエリオットはロンドン塔に下り、そのまま一六三二年に獄死した[11]。

しかし、カズンの失言事件は忘れられなかった。スコットランド反乱（一六三七―一六三八年）を受けて一一年ぶりに開催され、三週間で解散した一六四〇年四月の短期議会 The Short Parliament でも、一一月にふたたび召集された長期議会 The Long Parliament でも、開会直後に議会に届けられた数々の苦情や申し立てのなかに、カズンの弾劾を求める請願が含まれていた[12]。一一月二三日、ついに庶民院に呼び出されたカズンは、議員たちの前で跪かされ、国王は教会の首長ではないと言った一六二八年の発言について問いただされたのである[13]。カズンは、国王は教会の「最高統治者」であるという自説を繰り返して釈明したが、議員たちは納得しなかった。ダラム大聖堂におけるカズンの傍若無人ぶりについて、さらなる告発が始まっていたためであった。そして堰を切ったように、議会による「不良」聖職者の弾劾が始まった[14]。

従来の「ピューリタン革命」史では、長期議会が国教会を解体したのは、議会がそこに国王による専制や宗教的抑圧の原理を見出したためと説明される。しかし、一六四〇年の時点で議会が批判したのは国王による国教会統治ではなく、逆にそれを阻害する(と議会が考えた)カズンのような聖職者たちであった。長期議会がまっ先に取り組んだ国教会改革とは、制御を失った教会とその聖職者をふたたび世俗権力の管理下におくことを意味していたのである。反教権主義、すなわち聖職者支配に対する不信は、内戦・革命期を通じてイングランド議会の宗教政策に顕著な特徴であった。本章の目的は、この問題を一六二〇年代からの連続性のなかで分析することである。

2 「アルミニウス派」の登場

一六二五年に即位したチャールズ一世の議会運営は、はじめから波乱含みであった。第一議会(一六二五年六月―八月)および第二議会(一六二六年二月―六月)では、特別税や関税を議会から引き出して財源を確保したい国王と、先王ジェイムズ一世(James I, 在位 1603-1625, スコットランド王 James VI として在位 1567-1625)から外交を任されていた寵臣バッキンガム公(George Villiers, 1st Duke of Buckingham, 1592-1628)の戦争政策を信用せず、課税の承認に消極的な議会とが対立し、批判に耐えかねた国王が閉会を宣言するというパターンが繰り返された。国王は議会の正式な承認のないままトン税・ポンド税(輸出入関税)の徴収を続け、さらに献上金や強制公債といった、国王大権による徴収手段に手を出した。手続きの正当性を疑い支払いを拒否した者は逮捕・投獄されたり財産を没収されたりしたが、こうした恣意的な処罰は、コモン・ローが保障する財産と身体の自由権の侵害とみなされた(15)。

ふたたび財政難に陥った国王が召集した第三議会(一六二八年三月―六月、一六二九年一月―三月)は、特別税の承認とひきかえに、議会承認なき課税や恣意的な逮捕を禁止する「マグナ・カルタ」の原則の遵守を求めた「権利請願 The Petition of Right」を両院で可決し国王に提出した。[16] チャールズはこれを渋々裁可したが、緊張は緩和されなかった。「権利請願」後にもトン税・ポンド税の支払いを拒否して処罰された商人のなかに庶民院議員が含まれていたことで、一六二九年一月に再開した議会の不満はこれまでになく高まったのである。このタイミングで議員たちに届いたカズンら四聖職者の恩赦の知らせは、法的裏付けを欠く納税を拒否したジェントルマンたちが受けた厳しい処罰と、あまりにも強烈なコントラストをなしていた。ある庶民院議員によれば、「国王陛下のご厚情が、このような悪しき人物たちには迅速に向けられるのに、陛下のもっとも良き臣民には届いていない」のであった。[17]

しかしカズンの失言事件は、チャールズ一世の最初の議会からくすぶり続けていた、国教会聖職者の統率権の問題とも深く結びついていた。財政や外交をめぐる議員たちの不満と同時に、彼らが「アルミニウス派 Arminians」と呼んだ一部の国教会聖職者たちの台頭に対する批判も高まっていたのである。

アルミニウス主義は、ウィリアム・ロードの思想として説明されることが多いが、彼がチャールズ一世の親政期に執り行った国教強制政策と、神学者ヤコブス・アルミニウス(Jacobus Arminius, 1560-1609)の神学的立場は、区別して理解する必要がある。神学的立場としてのアルミニウス主義は、一七世紀はじめのネーデルラント(オランダ)を舞台としたカルヴァン派プロテスタント神学の分裂から生まれた。ライデン大学の教授アルミニウスは、人間の救済と滅びを動くことのない神の計画に帰す二重予定説[18]に異議をとなえ、救済の恩寵は普遍的に、すなわちすべての人間に与えられており、人間は自由意志によってこれに応答する(あるいはこれを拒む)ことができると説いたのである。[19]

伝統的なカルヴァン主義の立場から見ればアルミニウスの普遍救済説は、救いの可否が人間の意志によって左右されうると考える点で、ローマ・カトリックの積善説を連想させるものであった。アルミニウスの死後もその思想を継承した「レモンストラント派」神学者たちの存在は、大きな神学論争を巻き起こした。この問題を検討するために開かれ、ジェイムズ一世もイングランドから代表団を送ったドルトレヒト神学会議（一六一八―一六一九年）は、伝統的なカルヴァン主義神学の正統性を追認して終結した。だが正統派とレモンストラント派の対立は、政治的主導権をめぐるオラニエ派・反オラニエ派の対立にも重なって、一七世紀ネーデルラント政治を揺るがし続けた。[20]

ネーデルラントでのような大きな神学論争は、イングランドには起こらなかった。たしかにイングランドでは一六世紀後半から、諸外国のカルヴァン派教会に倣った改革を求める「ピューリタン」聖職者たちが、国教会の主教制、共通祈禱書や儀式を「教皇主義的悪弊」と呼んで批判を続けていた。彼らの主張はエリザベス一世にも、続くジェイムズ一世にも斥けられた。こうした緊張の継続にもかかわらず、信仰、恩寵、救済の予定といった根本的《ファンダメンタル》な教義において、国教会とピューリタンとの、さらに海外のカルヴァン派諸教会とのあいだに大きな亀裂はなかった。一五六三年に作成され一五七一年の議会で承認された国教会の「三九信仰箇条 Thirty-nine Articles」は、救いは「世界の基《もとい》がすえられる以前から……神が人類のなかからキリストのうちに選ばれた」者に与えられると定義している。[21] 祈禱書や祭服の使用を拒むピューリタン聖職者の国教非信従に厳しくのぞんだカンタベリ大主教ジョン・ホイットギフトでさえ、一五九五年に「ランベス信仰箇条 Lambeth Articles」を作成し、予定説を正統的教義とする立場を「三九信仰箇条」以上に明確に打ち出している。[22]「ランベス信仰箇条」の内容は、一六一五年にアイルランド教会で制定された「アイルランド信仰箇条」にも反映された。[23] 一七世紀はじめまで、ピューリタンも国教会の主流派も、また大学の神学教育や宗教出版も、神学的にはカルヴァン主義のコンセンサスのなかにあったのである。

イングランドの「アルミニウス派」は、このようなカルヴァン主義コンセンサスに不満をいだく少数の高位聖職者たちのネットワークとして、一七世紀はじめに誕生した。その経緯については、N・タイアックによる画期的な研究書『反カルヴァン主義者たち』以来、解明が進んでいる(24)。注意すべきことは、彼ら「アルミニウス派」聖職者たちの活動は、神学思想からだけでは説明できないことである。彼らはネーデルラントのレモンストラント派を意識してはいたが、神学的立場としての普遍救済説をイングランドに浸透させることを最優先にしてはいなかった。アルミニウス主義はドルトレヒト神学会議で公に異端とされた立場であったため、彼らがみずからその立場を名乗ることは困難であった。むしろ彼らは、それまでのカルヴァン主義の伝統から離れた新しい国教会文化を、国王の保護の下でつくろうとしていた。その姿勢は、信徒に聖書を理解させる説教よりも秘蹟や祈禱文の格式を重視する儀式至上主義に、またイングランド国教会を諸外国のプロテスタント宗教改革の歴史から切り離し、キリストに直接由来する権威と正統性をおびた普遍教会《カトリック》として再定義する歴史修正主義に、そして、これらの特権(秘蹟と使徒継承)の受託者である聖職者の権能を神聖視し、俗人の管轄から明確に区別しようとする教権主義に、あらわれた。

こうしたアルミニウス派の姿勢は、一七世紀前半のイングランドにおいては、文字通り「イノヴェーション」であった。彼らが、はじめは王室付きチャプレンや大聖堂参事会聖職者として、やがて主教として国教会の中枢に食い込み、チャールズ一世の全面的な支援を受けながら国教会政治のコンセンサスを塗り替えうる力を持つにいたったことこそ、一七世紀イングランド国教会史における「革命」的変化であったというタイアックの見立ては、「ピューリタニズム」の革新性にばかり注目してきた従来の革命史に修正を迫る点で、重要である(25)。儀式至上主義については第2章で、歴史修正主義については第5章でより詳しく検討しよう。本章では、アルミニウス派の教権主義が、宗教政策をめぐって、議会、王権、そして国教会のあいだにどのような緊張をもたらしたかに、焦点を絞りたい。

アルミニウス派の台頭の立役者となった人物は、ランスロット・アンドリューズ(Lancelot Andrewes, 1555–1626)と、冒頭で触れたジョン・カズンのパトロン、リチャード・ニールである。アンドリューズは一五九〇年代からエリザベス一世の宮廷チャプレンとして名をあげ、ジェイムズ一世即位後はチチェスター主教、イーリー主教、続いてウィンチェスター主教として、また王室礼拝堂の首席司祭として国王の信頼を獲得しながら、次第に反カルヴァン主義の姿勢を打ち出していった。「聖なる装い the beauty of holiness をもって主を拝め」(詩篇二九:二、九六:九)を好んで引用したアルミニウス派の儀式至上主義は、間違いなくアンドリューズが長いキャリアのなかで温めてきた思想であった。(26) アンドリューズに早くから見込まれたニールは、一六〇五年にウェストミンスター寺院の首席司祭に着任してから一六四〇年にヨーク大主教として死去するまで六つの主教職を歴任し、やがてみずからが引き立てたウィリアム・ロードが実質的な後継者として頭角をあらわすまでは、アルミニウス派の中心人物であり続けた。(27)

ニールがダラム主教であった一六一七年から一六二八年の期間に、アルミニウス派は次々と国教会内の要職を確保した。ダラム主教のロンドンの公邸であったストランドのダラム・ハウスには、アンドリューズやニールに共感する聖職者たちが住み込み、情報交換と人脈作りに励んでいたのである。このサークルから、ニールのあとにロチェスター主教に就き、のちにイーリー主教を務めたジョン・バッカリッジ(John Buckeridge, *d.* 1631)や、反カトリック論者としてジェイムズ一世に重用され、カーライル、ノリッジ、イーリーで主教を歴任するフランシス・ホワイト(Francis White, *c.*1564-1638)らが輩出された。グロスター大聖堂の首席司祭であったロードがはじめて主教(セント・デイヴィッズ)に昇格したのも、ダラム・ハウス時代である。(28) いっぽう、ニールが自在にパトロネージを行使することのできたダラム大聖堂は、アンドリューズの構想に沿った儀式改革の実験場となった(29)(本書第2章4節)。その中心的な役割を担ったのが、ジョン・カズンであった。

とはいえ、一六二〇年代におけるアルミニウス派聖職者たちの活動が、王室礼拝堂や大聖堂といった特殊かつ特権的な領域に限られていたことには留意すべきである。彼らは互いに連絡を密にしながら、首席司祭や主教として各々の裁量の範囲内で礼拝様式の美化に勤しんだ。大聖堂や寺院では聖堂参事会に自治権が与えられていたため、その人事や財産に俗人が口を挟む余地がなかったことは、彼らに有利に働いた。しかし国教会全体を眺めれば、変化の及んだ範囲は限定的であったから、庶民院議員ジョン・ピム（John Pym, 1584-1643）のような一部の敏感な批判者を除けば、アルミニウス派の活動の実態は俗人にはわかりにくいものであった。歴史家パトリック・コリンソンは、カズンたちは「ほとんど想像上の教会について語りあっているか、国教会を、……主教ニールのダラム・ハウスに出入りする、才能に恵まれたごく少数のアルミニウス派神学者や活動家の集まりに限定していたようだ」と評している。[30] ジェイムズ一世は治世後半には礼拝様式に関するアンドリューズやニールの提言を受け入れていったが、カンタベリとヨークのふたりの大主教はカルヴァン派（ジョージ・アボット（George Abbot, 1562-1633）とトビー・マシュー（Tobie Matthew, 1544?-1628））であり、国教会全体のバランスはまだアルミニウス派の側に傾いていなかった。下位聖職者の圧倒的多数はカルヴァン主義教育を受けており、アルミニウス主義に馴染みがなかった。[31] イングランドのアルミニウス派の存在は、ネーデルラントのような大きな神学的・政治的な分裂を産み出してはいなかったのである。

3　モンタギュー論争

そうであれば、チャールズ一世即位後のイングランド議会が、アルミニウス派聖職者に対して敵対心を抱くようになったのは、なぜだろうか。じじつ、一六二五年の第一議会から一六二九年春に第三議会が解散されるまで、庶民院で宗教をめぐる議論が絶えることはなかった。宗教問題に強い関心をもつ「教育のある俗人」たちが多くあらわれたことは、それ以前の議会と大きく異なる特徴であった。[32]

もっともわかりやすい説明は、反カトリック主義であろう。対スペイン、対フランス戦争（および和平交渉）や、チャールズのフランス王女との結婚が、俗人議員たちの「教皇主義《ポーパリ》」に対する警戒心を強め、国教会のローマ・カトリック化を連想させるあらゆる政策に反発させたという説明である。たしかに、国教忌避者の取り締まりが形骸化し、カトリック信徒が増加しているという訴えは、議場で繰り返されていた。(33) 庶民院議員フランシス・ラウス（Francis Rous, 1580/1–1659）の有名なスピーチ、「アルミニウス主義者は、教皇主義の鮞《はららご》である」(34) からも、一六四〇年に召集された長期議会で大主教ロードに向けられた激しい敵意からも、アルミニウス主義をカトリックと同一視する思想が共有されていたことがわかる。しかし、国教会統治をめぐって議会のなかに広まっていった危機意識は、教派主義的な対立によるものというよりは、一部の聖職者たちの無軌道で挑発的な言動を規律する権限が議会の手にないという焦燥感によるものであった。

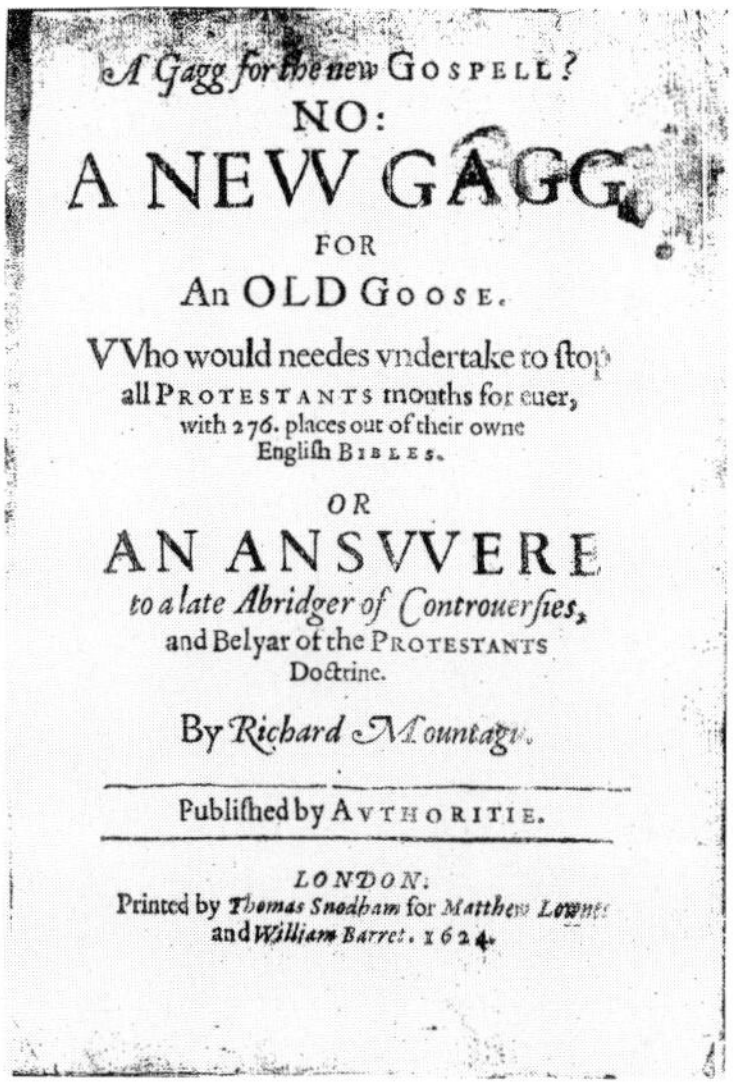
A Gagg for the new GOSPELL?
NO:
A NEW GAGG
FOR
An OLD GOOSE.
VVho would needes vndertake to stop all PROTESTANTS mouths for euer, with 276. places out of their owne English BIBLES.
OR
AN ANSVVERE
to a late Abridger of Controuersies, and Belyar of the PROTESTANTS Doctrine.
By Richard Mountagu.
Published by AVTHORITIE.
LONDON:
Printed by Thomas Snodham for Matthew Lownes and William Barret. 1624.

図2『古鵞鳥に新しい轡』(1624年)
University of Illinois at Urbana-Champaign

この時期の議会が問題視し続けたひとりの「アルミニウス派」聖職者が、カズンの親友で、一六二九年にカズンと同時に恩赦を受けていたリチャード・モンタギューである。反ローマ・カトリック論客としてジェイムズ一世の引き立てを受け、ウィンザーの聖堂参事会席やヘリフォード主教区の大執事職などを保有していたモンタギューであったが、一六二四年に出版した『古鵞鳥に新しい轡《くつわ》 *A new gagg for an old goose*』で国教会の正統性を、ローマ・カトリック教会だけでなく、カルヴァン主義からも切り離して擁護したことが問題になった[35]（図2）。彼は、カトリック側がプロテスタントの「誤り」として非難することの大半は国教会ではなく、彼が「ピューリタン」と呼ぶカルヴァン主義者の教義であると述べ、さらに国教会とローマ・カトリック教会の相違点は一般に指摘されているよりも少ない、と主張したのである[36]。これは、カルヴァン主義を国教会の正式教義としてきたこれまでの共通理解に対する明らかな挑戦であり、同時にローマ・カトリック教会への譲歩であると受け止められた。ふたりの地方聖職者からの苦情の請願を受けた庶民院はカンタベリ大主教アボットを通して国王に懸念を表明したが、ジェイムズはこれを聞き入れることなく他界した[37]。

だがチャールズ一世即位後の第一議会をさらに怒らせたのは、モンタギューが自身に対する批判を「ピューリタン」による不当な中傷であると辛辣な口調で断罪した『カエサルへの直訴 *Appello Caesarem*』（一六二五年）を執筆し、新王の即位直後に出版していたことだった。『直訴』は、ドルトレヒト神学会議はイングランド国教会を従わせることはできず、「ランベス信仰箇条」は無効であるとも断言していた[38]。モンタギューは、二冊の出版がジェイムズに承認されていたと主張したが、庶民院の調査委員会はこの主張が先王の名誉を損なうものであると結論した。庶民院はモンタギューを拘束し、処罰の検討を始めた。しかしチャールズはモンタギューがみずからのチャプレンであると宣言して身柄を引き取ると、批判を受け付けずに第一議会を解散した[39]。一六二六年の第二議会で、批判の声はさらに高まった。弁論のために召喚されたモンタギューが議会に出頭しなかったことを受けて、庶民院は彼の出版活動が国教会の信条に違反したと議決する[40]。しかし弾劾のための法案が貴族院に提出される前にチャールズがまた議会を解散したことで、モンタギューはふたたび難を免れたのだった。

モンタギューは、ダラム・ハウスのアルミニウス派ネットワークの支援を受けていた。出版前の『古鵞鳥に新しい轡』の草稿をダラムのカズンと、カズンの同僚で同じダラム・ハウス出身のオーガスティン・リンゼルに送り助言を求めているし、『カエサルへの直訴』の準備中にも、カズンに相談している[41]。モンタギューがカズンへ宛てた親密であけすけな書簡には、国教会の有力ポストへの執着、それがカルヴァン派聖職者の手に渡ることへの嫌悪、そして国教会を「ピューリタン」から奪回するニール派の優越意識が随所にのぞく。たとえば一六二四年六月、カルヴァン派のリチャード・センハウスがカーライル主教に指名された知らせを受けたモンタギューは、「ピューリタンが主教座を取るとは残念だ、だがひとつくらい大したことはない」とカズンに書き送っている。「どうせ遠いし、すぐに消えてくれるだろう。それより君が昇格したのが嬉しい。……君みたいな人物に中心にいてほしいんだ[42]」。いっぽう、カルヴァン派の古参神学者でアボットのチャプレンでもあったダニエル・フィートリ(Daniel Featley[Fairclough], 1582-1645)に対する敵対心は激しい。「フィートリ博士とそのピューリタン仲間たちには注意してくれたまえ。国王が彼をあの家から追い出す日まで安心できないのだから[43]」。「あの家」とは、カンタベリ大主教のロンドン公邸であるランベス宮殿のことであった。モンタギューの早くからの批判者であったフィートリは、大主教アボットの下で『古鵞鳥に新しい轡』の問題箇所をリストして、議会内の人物にリークしていた[44]。

一六二六年二月、第二議会の会期中にバッキンガム公がストランドのヨーク・ハウスで開いた、モンタギューの著作をめぐる私的な討論会は、ダラム・ハウスのチーム・ワークの産物であった。聖職議会《コンヴォケーション》や貴族院でもまだ多数派を形成できていなかったアルミニウス派はバッキンガムに接近し、モンタギューを不当な中傷から守ることが、彼を信用した「賢く懸命な」先王ジェイムズ一世の名誉と教会の一致とを守る唯一の方法であるが、「学問の世界で論争すべき難解な諸命題」は、議会での討論には向かない、と進言したのである[45]。宗教をめぐる論争を議場外で処理することは、対仏・対スペイン政策が不人気であった国王にとっても、また自身が議会における弾劾の危機にあったバッキンガムにとっても好都合であった。

討論会は二月一一日と一七日の二回にわけて行われ、モンタギューの立場を擁護する討論者としてバッカリッジ、ホワイト、カズンが、また批判者としてコヴェントリ・アンド・リッチフィールド主教トマス・モートンとケンブリッジのエマニュエル・カレッジ学寮長ジョン・プレストンが選ばれた。二日目にはモンタギュー自身も出席して自説を弁護した。(46)討論にはペンブルック伯、ウォリック伯、セイ・アンド・シール子爵ら有力貴族や国王秘書長官サー・ジョン・クックなど、カルヴァン主義に共感する俗人が同席していたが、会の目的がモンタギューの問罪にないことは明らかであった。それどころかバッカリッジら擁護派は、予定説こそ危険な教説であると主張し、ドルトレヒト神学会議の結論をイングランド国内法として制定すべきだという俗人出席者たちの意見を退けた。ペンブルック伯は、討論はどの出席者の見解も変えることなく終わったと記している。(47)

それでもヨーク・ハウス討論会は、ダラム・ハウスのアルミニウス派聖職者たちに対する国王の支持を明らかにした。チャールズは結果に満足し、アルミニウス派の「永続的な保護」を約束したという。(48)カズンは褒美として、彼が生涯愛することになるダラム郊外ブランスペス教区の聖職禄を与えられ、ホワイトは急死したカルヴァン派のセンハウスの後任としてカーライル主教に任命された。一二月、ダラム・ハウスで執り行われたホワイトの叙任式で説教を担当したのはカズンであった。(49)ロードは一〇月に、アボットの後任としてカンタベリ大主教への昇格を約束され、翌年四月にはニールとともに枢密院顧問官に着任した。(50)

討論会はまた、カルヴァン主義神学者に抗論の機会を与える形式をとりながら、政府にはさらなる議論の可能性を閉ざす口実を与えた。六月一四日、国王はこれ以上のモンタギュー批判を、さらにあらゆる宗教上の問題に関する執筆、出版、説教、討論を禁ずる「秩序と平和を確立する布告」を発布し、翌日に第二議会を解散した。「教会の平和のために」いっさいの神学論争を禁止することは、議会開会前からニール、アンドリューズ、ロードらアルミニウス派主教五人が連名でバッキンガムに要請していたことだった。[51]

4　誰が異端を裁くべきか

ヨーク・ハウス討論会は、アルミニウス派聖職者たちの結束を示したと同時に、彼らが議会で世俗議員と衝突するのを何よりも嫌っていたことを物語っている。貴族院や聖職議会に議席をもたないモンタギューやカズンのような一介の聖職者にとって、庶民院の追及から逃れることは困難であった。一六二五年七月、はじめての審問で庶民院に身柄まで拘束されたモンタギューは二〇〇〇ポンドの保釈金を払って解放された数日後、ニールに助けを求めている。「もしも私が主教職を、可能ならもっとも小さなものでも、手に入れることができれば、庶民院の追及から逃れられるのです。いまウスター主教のご容態が重篤と耳にしております。もしその後任にセント・デイヴィッズ主教〔ロード〕がなられるのでしたら、その職を私がいただければ、救われます[52]」。それがかなわなければ、議会が開催されないことを願うほかなかった。第二議会の解散後、モンタギューはカズンに本音を書き送っている。「国王が資金さえ確保できれば、P〔議会〕も、ピューリタン党も、夢にも見ずに暮らせるのに[53]」。ロードも、第三議会の開催に消極的なコメントを残している。「彼らは以前のように教会問題に手を出してくるだろう。彼らにふさわしい議題ではない[54]」。

しかし実は、アルミニウス主義に対して批判的な議員が多かった庶民院[55]でも、どのような根拠と権限にもとづいてこれを裁くことができるかについて、明確な合意はなかった。一六二四年五月、ジェイムズ一世の最後の議会でジョン・ピムが、モンタギューの『古鵞鳥に新しい轡』がアルミニウスの教説を含んでいるとはじめて報告したときにも、庶民院議員たちはこれを「きわめて不快」としながら、「高度な神学的問題に対する判断を下すことを好まず」、問題をカンタベリ大主教アボットに一任すると決めて審議を終えている[56]。議会主導によるモンタギューの弾劾が模索されるのは一六二五年のチャールズ一世第一議会からだが、このときも議員たちは、モンタギューの神学的な誤りではなく、議会審議を出版物によって妨害した「侮辱罪」を問う方向をまず選んだ。請願を受けて議会が審議対象にした出版物の著者が、新たな出版物によって請願者を中傷することは議会の特権侵害にあたる、という考え方である。法律家で王座裁判所首席裁判官の経験をもつ庶民院議員サー・エドワード・クック(Sir Edward Coke, 1552-1634)は、「我々が彼とかかわるのは、庶民院に対する侮辱についてだけである。我々の権限が及ぶのはそこだけだからである。彼の意見を有罪にするかどうかには、かかわらない」と発言している[57]。

議会特権の侵害を理由に聖職者を弾劾することは、特定の神学的立場や発言・出版内容の誤りを裁くよりはるかにやさしかった。じじつ、神学や典礼と直接関係のない問題をめぐる国王と議会の審議に介入し、議会批判を行ったとされた聖職者を、議会は容赦しなかった。たとえば、はじめに触れたロバート・シブソープとロジャー・メイナリングのふたりは、どちらも強制公債問題について国王の立場を擁護する説教を行ったことで問題視されていた。ノーサンプトンの教区聖職者シブソープと王室付きチャプレンのメイナリングは、それぞれ一六二七年の二月と七月に、説教壇から強制公債の支払い拒否者を批判し、臣民の国王への絶対的服従は神の掟であると説いたのである。このとき大主教アボットは説教の内容にも出版にも反対したが、シブソープの『使徒的従順』はアルミニウス派のロンドン主教ジョージ・モンテインの出版許可を受け、メイナリングの『宗教と忠誠』は、チャールズ一世みずからの熱烈な推薦で出版された[58]。

神授の王権は地上の法に拘束されないというメイナリングの主張は国王を喜ばせたが、第三議会は両院ともこれを大目に見なかった。庶民院でアルミニウス派にもっとも批判的であったピムとラウスらがメイナリングの弾劾を主導し、アボットも貴族院でメイナリングの聖書解釈が誤りであると断言した。メイナリングは六月、国王を誤解させる説教を行い議会の名誉を毀損したとして、議会の判断する期間まで投獄、国王に一〇〇〇ポンドの罰金の支払い、そして聖職者資格の三年間の停止を言い渡されたのである。国王は不承不承、『宗教と忠誠』の印刷禁止と回収、処分を命じた。(59)（しかしその翌月、議会の停会中に国王はメイナリングを釈放し、ふたつの教区聖職禄を与えた。(60)）モンタギューはカズンに、「君も僕も悪意にみちたピューリタンに迫害されているが、メイナリング博士の説教で少し助かった」と書き送っている。(61)

他方、神学的立場としてのアルミニウス主義一般を違法化するべきという意見が議会にあらわれたことも注目に値する。一六二五年八月、サー・エドワード・クックが、庶民院はモンタギューを「侮辱罪」でのみ裁くことができると発言した同じ日に、フランシス・ドレイクは、アルミニウス主義はローマ・カトリック以上に危険であるが、「これを禁ずる法律がない」ことが問題であると発言している。(62)このドレイクの発言に応えるように、「異端および誤った教説の抑圧と予防のための法」の制定を求める請願が庶民院に提出された。ドルトレヒト神学会議の結論をイングランド国教会の正式な立場として扱い、アルミニウス主義を異端と確定することを提案していた。(63)議員たちがこの法案の検討に時間を費やした形跡はない。しかし、アルミニウス主義を非合法化する試みは続いた。第二議会が解散される直前の一六二六年六月には、ピム、エリオット、クック、ジョン・セルデン(John Selden, 1584-1654)らが起草した「教会と国家における平和と統一の維持のため」の法案が庶民院で検討されている。(64)タイアックが指摘するように、これはチャールズによる前述の「秩序と平和を確立する布告」に対する対抗策であったかもしれない。(65)法案原文は残っていないが、第三議会の開始後まもない一六二八年四月に同名の法案が提出されていることを考えると、同じ内容であったと考えてよい。[66]

一六二八年の「平和と統一」法案のねらいは、「三九信仰箇条」と一六一五年の「アイルランド信仰箇条」に法的権威をもたせることであった。「誰であれ、もし出版または説教によって上述の信仰箇条に反する教説を表明した場合は、王権軽視罪に問われる」[67]。ドルトレヒト神学会議への言及はないが、予定説を明確に打ち出した「アイルランド信仰箇条」の遵守が義務づけられれば、アルミニウス主義は違法とされるはずであった。このほかにも、庶民院はくりかえしアルミニウス派の取り締まりを国王に求める請願や宣言を可決している[68]。結局、法案はいずれも立ち消えになったが、国王布告でも教会法でもなく議会制定法によって特定の宗教的主張の規制を試みている点で、この後一六四〇年代の長期議会が定める異端抑止条例(本書第3章6節)とのつながりにおいて、重要な意味をもつ。

国王がくりかえし禁止を試みたにもかかわらず、アルミニウス派に対する批判を庶民院議員たちが継続することができたのは、彼らがみずからをイングランド国教会の「正統性」の擁護者として位置づけ、相手がそこから逸脱していると主張したからである。もちろん同じ議論を、アルミニウス派も用いた。チャールズが一六二六年の「秩序と平和」布告で「イングランド国教会の教義と規則」に反する説教や出版を禁止し、「真の宗教の健全で正統的な基礎」から逸脱した「奇をてらった意見」や「イノヴェーション」を容認しないと宣言したとき[69]、この布告を起草したロードの「正統」と「イノヴェーション」理解は、ピムたちのそれと見事なほどに逆転していた。国王はまた第三議会休会中の一六二八年一一月、国教会の信仰箇条を臣民は「文字通り、文法通り」受け止めるべきであり、聖職者や大学人であっても、独自の解釈や論評、議論を行ってはならないとする宣言文を、「三九信仰箇条」の新しい「前文」として付け加えて印刷出版させている[70]。これは、「三九信仰箇条」を引き合いにモンタギュー批判を続けてきたカルヴァン派神学者や議員たちに対する当てつけであった。とはいえロードらアルミニウス派も「三九信仰箇条」そのものを簡単に否定することはできなかったからこそ、議会側はその正統性を足がかりにして、闘い続けることができたのである。

ただし、国教会の公式教義が何に由来するかについて、議会議員たちはアルミニウス派聖職者たちとは決定的に異なる考えをもっていた。それは議会制定法である。国教会の正統的な教義が「エリザベス女王の治世に」制定されたと繰り返すときに彼らが意味していたのは、一五六三年の聖職議会がカンタベリ大主教マシュー・パーカーのもとで「三九信仰箇条」を成立させたことではなく、一五七一年の「聖職者矯正法」でイングランド議会が全聖職者に信仰箇条への同意の宣誓を義務づけたことであった。[71] この枠組みにおいては、すべての聖職者に国教会とその公式教義への帰順を命じているのは、主教でも教会法でもなく、議会の定めた法であった。「議会制定法よりも教会法が大きな権限を持つなどという考えには絶対に賛成できない」、と庶民院議員ナサニエル・リッチは言う。[72] 宗教的異端を裁くことが議会に可能であるという考えは、ここに立脚していたのである。

この反対に、チャールズに接近していったアルミニウス派聖職者たちの関心は、宗教問題への教会外権力の介入を阻止することにあった。一六二五年八月、バッカリッジとロードは連名でバッキンガムに次のように書き送っている。「ヘンリ八世の御治世に、聖職者たちが国王に服従したときに、もしも、教義においてであれその他の問題においてであれ、教会に意見の相違が生じたときには、国王と主教たちが、宗教公会議《ナショナル・シノッド》または聖職議会においてその審判者となるということを、閣下にご考慮いただきたいのであります。これは国王が国璽によって許可することで、意見の相違を調整するためであります。それ以外の審判者に教会が服従したことは、決してありません」[73]。この表現は、チャールズ一世の前述の一六二八年の「前文」に（微妙な修正を経て）繰り返されている。ここでは「三九信仰箇条」は「過去に承認され公式となり、すべての聖職者たちが服従する」教義であるとされ、教会における意見の相違は「国璽に

よって王が与えた許可に従って、聖職議会の聖職者が命令を下し解決する」とある。(74)

だが聖職議会の判断が、議会法で定められた国教会の教条に矛盾しないという保障はなかった。「我々は庶民院だ。宗教と何のかかわりがあるのか？」ある庶民院議員は問いかけ、自分で答えている。「もし宗教の基礎が揺すぶられていないならば、私は黙ろう。我々には神の助けがある。信仰深い君主がいる。議会法で定められた信仰がある。……しかし、何か論争が起こったときに、〔宗教の〕下部組織は、ことごとく敵の手中にあるのだ(75)」。ここに、庶民院議員たちは国教会統治の危機を見たのである。

5　ふたつの至上権モデル

庶民院が、議会の定めた信仰箇条に対する違反として、アルミニウス主義を取り締まろうとしたのであれば、法案の提案者たちはなぜこの違反を「王権軽視罪」としたのだろうか。ここで、テューダー朝宗教改革のはじまりに立ち戻る必要がある。

「王権軽視罪《プリーミュナイア》 *praemunire*」は、王権を超える司法権力をローマ教皇に認める不敬罪として、一四世紀に制度化された概念である。(76) ヘンリ八世がイングランドの教会をローマ・カトリック教会から分離させる際に、妻キャサリンや親カトリック聖職者集団を含めた国内の反対派が教皇に訴えることを禁止するために、復活させたのであった。違反者の刑罰は、無期限の投獄か、財産没収だった。国王の有する宗教上の究極的な決定権、すなわち「至上権 supremacy」を否定する罪であり、イングランド宗教改革に特徴的な概念であると言える。(77)

では、至上権とは具体的にどのような権利で、教会にとって何を意味したのか。一五三四年の「国王至上法」は、イングランド国王を「アングリカーナ・エクレシアと呼ばれるイングランド国教会の、地上における唯一で至上の首長《スプリーム・ヘッド》」であると宣言し、首長が国教会に対して保持する権力を次のように定義した。すなわち、「すべての誤謬、異端、悪弊、違反、侮辱、無法行為を監視し、鎮圧し、矯正し、改革し、規制し、是正し、抑制し、修正する最大の権力と権限」である、と。(78) ここで国王は、教会を監督し、誤りを正す権限をもつと定義される。ただし首長の権限に祭司権は含まれていないので、国王は説教や秘蹟を行うことはできない。(79) このため、聖職者に対する俗人として国王を見ることも、理論的には可能である。陪餐停止権を持たない点では国王と馬丁に違いはないというカズンの考えは、正しかったのである。それを口にしたことは軽率だったが。

したがってこの枠組みは、国王と教会のあいだに、明確な主従関係と同時に、一種の役割分担をも設定するものであった。それはまた、世俗権力と教会権力の関係をめぐる解釈の幅と、将来にいたる論争の種を残すことになった。主従関係と役割分担は、いかにして矛盾せずに両立しえるのか。宗教や教会をめぐる、どの案件が至上権に、あるいは祭司権に属するのか、それを判断するのは誰か。国王に対する教会の服従を法によって定めたのがイングランド議会であったのなら、議会と国王の、また議会と教会の関係はいかに説明されるか。こうした複雑な問題は、初期ステュアート朝、内戦・革命期、さらに王政復古時代にいたる、「長い宗教改革」を通して、くりかえし議論されることになったのである。(80)

歴史家コンラッド・ラッセルは、ヘンリ八世の宗教改革開始時から、至上権についてふたつの異なる解釈あるいは理論を導き出す可能性があったと論ずる。(81) ひとつ目の解釈は、教会権に優越する世俗権力として至上権をとらえる考えで、モデルとなるのは一五三四年の「聖職者服従法」である。「国王大権に反する、または王国の慣習法、コモン・ロー、議会制定法に反する」教会法を国教会は制定することも実行することもできず、聖職議会による立法は国王の同意を得なければならないと定められた[82]。これは教会法に対する世俗法の優越を意味したため、立法機関としての議会による宗教改革という原則をここから導き出すことが理論的に可能となった。至上権を神ではなく地上の法に由来するとみなす点で、この解釈は世俗主義的であり、エラストス主義（本書第3章3節）的であると言ってもよい。

もうひとつのモデルは、世俗権力から切り離された教会の上に、至上権を設置する考えで、一五三三年の「上告禁止法」に提示されたイメージである。ここでは世俗権力の管轄領域と教会権力の管轄領域は、イングランド国王の「政治身体」にやどるふたつの「部分」として説明される。土地や財産、人民の平和をつかさどる世俗権力はこの政治身体の一部分であるが、それとは別に、教会法や神学にかかわる事柄は「政治身体のうち教会 spirituality と呼ばれ、現在はイングランド国教会と呼ばれている部分で」判断される。教会はそれじたいにおいて「適切で充足しており、外部の人物による介入を受けない[83]」。世俗政府と教会とは互いに独立した個別の権限をもっており、その両方に権威を授けているのは国王ひとりである。聖職者は国王に全面的に服従しているが、国王以外の俗人には従属しない。教会は国王の直轄地なのである。

このふたつの解釈のうち、エリザベス一世時代には第一のモデル、すなわち教会を世俗権力の下におく教会統治論が基調であったと言える。女王即位直後の一五五九年に再制定された「国王至上法」は、至上権を「本議会の権威によって……この王国の王位に統合し付帯させる」と明確に表現した[84]。国教会の急激なプロテスタント化を望んでいなかったエリザベスは、聖職議会が完成させた「三九信仰箇条」を議会に承認させることに消極的だったが、ようやく一五七一年の「聖職者矯正法」で、すべての国教会聖職者に対する宣誓が議会制定法によって義務づけられた。多くの歴史家が指摘するように、この決定はのちに、議会が教義に対する裁量権をもつこと、さらに至上権が「議会内の国王 the king in parliament」にあることを主張する際の根拠となった[85]。

しかし一六世紀末から一七世紀はじめにかけて、教会を世俗法から独立した領域とみなす第二の見解が、国教会主教たちによってとなえられるようになる。教会統治は「神権 *jus divinum*」によって聖職者だけに委託されていると論じ、世俗の為政者の教会行政への介入を拒む姿勢は、第3章で見る通り、スコットランド長老主義に顕著である。しかし初期ステュアート朝イングランド国教会の「神権」論は、主教制や祈禱書の聖書的根拠を問うピューリタン聖職者たちに対しても、また主教によるピューリタン処罰の法的根拠を問う議会に対しても、主張されたのである。ジェイムズ一世即位直後にカンタベリ主教となったリチャード・バンクロフト(Richard Bancroft, 1544-1610)は、代表的な「神権」論者であった。一六〇四年春に召集された最初の議会で庶民院議員たちは、祭服や祈禱書の使用規定に違反した聖職者たちへの処罰を緩和しようと試みたが、バンクロフトは議会の介入に反発した。[86] 庶民院が「三九信仰箇条」の修正について討論を始めると、聖職議会は、議会に教義を論ずる権限はないと宣言し、両者の関係は急速に悪化する。庶民院の委員会が準備した『弁明』は「議会承認なしに……宗教を変更する、あるいは……宗教に関する法を制定する絶対的な権力」は国王にはないと論じたが、ジェイムズは聖職議会に教会法の改定を許した。一六〇四年の新しい教会法の下、約一〇〇人にのぼるピューリタン聖職者が聖職禄を失ったと推計されている。[87] 教会に対する至上権の保持者は、「議会の外の王」になろうとしていた。

独立した教会権力に対する警戒感を世俗議員たちが強めていたのは、信仰箇条に対する議会の管轄権を否定されたためだけではなかった。聖職者が逆に俗人を懲罰することのできる高等宗務官法廷 Court of High Commission の存在も、反聖職者感情を高めていたのである。国王がもつ宗教上の監督権を勅許状によって直接委託された高等宗務官が行使するという名目で、宗教上のあらゆる犯罪を裁くことのできたこの制度は、カトリックの国教忌避者だけでなく、ピューリタンや教会に批判的な俗人の取り締まりにも活用されていた。他の裁判所以上に大きな裁量と強制力を有していたこの法廷で高等宗務官に任命されていたのは、主教、大執事、大聖堂参事会聖職者などの高位聖職者たちであった。議会も世俗の法体系も制御することのできない無限の裁判権を聖職者の手に渡すことに、コモン・ローにかかわる裁判官や弁護士たちは批判を強めていった。なかでも、弁護士で庶民院議員でもあったニコラス・フラー(Nicholas Fuller, 1543-1620)は、一六〇七年から高等宗務官法廷の手続きが無効であると主張し、一六一〇年には聖職者による恣意的な市民の拘束や告発じたいを「王権軽視罪」とする法案を庶民院に提出した。憤慨したバンクロフトの要請を受けて、ジェイムズはこの問題についてみずから最終判断を下そうとしたが、このとき民訴裁判所の首席裁判官であったサー・エドワード・クックはコモン・ローの優先を説き、イングランドの法が、「外部勢力《フォーリン》」である教会の力から「国王陛下を護っている」のだと、ジェイムズに告げたのである。(88)

6　一六二九年から一六四〇年へ

信仰箇条や教会法、高等宗務官法廷の権限をめぐる衝突は断続的であり、ジェイムズ一世時代には大きな政治危機に発展することはなかった。しかし全体的に見れば、ジェイムズの即位からチャールズ一世の親政期にいたる一七世紀前半は、イングランド国教会が議会による統制から離れて自治権を少しずつ獲得してゆく時代であったと見ることができる。(89)王権神授説に拘泥したジェイムズとチャールズは、みずからの至上権が保障される限り、教権主義の復活にやぶさかではなかった。国王の保護のもとで独自の教会改革を構想したランスロット・アンドリューズからリチャード・ニール、そしてウィリアム・ロードへと続くアルミニウス派聖職者の台頭は、このような大きな変化のなかではじめて可能となったのである。王権を楯に、議会からも世俗法からも干渉されない特権と豊かな経済基盤を享受した高位聖職者たちに、優越意識と党派心が芽生えたことに不思議はない。自身が庶民院で批判されていることについて、カズンはロードにこう書き送っている。「もし上からの賛同がいただけるなら、下から何をされても言われても、私は動じません[90]」。

議会が聖職者権限を制御することはますます実行困難になっていった。国王と議会が一体となり法によって教会を統治する至上権モデルの確認を求めて法案や請願を審議し続けた庶民院議員やコモン・ロー裁判官たちは、ラッセルの表現を借りれば「流れに逆らって泳いでいた[91]」のである。一六二九年に、財政的に頼りにならない議会に対するチャールズの関心が完全に失われてしまったことで強化されたのは、絶対王権ではなく、「神権」の主教制であった。一六三三年にカンタベリ大主教にのぼりつめたロードが何よりも腐心したのは、財政、人事、典礼《リタジー》、規律権すべてにおいて教会の裁量を最大限に拡大すること、ロードのことばによれば「コモン・ローの縛り」から「よい働き」を解放することに他ならなかった[92]。それは国王の至上権を否定することにはならない、というのがロードの主張であった。「我々が、神権すなわち神に授けられた権利によって主教であることは、国王の我々に対する権限を少しも損なうものではない[93]」。

しかし、同じコインを反対側から眺めるならば、チャールズ一世時代の議員たちのあいだに、コモン・ローに支えられた「太古の国政」理念を保護しようとする意識が広まっていたことも確かである[94]。一六二〇年代は、議会がみずからの特権と役割にこれまで以上に敏感になった時代でもあった。議会の管轄は、強制課税や不当逮捕といった市民の財産権・自由権にかかわる問題だけでなく、教会統治権をめぐる問題としても認識されたのである。これを「ピューリタニズム」に還元するべきではない。一六二八年から二九年の第三議会でさえ、議員たちが神学的な志向において一致していたとは言えないからだ。しかし、アルミニウス派聖職者をめぐる討論は、イングランドにおける至上権の担い手としての自覚に議会をめざめさせたとともに、教区聖職者であれ主教であれ、神の法の名のもとに世俗権力から独立した裁量を行使する聖職者は議会特権を侵犯している、という考え方を定着させた。ある庶民院議員によれば、アルミニウス派は、「我々の宗教を妨害することで、王国の自由と、本議院の権限を破壊しようと試みている」のであった(95)。この考え方こそ、革命期には長期議会とスコットランド契約派の同盟関係を破綻させ、イングランドにおける長老主義教会改革を失敗させることになるだろう。

議会の反教権主義はまた、それじたいにおいて反王権的ではなかった。議員たちは、至上権が「議会における王」に宿るという原則に立っていたからこそ、アルミニウス派を「王権軽視罪」において責めたのである。ジョン・モリルのことばを借りるならば、議員たちは「国王の至上権を重大視していたからこそ、その転覆を強く恐れていた(96)」。一六二九年の庶民院で、「国王に陪餐停止権はない」というカズンの失言の情報に議場が沸いたのは、カズンの「教皇主義」的な『祈禱文集』や、ダラム大聖堂で彼が楽しんでいたという豪華な礼拝儀式よりも深刻な問題、すなわち、アルミニウス派が本心では国王を無用と考えている、という恐ろしい可能性を議員たちが思い描いていたからかもしれない。カズンが「大逆罪」を犯した、というエリオットに続いて別の議員は言った。カズンは「首長のいない教会を目論んでいる。つまり我々から教会を奪うつもりなのだ(97)」。

一六二〇年代におけるアルミニウス派とイングランド議会の対立は、短期的には前者の勝利に終わった。しかしその勝利は、恩赦というある種の超法規的措置と無議会政治の組み合わせによるものだった。一六四〇年にふたたび議会が召集されたとき、ロード体制下の主教制国教会を批判し改革を求めた中心的議員は、第三議会解散直前までアルミニウス派聖職者たちの批判にもっとも熱心だった庶民院議員たち、すなわちピム、ラウス、セルデン、サー・ロバート・ハーリ(Sir Robert Harley, 1579-1656)らであった。短期議会開始直後の四月一七日に行った有名な演説でピムは、議会法の下に宗教をおくという原則がないがしろにされてきた点にこそイングランドの宗教問題があると宣言した。主教たちはカトリック処罰の義務を怠り、他方では法で定められた範囲を超えた権力を行使している。彼らはみずからの権限が「天から与えられた「神権」であると考えており、議会が定めた法に違反している[98]」。

ピムの主張は、他ならぬチャールズ一世の不注意な判断によって、見事に証明されてしまった。わずか三週間で短期議会を解散した国王は、慣例通りに聖職議会を同時解散することなく、審議継続を命じたのである。一六三〇年代に進められたカンタベリ大主教ロードによる教会改革を、新しい教会法によって合法化するためであった。五月末、一七箇条からなる新しい教会法が聖職議会で可決された[99]。その第六条は、聖職者および大学人を含むすべての臣民に、現状の国教会体制のいかなる変更にも同意しないという宣誓(「エトセトラ宣誓 Etcetera Oath」)を義務づけていた。これは実質的に、俗人によるあらゆる教会改革を禁止したことに等しかった[100]。

一一月にふたたび召集された長期議会は、短期議会後も継続された聖職議会の合法性をめぐって議論する。庶民院議員ナサニエル・ファインズによれば、聖職議会の行いは「国王の至上権を否定して、大主教、主教、首席司祭、大執事らを「神権」に位置づけるもの」であった。同月一七日に行われたはじめての議会断食日礼拝 fast service で、説教者コーネリウス・バージェズは新しい宣誓文を「国王と国家に対する共謀」と呼んだ[101]。聖職議会がいちど制定した教会法を、世俗議会が変更したり否決したりすることの可否をめぐり、庶民院の意見はふたたび分かれたが、ピムやセルデンに導かれた多数派は議会優越の原則に立った。教会問題に介入する権限が議会にあるか否かではなく、世俗権力から独立した宗教的権威がそもそも教会にあったのかが、彼らの問いであった。「教会はみずからによって統治されるべきだ、平信徒は介入するべきではない」と言うロバート・ホルボーンに対し、オリヴァー・シンジョン

(Oliver St John, c.1598-1673)は答える。「我々は今やひとつの身体であり、すべては議会の合意によって規定されなければならない」[102]。

一二月、抜本的な教会改革を求めて議会に提出されたロンドン市民の「根こそぎ《ルート・アンド・ブランチ》請願」も、議員たちの問題意識を共有していた。すなわち、大主教、主教をはじめとする高位聖職者たちは「自分たちの任務が主イエス・キリストに直接由来すると主張するが、これは本王国の法に反し、また国王陛下とその国政の権威を傷つけるものである」、と断言したのである[103]。

こうして一二月一五日に庶民院は、聖職議会に集まる聖職者はいかなる教会法をも議会の同意なしに制定することができないと、全会一致で議決した。半年後の一六四一年六月一二日、貴族院もこれを承認した[104]。これが、イングランド議会が国教会を手中に収めた決定的な瞬間であった。一六四一年二月、ピムが提出したウィリアム・ロード弾劾の告発文は、一二年前のエリオットたちのことばを彷彿とさせる。曰く、ロードは「国王が教会に対してもつ統率権は、この王国における彼〔ロード〕の主教および大主教職に付随するものであって、王位に由来するものではないと主張した」、というものであった[105]。

イギリス革命は、政治的・文化的に特徴を異にするイングランド、スコットランド、アイルランドの三王国間の、またそれぞれの王国内部の、複数の緊張関係を背景に、偶発的要因と想定外の結果のくりかえしによって進行していった。しかし、三王国の君主であったチャールズ一世とイングランド議会のあいだで大きな対立軸をなした教会統治問題の論点は、議員たちに馴染みのあるものだった。一六四二年はじめに議場を去った国王が戦場での決着にかけたことは前代未聞の出来事であったが、ウェストミンスターで教会改革を審議し続けた議会は、みずからの役目を十分に理解していた。イングランドの宗教における至上権は議会によって否定されたのではなく、領有されたのである。(106) これは、（しばしばそう言われる）「国教会《アングリカン》」に対する「ピューリタン」の闘いではなかった。長期議会は、教権主義を抑制することで始まった、ヘンリ八世の宗教改革を継承したのである。

（1） Anthony Milton, 'Cosin, John (1595–1672)', *ODNB*. カズンの「失言」事件についての簡潔なまとめは、John G. Hoffman, 'The Arminian and the iconoclast: the dispute between John Cosin and Peter Smart', *Historical magazine of the protestant Episcopal church*, vol. 48, no. 3 (1979), pp. 293–294. アン・タイラーは聖歌隊員トマス・タイラー Thomas Tyler (*d*. 1627) の妻であったと考えられる。J. T. Fowler (ed.), *Rites of Durham* (Durham, 1903), p. 164.

（2） National Archives (以下 NA と略), SP 16/119/42; John Cosin, *The correspondence of John Cosin*, ed. George Ornsby (Durham, 1869, 以下 *Correspondence* と略), pt. 1, p. 147.

（3） NA, SP 16/121/33i, ii, iii; *Correspondence*, pt. 1, pp. 148n, 150–152. サー・ウィリアム・ベラシスは一六二五年から一六四〇年まで州長官をつとめた。

（4） ダラム大聖堂参事会聖職者 Henry Ewbanke (*d*. 1628) の娘と結婚したダラム出身の法廷弁護士、Robert Pleasance (1590–1635) だと考えられる。息子 Robert Pleasance (1627–1701) は、一六五〇年代にダラム郊外ボルドンで活動したピューリタン牧師で、王政復古後に非国教徒として追放された。Robert Surtees, *The history and antiquities of the county palatine of Durham*, vol. 4 (Durham, 1840, reprinted in Wakefield, 1972), p. 141; Arnold Gwynne Matthews, *Calamy revised* (Oxford, 1934), p. 392; Roger Howell, Jr., *Newcastle upon Tyne and the puritan revolution* (Oxford, 1967), p. 345.

（5） NA, SP 16/121/33i; *Correspondence*, pt. 1, pp. 147–150.

（6） NA, SP 16/121/33; W. H. D. Longstaffe (ed.), *The acts of the high commission court within the diocese of Durham* (Durham, 1858), pp. 199–200 ではこの手紙をリチャード・ニール宛てとしているが、ステート・ペーパーズのオリジナルの奥付が正しければ、ロード宛てである。

（7） NA, SP 16/78/19; *Correspondence*, pt. 1, pp. 125–126; R. C. Johnson and M. J. Cole and others (eds.), *Commons debates 1628*, vol. 2 (New Haven and London, 1977), pp. 85–86, 92–93; British Library, Harley MS 390, ff. 370r–v, also transcribed in Thomas

Birch, *The court and times of Charles the first*, vol. 1 (London, 1848), p. 335.

（8）W. Notestein and F. H. Relf (eds.), *Commons debates for 1629* (Minneapolis, 1921), pp. 36-37, 124; *Journal of the House of Commons*（以下 *CJ* と略）, vol. i, p. 926. 請願の提出者は、カズンと対立していたダラム大聖堂の聖堂参事会聖職者ピーター・スマートの甥、トマス・オグルであった。スマートのカズン批判については本書第2章4節を参照。

（9）*Commons debates for 1629*, pp. 37, 39-40, 43-47, 49-50, 124-126, 130-131, 174-177, 179-180; Paul E. Kopperman, *Sir Robert Heath 1575-1649* (Woodbridge, 1989), pp. 171-172; キングの宣誓供述とダラムの関係者たちの証言の食い違いをヒースが指摘すると、ニールはキングを「厄介者」と呼び、信用しないように告げたという。恩赦を命ずる国王令状を用意したのは一二月に国王秘書長官に就任したばかりのドーチェスター子爵ダドリ・カールトンであった。L. J. Reeve, *Charles I and the road to personal rule* (Cambridge, 1989), p. 40.

（10）*Commons debates for 1629*, pp. 45-46, 131, 175.

（11）議会の正式な閉会は三月一〇日であった。*Commons debates for 1629*, pp. 101-106, 170-172, 239-244; Conrad Russell, *Parliaments and English politics 1621-1629* (Oxford, 1982, first published 1979), pp. 415-416; Reeve, *Charles I*, pp. 85-87.

（12）Parliamentary Archives, HL/PO/JO/10/1/42; *CJ*, vol. ii, pp. 8-9, 25; E. S. Cope and W. H. Coates (eds.), *Proceedings of the Short Parliament of 1640* (London, 1977), pp. 167, 280-282; Judith D. Maltby (ed.), *The Short Parliament (1640) diary of sir Thomas Aston* (London, 1988), pp. 22-24, 25-26; John Rushworth, *Historical collections*, pt. 3, vol. 1 (1691), pp. 41-42.

（13）Maija Jansson (ed.), *Proceedings in the opening session of the Long Parliament*, vol. 1 (Rochester, New York and Woodbridge, 2000), pp. 251, 256, 259.

（14）John Morrill, *The nature of the English revolution* (London, 1993), pp. 71, 75-76.

（15）Reeve, *Charles I*, chs. 1-2.

（16）James S. Hart Jr., *The rule of law 1603-1660* (Harlow, 2003), pp. 115-122; David L. Smith, *The Stuart parliaments 1603-1689* (London, 1999), pp. 114-116; 仲丸英起「イングランド一六二八年議会における議員と選挙区との関係――強制借用金に対する抵抗者の議員選出と議会活動」『歴史学研究』九七五号（二〇一八年）、一―一七頁。バッキンガムは停会中の八月に暗殺された。

（17）*Commons debates for 1629*, p. 176.

（18）カルヴァン自身の神学思想における二重予定説の重要性をめぐって研究者の意見は分かれるが、テオドール・ベーズ（Theodore

Beza, 1519–1605)ら第二世代の「カルヴァン派」神学者たちのイングランド・プロテスタンティズムへの影響については、多くの歴史家が同意している。Patrick Collinson, 'England and international Calvinism 1558–1640', in Menna Prestwich(ed.), *International Calvinism 1541–1715*(Oxford, 1985), pp. 197–223.

(19) アルミニウスの普遍救済説は、一六二〇—三〇年代の国教会「アルミニウス派」だけでなく、革命期にはジェネラル・バプテスト派や、会衆派牧師ジョン・グッドウィン(John Goodwin, 1594?–1665)らによっても吸収された。M・トルミー『ピューリタン革命の担い手たち』大西晴樹・浜林正夫訳(ヨルダン社、一九八三年)、第四章：山田園子『イギリス革命とアルミニウス主義』(聖学院大学出版会、一九九七年)。

(20) 桜田美津夫「オランダ共和国における宗教的自由について」、仲手川良雄(編)『ヨーロッパ的自由の歴史』(南窓社、一九九二年)、一六六—一九一頁：同「オランダの建国と宗教的寛容」『歴史学研究』八〇八号(二〇〇五年)、四八—五八頁。ドルトレヒト神学会議へのイングランド代表団については、山田『イギリス革命とアルミニウス主義』、一七二—一七八頁。

(21) Gerald Bray(ed.), *Documents of the English reformation 1526–1701*(Minneapolis, 1994), p. 294. 和訳は八代崇『新・カンタベリー物語：アングリカン・コミュニオン小史』(聖公会出版、一九八七年)、二七五頁による。

(22) Collinson, 'England and international Calvinism', p. 219; Bray, *Documents*. pp. 390–400. ただしランベス信仰箇条には、三九信仰箇条のような法的裏づけがなく、聖職議会でもエリザベス一世によっても公式に認可されなかった。

(23) Alan Ford, 'Dependent or independent? the Church of Ireland and its colonial context, 1536–1649', *The seventeenth century*, vol. 10, no. 2(1995), pp. 169–170; Idem, 'The Church of Ireland, 1558–1634: a puritan church?', in A. Ford, J. McGuire and K. Milne (eds.), *As by law established*(Dublin, 1995), pp. 58–59; Bray, *Documents*, pp. 437–452.

(24) Nicholas Tyacke, 'Puritanism, Arminianism and counter-revolution', in C. Russell(ed.), *The origins of the English civil war*(London, 1973), pp. 119–143; Idem, *Anti-Calvinists*(Oxford, 1987); 青木道彦「イギリス革命前夜のアルミニウス主義をめぐる論争——ロード体制の性格について」『駒澤史学』四五号(一九九三年)、一〇一—一二八頁。

(25) Tyacke, *Anti-Calvinists*, p. 8.

(26) Nicholas Tyacke, 'Lancelot Andrewes and the myth of Anglicanism', in P. Lake and M. Questier(eds.), *Conformity and orthodoxy in the English Church, c.1560–1660*(Woodbridge, 2000), pp. 5–33; Peter Lake, 'Lancelot Andrewes, John Buckeridge, and avant-garde conformity at the court of James I', in L. L. Peck(ed.), *The mental world of the Jacobean court*(Cambridge, 1991),

pp. 113-133; Peter McCullough, 'Making dead men speak: Laudianism, print, and the works of Lancelot Andrewes, 1626-1642', *The historical journal*, vol. 41, no. 2 (1998), pp. 401-424. 詩篇は『口語訳聖書』(日本聖書協会)による。

(27) Tyacke, *Anti-Calvinists*, pp. 106-124. ニールの神学的立場については、彼が一六二九年に貴族院のために準備した釈明文が残っているが、これを読む前に議会は解散された。*Ibid*., pp. 109-112. 本書第2章注(44)も参照。

(28) Andrew Foster, 'Durham House Group (*act*. 1617-1630)', *ODNB*.

(29) Jane Freeman, 'The distribution and use of ecclesiastical patronage in the diocese of Durham, 1558-1640', in D. Marcombe (ed.), *The last principality* (Nottingham, 1987), pp. 152-175; Andrew Foster, 'The function of a bishop: the career of Richard Neile, 1562-1640', in R. O'Day and F. Heal (eds.), *Continuity and change* (Leicester, 1976), pp. 33-54.

(30) Patrick Collinson, *The religion of Protestants* (Oxford, 1982), p. 80.

(31) チャールズ1世時代の国教会聖職者については、Tom Webster, *Godly clergy in early Stuart England* (Cambridge, 1997).

(32) Tyacke, *Anti-Calvinists*, p. 125.

(33) Russell, *Parliament and English politics*, pp. 229-230.

(34) *Commons debates for 1629*, pp. 12-13.

(35) John S. Macauley, 'Mountague, Richard (*bap*. 1575, *d*. 1641)', *ODNB*.

(36) たとえばモンタギューは、救済に予定された者の信仰は失われることがないという、カルヴァン神学の「聖徒の堅忍 perseverance」は、イングランド国教会が擁護する立場ではないと断定する。Richard Mountague, *A gagg for the new gospell? no: a new gagg for an old goose* (1624), p. 157. See also pp. 323-324.

(37) Tyacke, *Anti-Calvinists*, pp. 147-151.

(38) Richard Mountague, *Appello Caesarem* (1625), pp. 55-74 and passim.

(39) *CJ*, vol. i, pp. 805-806, 807; Maija Jansson and W. B. Bidwell (eds.), *Proceedings in parliament, 1625* (New Haven and London, 1987), pp. 336-340, 342-344, 361-362; John Rushworth, *Historical collections*, pt. 1 (1682) p. 174; William Laud, *The works of William Laud*, ed. W. Scott and J. Bliss, vol. 3 (Oxford, 1853), p. 167; Russell, *Parliament and English politics*, p. 232.

(40) *CJ*, vol. i, p. 851; Tyacke, *Anti-Calvinists*, p. 154.

(41) *Correspondence*, pt. 1, pp. 33, 34-36. 『カエサルへの直訴』を査読し出版許可を発行したのは、フランシス・ホワイトだった。

(42) *Ibid.*, pt. 1, p. 21.
(43) *Ibid.*, pt. 1, pp. 41–42.
(44) Tyacke, *Anti-Calvinists*, pp. 148–149; *Correspondence*, pt. 1, p. 34.
(45) Laud, *Works*, vol. 6, pt. 1 (Oxford, 1857), pp. 244–246, 249.
(46) Barbara Donagan, 'The York House conference revisited: laymen, Calvinism and Arminianism', in *Historical research*, vol. 64, no. 155 (1991), pp. 312–330; John Cosin, *The works of the right reverend father in God, John Cosin, lord bishop of Durham*, vol. 2 (Oxford, 1843), pp. 17–74. カズンやホワイトの参加は、モンタギューがニールに求めていたことだった。*Correspondence*, pt. 1, p. 78.
(47) Tyacke, *Anti-Calvinists*, pp. 169, 174, 176–177, 179.
(48) Cosin, *Works*, vol. 2, p. 74.
(49) Hoffman, 'The Arminian and the iconoclast', p. 280; *Correspondence*, pt. 1, pp. 140–141; Timothy Wadkins, 'White, Francis (1563/4–1638)', *ODNB*.
(50) Tyacke, *Anti-Calvinists*, p. 168.
(51) Laud, *Works*, vol. 6, pt. 1, p. 249. 五人のアルミニウス派主教(ロンドン主教ジョージ・モンテイン、ダラム主教ニール、ウィンチェスター主教アンドリューズ、ロチェスター主教バッカリッジ、セント・デイヴィッズ主教ロード)連名の書簡。
(52) *Correspondence*, pt. 1, p. 79.
(53) *Ibid.*, pt. 1, p. 100.
(54) Russell, *Parliaments and English politics*, p. 338.
(55) 一六二四年から一六二九年にかけての庶民院における反アルミニウス派議員についてはTyacke, *Anti-Calvinists*, pp. 127–139に詳しい。
(56) British Library, Harley MS 159, f. 120v; Tyacke, *Anti-calvinists*, p. 149.
(57) Russell, *Parliaments and English politics*, pp. 232–233; Tyacke, *Anti-Calvinists*, p. 152; *CJ*, vol. i, p. 809; *Proceedings in parliament, 1625*, p. 383. さらにクックは、教義についての判断は主教のいる貴族院がするべきと述べたが、「最終的には国王のもとに来る」とも言った。
(58) Robert Sybthorpe[Sibthorpe], *Apostolike obedience* (1627); Roger Maynwaring, *Religion and alegiance* [sic], *in two sermons*

(1627).

(59) *Journal of the House of Lords*(以下 *LJ* と略), vol. iii, pp. 853, 870; J.P. Kenyon (ed.), *The Stuart constitution 1603-1688* (Cambridge, 1986), pp. 14-16; Russell, *Parliaments and English politics*, p. 375; Reeve, *Charles I*, p. 60n11; James F. Larkin (ed.), *Stuart royal proclamations*, vol. 2 (Oxford, 1983), pp. 197-199.

(60) Vivienne Larminie, 'Maynwaring[Manwaring], Roger (1589/90?-1653)', *ODNB*; Russell, *Parliaments and English politics*, p. 396.

(61) *Correspondence*, pt. 1, pp. 136-137.

(62) *Proceedings in parliament, 1625*, p. 383.

(63) 法案の概要は、一六二九年に出版された匿名のモンタギュー批判書に印刷されているのみである。*Anti-Montacutum: an appeale or remonstrance of the orthodox ministers of the Church of England against Richard Montagu* (1629), pp. 4-6; Tyacke, *Anti-Calvinists*, p. 152.

(64) *CJ*, vol. i, pp. 870-871.

(65) Tyacke, *Anti-Calvinists*, p. 154.

(66) *CJ*, vol. i, pp. 878, 879; *Commons debates 1628*, vol. 2, pp. 281, 324.

(67) *Commons debates 1628*, vol. 2, p. 324.

(68) 一六二八年六月の「抗議 Remonstrance」、一六二九年一月二九日の「イエズス会とアルミニウス派の見解を認めない」議決、そして二月二三日の「提案要綱 Heads of articles」である。*CJ*, vol. i, p. 924; *Commons debates for 1629*, pp. 23, 95-101; S. R. Gardiner (ed.), *The constitutional documents of the puritan revolution*, 3rd edn. revised (Oxford, 1962), pp. 77-82.

(69) Larkin, *Stuart royal proclamations*, vol. 2, pp. 90-93.

(70) Gardiner, *Constitutional documents*, pp. xxiii, 75-76. ガードナーは、この前文がロードの提案によることは「疑いない」と述べている。

(71) Act to reform certain disorders touching ministers of the church, in *The statutes of the realm*, vol. 4, pt. 1 (London, 1819, reprinted 1963), pp. 546-547 (13 Eliz. I, *c*.12).

(72) *Commons debates 1628*, vol. 3, p. 519. ジョン・セルデンによる同様の発言は p. 515.

(73) Laud, *Works*, vol. 6, pt. 1, p. 245.

(74) Gardiner, *Constitutional documents*, p. 75. 筆者による強調。

(75) *Commons debates 1628*, vol. 2, p. 86.

(76) 日本語では「教皇尊信罪」とも訳されるが、令状の冒頭文句、ラテン語の「予め警告せよ」から取られた名称で、それじたいで王権や教皇をあらわす語ではない。本章での事例のように、教皇権と無関係の訴訟にも適用されるようになったので、「王権軽視罪」と呼ぶことにする。

(77) Conrad Russell, 'Whose supremacy? king, parliament and the church 1530–1640', *Ecclesiastical law journal*, vol. 4, no. 21 (1997), p. 703; John Baker, *The Oxford history of the laws of England*, vol. 6 (Oxford, 2003), ch. 13, esp. pp. 239–246.

(78) *Statutes of the realm*, vol. 3 (London, 1817, reprinted 1963), p. 492, also in G. R. Elton (ed.), *The Tudor constitution* (2nd edn., Cambridge, 1982), pp. 364–365 (26 Hen. VIII, *c.*1).

(79) J. P. Sommerville, 'The royal supremacy and episcopacy "Jure Divino", 1603–1640', *The journal of ecclesiastical history*, vol. 34, no. 4 (1983), pp. 548–549.

(80) Jacqueline Rose, *Godly kingship and Restoration England* (Cambridge, 2011).

(81) Russell, 'Whose supremacy?', pp. 701–702; Idem, 'Parliament, the royal supremacy and the church', in J. P. Parry and Stephen Taylor (eds.), *Parliament and the church 1529–1960* (Edinburgh, 2000), pp. 28–29.

(82) Act for the submission of the clergy, in *Statutes of the realm*, vol. 3, p. 461, also in Elton, *Tudor constitution*, p. 349 (25 Hen. VIII, *c.*19); Russell, 'Parliament, the royal supremacy and the church', p. 29. 宗教改革前の教会法を精査し、国教会のための新しい教会法を確定する作業はエドワード六世、エリザベス一世時代まで続いたが結果を出すことができず、一六〇三年の聖職議会まで教会法に変更は加えられなかった。Torrance Kirby, 'Lay supremacy: reform of the canon law of England from Henry VIII to Elizabeth I (1529–1571)', *Reformation & renaissance review*, vol. 8, no. 3 (2006), pp. 349–370.

(83) Act in restraint of appeals, in *Statutes of the realm*, vol. 3, p. 427, also in Elton, *Tudor constitution*, p. 353 (24 Hen. VIII, *c.*12).

(84) Act of Supremacy, in *Statutes of the realm*, vol. 4, pt. 1, p. 352, also in Elton, *Tudor constitution*, p. 374 (1 Eliz. I, *c.*1).

(85) 注(71)を参照。一五六六年には、パーカーをはじめ一五人の主教が、「三九信仰箇条」の議会承認を求める請願をエリザベスに提出している。Claire Cross, *The royal supremacy in the Elizabethan Church* (London, 1969), p. 30, 75–76, 142–144; Alan Cromartie,

The constitutionalist revolution(Cambridge, 2006), p. 117; Russell, 'Whose supremacy?', pp. 702–703.

(86)　一五七一年の議会は、すべての聖職者に「三九信仰箇条」の遵守を求めていたのに対し、一六〇四年の教会法は信仰箇条に加え、ピューリタンが疑問視していた主教制や共通祈禱書に誤りがないことを認める宣誓を義務づけていた。この慣例は一六二八年の議会でふたたび問題になった。*Commons debates 1628*, vol. 3, pp. 451n42, 513n19.

(87)　*CJ*, vol. i, p. 235; 'The apology directed to the king's most excellent majesty', in Kenyon, *Stuart constitution*, pp. 25–35, esp. 32; Gerald Bray(ed.), *The Anglican canons 1529–1947*(Woodbridge, 1998), pp. 258–453; Andrew Thrush and John P. Ferris(ed.), *The history of parliament: the House of Commons 1604–1629*(Cambridge, 2010), pp. xxxvii, 21–26; Cromartie, *Constitutionalist revolution*, pp. 165–166; Patrick McGrath, *Papists and puritans under Elizabeth I*(London, 1967), pp. 355–363.

(88)　Roland G. Usher, *The rise and fall of the high commission*, revised edn.(Oxford, 1968), esp. pp. 170–190; Historical Manuscripts Commission, *The manuscripts of the House of Lords*, new series, vol. XI: Addenda, 1514–1714(London, 1962), pp. 125–126; Russell, 'Whose supremacy?', p. 703; Hart, *Rule of law*, pp. 44–47; Allen D. Boyer, 'Coke, Sir Edward(1552–1634)', *ODNB*.

(89)　Russell, 'Whose supremacy?', p. 706.

(90)　一六二八年六月。NA, SP 16/108/75, also reproduced in *Correspondence*, pt. 1, p. 138. "above" "beneath" の強調はカズン自身による。

(91)　Russell, 'Whose supremacy?', p. 706.

(92)　カンタベリ大主教着任直後、ロードからアイルランド総督トマス・ウェントワースへ。Laud, *Works*, vol. 6, pt. 1, p. 310.

(93)　星室法廷で一六三七年六月に行われたピューリタン聖職者ヘンリ・バートンの裁判で。William Laud, *A speech delivered in the Starr-chamber*(1637), p. 7; Sommerville, 'Royal supremacy', p. 550.

(94)　Cromartie, *Constitutionalist revolution*, p. 234; J. G. A. Pocock, *The ancient constitution and the feudal law*, revised edn.(Cambridge, 1987); Glenn Burgess, *The politics of the ancient constitution*(Basingstoke, 1992).

(95)　*Commons debates 1628*, vol. 2, p. 92.

(96)　John Morrill, 'Renaming England's wars of religion', in C. W. A. Prior and G. Burgess(eds.), *England's wars of religion, revisited*(Farnham, 2011), pp. 322–323.

(97)　*Commons debates for 1629*, p. 176.

(98) *Proceedings of the Short Parliament of 1640*, p. 152.

(99) Bray, *Anglican canons*, pp. 553-578; Hart, *Rule of law*, pp. 172-176.

(100) 「大主教、主教、首席司祭、大執事、エトセトラによる現在の教会統治制度への変更に同意しない」という宣誓文による。Bray, *Anglican canons*, p. 568.

(101) Cromartie, *Constitutionalist revolution*, pp. 254-255; Cornelius Burges, *The first sermon, preached to the Honourable House of Commons*(1641), p. 57. 議会断食日 parliamentary fast days は、日曜日以外に長期議会が定期的に設定した礼拝日。議事は中断され、議員たちは礼拝堂(貴族院はウェストミンスター寺院、庶民院は隣接するセント・マーガレット教会)に集まり、通常ふたりの聖職者による説教が行われた。さらに全教区を対象に国民断食日が設定されることもあった。Hugh Trevor-Roper, 'The fast sermons of the Long Parliament', in Idem, *Religion, the reformation and social change*(London, 1984), pp. 297-344; Christopher Hill, *The English Bible and the seventeenth-century revolution*(London, 1993), ch. 3.

(102) Russell, 'Whose supremacy?', pp. 707-708; Sir Simonds D'Ewes, *The journal of sir Simonds D'Ewes*, ed. Wallace Notestein, vol. 1(New Haven, 1923), pp. 152, 155.

(103) Rushworth, *Historical collections*, pt. 3, vol. 1(1691), p. 93; Cromartie, *Constitutionalist revolution*, p. 256.

(104) *CJ*, vol. ii, p. 51; *LJ*, vol. iv, p. 273.

(105) *The speech of declaration of John Pymm... upon the delivery of the articles*(1641), p. 9, cited in Cromartie, *Constitutionalist revolution*, p. 253; William M. Lamont, *Puritanism and the English revolution*(Aldershot, 1991, first published 1969), pp. 62-63, 75n22.

(106) Rose, *Godly kingship*, p. 73.

第2章　革命期イングランドのオルガン破壊

1　音楽史の「空白」か

第一次内戦が三年目に入ろうとしていた一六四四年五月九日、イングランド議会は、国内すべての大聖堂、寺院、教区教会、諸礼拝堂からパイプ・オルガンを取り外すよう命じた。貴重な文化財を戦火から守るためではない。両院を通過し、ただちに印刷出版された議会条例の目的は、「幸いにも開始された宗教改革を完成させ、神の礼拝の妨げとなるあらゆる違反を取り除く」ためであった。(1) 同時に撤去指定された聖像や絵画、十字架などの装飾品、サープリスなどの祭服と合わせて、オルガンはその箱《ケース》も含め、イングランドのすべての教会から消えなければならなくなった。

もっとも、この条例が可決される前から、オルガンの危機は始まっていた。各都市の大聖堂は、内戦開始とともに議会軍兵士たちの破壊行為の標的となったからである。カンタベリ大聖堂では、内戦勃発直後の一六四二年八月、エドウィン・サンディーズの連隊が聖堂を占領し、オルガンは聖像や装飾品とともに破損された。連隊が去ったあと、聖堂参事会はオルガンを修復する決定をしたが、同年一二月には議会から派遣された調査団がさらに徹底した偶像破壊《イコノクラスム》を断行したことで、それも無駄になった。(2) 同月、議会軍に降伏したウィンチェスターでは、ウィリアム・ウォーラーの連隊が大聖堂に押し入り、ステンド・グラスやオルガンを破壊した上で、内陣奥《チャンセル》から運び出した祭壇を居酒屋で燃やし、聖歌隊の楽譜をその火に投げ込んだ。ウォーラーはその月末にはチチェスターを攻め落としたが、そこでもまっ先に大聖堂が略奪された。兵士たちは「オルガンを解体し、斧でパイプを打ち刻みながら、嘲るように「オルガンの音を聞け」と叫んだ」(3)。一六四三年四月、ピーターバラ大聖堂の扉を押し破ったオリヴァー・クロムウェル(Oliver Cromwell, 1599–1658)の連隊が最初にしたことは、身廊《ネイヴ》から内陣に入る仕切りの上に設置されていた巨大なオルガンを引きずり倒すことだった。崩れ落ちたオルガンの上を、兵士たちは「異常な逆上と熱狂にかられて」踏みつけ、飛び跳ねたという(4)。

熱狂的な暴力を免れたオルガンは、都市自治体や所有団体の手でひっそりと撤去されていった。ロンドンのセント・ポール大聖堂では早くも一六四一年九月、礼拝中に乱入した暴徒がオルガンを打ち壊すぞと脅し、翌年秋にも同様の騒ぎが起きた。一六四三年末、教会改革に対する議会の方針が明らかになると、ロンドン市参事会は自主的にセント・ポールの改修を決め、オルガンのパイプは売却のため熔解された(5)。一六三〇年代にオルガンを新調したケンブリッジの諸カレッジは、議会の調査団の到着前にオルガンを取り外して、被害を最小限に抑えようとした。ピーターハウスは、解体したオルガンの一部をチャペルの装飾品や楽譜類とともに図書館に隠した。ジーザス・カレッジのオルガンは、学寮長の庭に埋められた(6)。

オルガンの破壊は聖歌隊の解散を意味した。一六四二年一二月、議会側についたエクセター市は、大砲を鋳造するために大聖堂の鐘を取り外すよう、また礼拝では「共通祈禱書」から聖歌隊とオルガンが演奏する部分を省くよう議会から命令された。大聖堂内に駐屯した兵士たちは、おどけて聖歌隊員のサープリスを着込み、分解したオルガンのパイプを口で吹きながら町を歩き回り、「君たちの商売をだめにしてしまったね」と聖歌隊の少年たちに告げた(7)。同年ロンドンで出版された短い対話劇では、職を失った架空の教会のオルガニストと聖歌隊員が互いの愚痴を聞く。「僕や君らの職業に敵対心を持ち、機会さえあれば僕らの息の根を止めようと窺う連中は多いよ」とオルガニスト。

「敬虔な情熱と献身で全ヨーロッパに知られた、誉れある古の音色がこのイングランドで二度と聞かれることのないように」[8]。やがて議会は共通祈禱書を廃止し、一六四五年一月にまったく新しい「礼拝指針 *Directory for the public worship of God*」を発布する。そこで規定された礼拝に、聖歌隊の出る幕はなかった。ロンドンにいた詩人ジョン・ヴィカーズは、この「神の驚くべき、また賢き命令と采配」から受けた感動を、年代記『世の波を越えゆく神の箱舟』に記している。ウェストミンスター寺院には「もっとも学識のある、聡明で信仰深い聖職者による説教」が導入され、逆に「教皇主義の祭壇は取り除かれ、とどろくオルガンも粉砕され、高音《トレブル》、というより騒音《トラブル》、そして下劣な歌《ベース》い手たち、先唱者《チャンター》、いや煽動者《エンチャンター》らは追放された」[9]。オルガンと聖歌隊による礼拝音楽が国教会に復活するのは、一六六〇年の王政復古によってである。その年、ある国教会聖職者は彼の生きた時代ほど「公的礼拝における楽器やオルガン音楽」が「気短で無知、しかし喧しい、圧倒的な数の群衆」の敵意にさらされた時代はなかったと嘆いた[10]。

内戦期イングランドの議会派が示した、オルガンに対する憎しみにも似た感情、また音楽の使用法をめぐる激しい対抗心は、どこから来たのだろうか。全国規模でオルガンを破壊するという議会の判断、これを歓迎した議員や聖職者、文人、末端の一般信徒たちの発言や行動は、宗教と音楽の関係について、何を我々に物語っているのだろうか。

オルガン破壊を、プロテスタンティズムあるいは「ピューリタニズム」に内在する芸術不信の結果と考えるのは、早計である。たしかに、内戦期の破壊活動は音楽だけでなく、絵画、彫刻、建築、演劇など、一七世紀前半に開花したさまざまな文芸活動に及んだ。美術史研究者にとっては、中世キリスト教美術の粋を尽くしたステンド・グラスの消失のほうがオルガン破壊よりも深刻であろう。議会はまた、一六四二年九月には「悔い改めと懺悔、神との和解」を理由に、ロンドン市内の劇場閉鎖も命じた[11]。現代人の目にはことごとく反芸術的と映るこれらの政策は、信仰に厳格なあまり現世の美を嫌悪し、あらゆる娯楽に敵対する、陰鬱で不寛容な「ピューリタン」のステレオタイプに合致する。歴史家ヒュー・トレヴァー＝ローパーは、各地礼拝堂の装飾品を破壊した無教養な「熱狂的改革者」たちが、「しまいにはチャールズ一世の首も切り落とした」と断定した。[12] マックス・ヴェーバーは「禁欲」をピューリタニズムの本質と見定めたが、これを近代化と結びつけて肯定的に評価した彼の進歩主義史観を裏返すようにして、二〇世紀後半の文化史・社会史家たちは、ピューリタニズムのなかに抑圧的な社会規律の原理を読み取った。すなわち、信仰深さと勤勉さは、中間階層にとって経済的負担となる「不信仰」で「怠惰」な庶民に対する攻撃的な態度と表裏一体であったというのである。[13] 音楽史研究においても枠組みは変わらない。一七世紀の音楽創作・演奏活動は「ピューリタン革命」によって停滞し、様式上の連続性も失われた、という認識の根強さは、多くのイギリス音楽史のテクストで、一六四〇年までを扱う章の次が一六六〇年から始まることからも窺える。そのあいだにあるのは、二〇年間の不毛時代、芸術の空白期ということになる。[14]

しかしもちろん、音楽の濫用に対する批判はプロテスタント宗教改革の発明ではない。複雑化したポリフォニー(多声音楽)を廃止し、節度ある単旋律のチャントに戻そうとする運動は、中世ヨーロッパの教会改革にくりかえし見られた。一四世紀後半のウィクリフ、一五世紀末のサヴォナローラの批判がよく知られている。[15] 彼らの背景にはまた、人が聖歌によって「いっそう敬虔に、熱烈に、信仰の炎に燃えたたされる」ことを認めるいっぽうで、理性より「肉の喜び」を優先させる危険にも警戒したアウグスティヌスをはじめとする、教父たちの議論の実績があった。[16] 序章で論じたように、「ピューリタニズム」は、一七世紀半ばの内戦と革命の主語として的確な概念とはもはや言えないが、音楽をめぐる闘争を「ピューリタニズム」に帰することも同様に避けるべきである。また逆に、音楽が好きなピューリタンもいた、と反例を挙げることも解決にはならない。かつてパーシ・スコルズは『ピューリタンと音楽』において、新旧イングランドのピューリタンが教養または趣味として楽器演奏や歌唱を嗜んだ事例を集め、彼らが決して「音楽嫌い」ではなかったと論じた[17]。しかし、歴史上の人物が音楽を「好んだ」か「嫌った」かを問うことじたいが、「音楽」を嗜好の対象とみなす問い手の前提、すなわち音楽についての特定の価値判断と結びついていることを忘れてはならない。「芸術」や「作品」といった概念が歴史の産物であるのと同様、音楽の意味と役割もまた、歴史の闘争のなかでつくられ、変化したものである。

本章では、教会でのオルガンの使用をめぐる一七世紀イングランドの戦いを、音楽史の空白と見るのではなく、またこれを「ピューリタニズム」に内在する諸原理に還元することなく、近世イングランドの政治・宗教・文化の歴史的構造のなかで考察したい。まず一六世紀までさかのぼり、宗教改革初期における音楽の位置づけについて確認し、続いて一七世紀前半における国教会体制の変化のなかで音楽に与えられた新しい役割について考える。後半では、第1章で触れたジョン・カズンが勤めていたダラム大聖堂における論争を取り上げ、これが一六四〇年代のイングランド議会による典礼改革に与えた影響を論ずる。

2　イングランド宗教改革と音楽

礼拝における音楽の使用法は、ヘンリ八世による国教会樹立当初からチャールズ一世の親政期にいたるまで、イングランド宗教改革のあり方が根本から問われたトピックのひとつであった。国教会の初期の指導者たちは、自分たちの礼拝音楽を、カトリックのそれから区別しなければならないことを心得ていた。トマス・クランマ(Thomas Cranmer, 1489-1556)は、国教会最初のカンタベリ大主教として典礼の英語化に苦心していた一五四四年、ヘンリ八世に次のように書き送っている。「私の考えでは、〔これからつくる〕歌は、音が多すぎてはいけません。できる限り一音節につき一音符のみを用い、明瞭に、また信心深く歌われるようにすべきです」[18]。クランマの言う「音が多すぎる歌」とは、メリスマティックに歌われる複数の独立した声部が互いに追いかけ複雑にからみ合うポリフォニー音楽を意味し、逆に「一音節につき一音符のみ」とは、シラビックな単旋律《モノフォニー》の歌か、あるいはシラビックなメロディーにあくまでも補助的に和音を加える単純なホモフォニーを指していたと考えられる[19]。しかし当時、イングランドにおいて高い技術的水準を誇っていたのは、ポリフォニー音楽であった。四〇声部からなるモテット「我、汝のほかに望みなし」(一五七〇年頃)で有名なトマス・タリスをはじめ、ジョン・タヴァナー、ウィリアム・バードなど、イングランド・ルネサンス音楽の代表者として今日知られる音楽家たちの多くは、少年期から修道院や大聖堂の聖歌隊で訓練を受け、やがてオルガニストや聖歌隊指揮者として日々の礼拝儀式に従事したのだが、彼らが名声をあげたのは、フランドル、イタリア、スペインなど大陸の音楽家たちに後れぬ高度な作曲能力によってであった。一六世紀はじめにイングランドに長期滞在したエラスムスは、「ブリテン人」の礼拝における聖歌隊・オルガン音楽が大陸に比べて過剰であると批判している[20]。だがヘンリ八世がローマ・カトリック教会からの分離を決意するまで、「音が多すぎる歌」すなわちポリフォニー音楽の勢いを止める理由はなかった。

イングランド国教会のためにはじめて英語で作成された公式典礼書である共通祈禱書は、ヘンリの息子エドワード六世即位後の一五四九年に発行され、一五五二年の改訂を経て、エリザベス一世即位後の一五五九年版でその基本形が確立した。祈禱書には音楽の使用について明文化された規定はほとんどなかったが、宗教改革前までにあった音楽資本を活用する余地は次第に狭まっていった。何よりも、典礼文がすべて入れ替わったことで宗教改革前までの典礼音楽のレパートリーが無用となった。それでも作曲家たちは、祈禱書が聖務日課(早禱・晩禱)と聖餐礼拝に指定した定型テクストに合わせてサーヴィス（礼拝曲）を作曲することができたし、比較的自由な作詞作曲が許されたアンセム（聖歌）でさらに創造性を発揮することもできた。しかし全体的に礼拝の構成は中世のそれより簡略化されており、一部のテクストは、歌われるのではなく「読唱される said」と、明確に指定された[21]。さらに、一六世紀はじめには数百を数えた修道院がすべて解散させられたこと、また中小規模の教会における聖歌隊維持を可能にしていた寄進制度が廃止されたことで、職業集団としての聖歌隊を経済的に維持することのできる組織の数は激減した。聖歌隊の目的は聖職者の「代行者《ヴィカー》」として典礼文を唱えることであったから[22]、専門家としての歌い手集団の不在は、国教会の礼拝にとって本質的な不都合ではなかった。

エドワードの死後即位したメアリ一世（Mary I. 在位 1553-1558）が、一時的にカトリック体制を復活させプロテスタント迫害を行ったことも、ローマ教会のミサを連想させるポリフォニー音楽に対する人々の警戒心を強めた。続くエリザベス一世の即位によって国教会の要職に復帰したプロテスタント聖職者たちのあいだでは、オルガンや聖歌隊の廃止がしばしば論じられた。彼らの一部はチューリヒやジュネーヴなど亡命先の教会で、楽器演奏を伴わない礼拝を経験していたのである。ストラスブールに亡命していた神学者トマス・ビーコンによれば、「キリスト者のメロディーは心にある。……それ以外の外見的なメロディーは、すべて虚しく移ろいゆくもの」であった。音楽は正しく用いれば無害だが、「キリスト者が熱中するほど優れたものではない」のだった[23]。神学者たちの目標は、「偶像」や「迷信」を助長すると彼らが考えたさまざまな慣習を礼拝から取り除き、信徒の母語による聖書理解を助けることであった。一五六三年、カンタベリ大主教管区の聖職者代表らがはじめて聖職議会に集まったとき、「オルガンの使用を廃止する」という提案は、一票の僅差で否決されたのだった[24]。

やがて、「ピューリタン」第一世代と呼ぶべき熱心な改革主義者たちがエリザベス国教会内の亀裂をあらわにしてゆく。そのひとり、ジョン・フィールドは一五七二年に、「パイプ・オルガンや芸当じみた歌……は、教皇主義者の巣窟である主教座聖堂に相応しいが、……国民にとってすべての迷信のお手本、またその促進者となっているに違いない」と切り捨てている。(25) 改革に消極的な国教会をローマ・カトリックになぞらえる論法は、このあと百年以上繰り返されることになる。聖書的根拠を欠いたオルガンやポリフォニーは、煉獄や聖人崇拝と同様ローマ教会の悪しき発明物ということだ。華美な音楽が真摯な礼拝を妨げるか否かをめぐる、それじたいは中世から続く古い論争は、近世イングランドの反カトリック主義という新しい政治文化に取り込まれることになった。

しかし、一六世紀後半のピューリタンの登場は、オルガンに対する物理的暴力行為にはつながらなかった。他ならぬエリザベス一世自身が教会音楽を保護したことで、ポリフォニーはかろうじて生き残ったのである。女王は、カトリック信徒であったタリスやバードを保護し王室礼拝堂に雇っただけでなく、彼らに楽譜出版の特許さえ与えた。さらに一五五九年の女王の命令文は、(大聖堂での)聖歌隊とオルガニスト職の存続を認め、歌詞が聞きとりやすいものであるという条件のもと、「創作しうる最高のメロディーと音楽を駆使した、全能の神を讃える讃歌やその他の歌」の使用を許可した。(26) エリザベスのこの命令は、典礼文を書き換えさえしなければ、礼拝シークエンスのなかに実質的にどのようなアンセムであれ付け加えうることを意味した。また聖務日課では、最初の聖書朗読の直前あるいは直後にヴォランタリと呼ばれた短いオルガンのみの間奏を挿入することも容認された。(27)

こうして、王室礼拝堂や大聖堂には従来通り職業集団としての聖歌隊とオルガニストが存続することになった。大聖堂や寺院は、コーポレーションとして自治権を与えられた聖堂参事会が運営していたため、参事会が保有する周辺教区の聖職禄や広大な所領からの収入を資本として、オルガンを維持し音楽家を雇うことができた。ピューリタン神学者たちから激しい批判を受け続けながらも、大聖堂は一種の特別区、歴史家マカロックのことばによれば「エリザベス国教会内の典礼学上の第五列《フィフス・コラム》〔裏切り者〕」として、一般の教区教会とはきわめて異なる独特の文化を維持することができたのである。(28)

いっぽう、一般信徒らが所属する教区教会からはオルガンも聖歌隊も姿を消していった。ただし、音楽がなくなってしまったわけではない。またピューリタンたちが、礼拝におけるいっさいの音楽や歌唱に反対したのでもない。多くのプロテスタント神学者たちは、大陸のルター派、カルヴァン派諸教会の例に倣って、韻律訳された旧約聖書の「詩篇 Psalms」を会衆が歌うことを奨励した。よく知られた例は、一六世紀半ばのジュネーヴ詩篇歌集から英語化された詩篇第一〇〇篇「オールド・ワン・ハンドレッド」であろう。韻律訳詩篇には数多くのヴァージョンがあらわれたが、エドワード六世時代にトマス・スタンホールドとジョン・ホプキンズが訳詩を始め、多くの編者の手を経て一五六二年に完成した『全詩篇歌集』がとくに高い人気を誇り、一七世紀後半まで大量に流通した。(29)

詩篇歌集が画期的だったのは、その簡易さである。多くの場合、歌詞は普通律《コモン・ミーター》をはじめとする、一般的な世俗歌と同じリズムに訳し直されていたので、庶民の馴染みやすい単純なメロディーにのせて歌うことができた。詩篇歌を歌うために専門的な音楽技術は不要だったのである。既存のメロディーを使いまわすことができたため、詩篇の数だけ作曲する必要もなかった。基本的に私訳である韻律訳詩篇は、共通祈禱書の典礼のなかに正式に位置づけられることはなく、その出版に教会も政府も協力しなかったが、日曜礼拝の説教のあとに詩篇歌を歌うことが定着した。大聖堂におけるアンセムと同様、詩篇歌の挿入は黙認されたのである。印刷された詩篇歌集には、単旋律の楽譜あるいはホモフォニックな四声のパート譜の付されたものもあったが、大半は歌詞のみが印刷されていた。教会では会衆全員が主旋律だけを歌った。メロディーは、限られたレパートリーのなかから教区聖職者が選曲し、出席者が各自歌集を読むのではなく、聖職者による先行朗唱と、同じ内容の会衆による斉唱とを一行ずつ繰り返しながら進む「ライン・

アウト」方式をとっていたようだ。必然的にテンポは減速し、楽器演奏が伴わないためピッチも不安定化した。音楽的に洗練されたものとは呼びがたい結果となったが、それまで典礼を「聞いて」いただけのイングランドの人々は、みずから「歌う」ことで礼拝に参加する方法をこのとき手に入れたのである。[30] 聖書の詩文を、シラビックな英語の歌にのせて斉唱する民衆の姿は、熱心な聖職者たちを喜ばせた。識字率がきわめて低い状況にあって、改革推進派は教理問答や信仰教育書に劣らぬ教化の方法を詩篇歌に見出したのである。詩篇歌は、教区礼拝に飽き足らずに聖書講師《レクチャラー》の説教に通ったり聖書研究に励んだりしていたピューリタン平信徒たちの愛唱歌でもあった。[31]

3 「聖なる装い」とオルガン復興

したがって、一六世紀の終わりまでにイングランド国教会には、同じ共通祈禱書を用いた、しかしきわめて様相の異なるふたつの音楽的伝統が存在していたということになる。いっぽうには、専門家集団としての聖歌隊とオルガニストによって担われる、高度に洗練された、しかし限定されたポリフォニー音楽の世界があった。他方には、男女の会衆が聖職者とともに、無伴奏かつユニゾンで斉唱する詩篇歌の世界があった。音楽史研究において圧倒的な比重がおかれてきたのは前者だが、近世イングランド国教会における一般的なサウンド・スケープを構成していたと言えるのは、後者である。もちろん、ふたつの世界のあいだに接点がなかったわけではない。主教座聖堂都市の日曜には、人々は各々の教区教会の早禱に出席してから、説教や聖餐のために大聖堂に集まったし、大聖堂における詩篇歌斉唱の事例も記録されている。[32] 詩篇歌はまた他の世俗歌とともに教会の外でも楽しまれていたため、王室礼拝堂や大聖堂に所属した作曲家たちも、モノフォニックな合唱や器楽演奏のために韻律詩篇歌のアレンジを楽譜に残し、出版している。[33] しかし全体的に見れば、オルガンと聖歌隊を伴う大聖堂の礼拝音楽が、イングランド社会の日常からかけ離れた奇妙な例外となっていったことは確かである。

この孤立を裏書きするように、一六世紀末から一七世紀はじめに、教会音楽擁護論が次々にあらわれた。聖書や教父の著作から礼拝音楽の正当性を歴史的に証明するもの、古典哲学から音楽の道徳的効用を説くもの、社会または天体の調和と音楽的ハーモニーの相関を論ずるものなど、趣向は実に多様であったが、ここではとくに、国教会中枢に近く影響力の強い神学者や高位聖職者たちの言説に注目したい。[34] 重要なのは、音楽の使用を正当化するロジックの変化である。礼拝における音楽を「アディアフォラ *adiaphora*」、すなわち聖書が命じても禁じてもいない無害なもの、したがってその取り扱いが教会の判断に委ねられる事柄として、消極的に弁護する議論から、音楽そのものの有益性を積極的に主張する論調へのシフトが見られる。

一五七四年、のちのカンタベリ大主教ジョン・ホィットギフトはフィールドらの批判に対して、聖歌隊の歌唱やオルガンの演奏は主教たちの裁量で加えることも取り去ることもできる「非本質的なもの」であるから、「神の忌み嫌われたもう事柄ではない」と論じた。[35] だが四半世紀後、国教会制度の理論的基礎をあらためた大著『教会政治理法論 *Of the laws of ecclesiastical polity*』で神学者リチャード・フッカー（Richard Hooker, 1554-1600）は、ホィットギフトとは異なる議論を展開する。フッカーによれば、詩篇の作者ダビデの功績は、詩に声と楽器のハーモニーを加えることで人の心を神への愛で満たす方法を見出したことだった。なぜなら、歌詞ではなく「音のハーモニーそのもの」が、人の感情をかき立て、信仰深い涙を流させる「力」を持つからである。歌詞の明瞭さを優先視していたクランマからフッカーまでの距離は大きい。フッカーはこうも言う。神を讃える音楽は、ハーモニーが完璧で歌詞のことばとよく組み合っていれば「きわめて称賛に値するものになるし、それじたいは教えることがないから知性は啓発しないが、間違いなく感情は啓発する[36]」。

ことばではなく音そのものに価値や効力があるというフッカーの主張は、一六二〇年代から三〇年代すなわちジェイムズ一世の治世後半からチャールズ一世の親政期にかけて国教会内で起きる、礼拝の意味に関する重要な思想的変化を予告していた。すなわち、聖書と説教を礼拝の根幹とするカルヴァン主義の伝統から距離をとり、祈禱と秘蹟の感覚的・身体的な経験に重きをおく、儀式至上主義の興隆である。歴史家ピーター・レイクが「アヴァンギャルド国教主義」と呼ぶこの立場は、第1章で触れたように、ランスロット・アンドリューズから、リチャード・ニールを中心とする少数だがきわめて影響力の強い「アルミニウス派」聖職者のサークルへと受け継がれた[37]。彼らにとっては、礼拝の場は建築、装飾ともに意匠を凝らし、祭服や祭具も最高級の品を揃えるべきであった。「そのようなものに巨額を費やすことに対して、憤る者もいるかもしれない」、とフッカーは言う。だが、「物質世界の最高のもの」は、単にそれが至高の神に相応しいからだけでなく、礼拝者を敬虔な気分にさせるからこそ有益だと、彼は論ずる。「神が礼拝される場所の威厳や神聖さは、献身の思いをかき立てる感覚的な助けとなるので、我々にとってたいへん有徳で、力と効能がある[38]」。

「アヴァンギャルド国教主義」の焦点となったのは、礼拝堂のもっとも奥まった場所である東端の壁ぎわに設置され、柵《レール》によって信徒席から区切られた祭壇《オルター》、そしてそこで執り行われる聖餐式の神聖であった[39]。たとえばアンドリューズがイーリー主教時代（一六〇九―一六一九年）にロンドンのイーリー・ハウスで月に一度行っていた聖餐礼拝は、その荘厳さで知られていた。参列者の感動を秘書のひとりが記している。「礼拝堂の装飾は立派で敬虔さにあふれており、そこで神にお仕えする彼〔アンドリューズ〕と、彼に倣うご家族の姿勢があまりにも清らかでうやうやしいので、この神聖な礼拝に居合わせた者たちの魂もまたかき立てられ、同じような信仰深い振るまいに高められてしまうのです」[40]。一六〇六年にアンドリューズを引き継ぎウェストミンスター寺院の首席司祭としてキャリアを開始したニールも、内陣の改装工事を行い、祭壇にかける金糸織りの布や祭具を新調させているし、コヴェントリ・アンド・リッチフィールド主教に着任した直後の一六一一年には、聖餐の秘蹟を「跪いて」受けるべしというコヴェントリ市民への勧告をジェイムズ一世から引き出すのに成功している[41]。一六一六年、ニールの後援でグロスター大聖堂の首席司祭となったウィリアム・ロードも、大聖堂内の祭壇を東向きに設置し、近づくときにお辞儀をするよう信徒に指導した[42]。

実は、エリザベス一世時代までは、教区教会でも大聖堂でも、聖餐台は「祭壇」ではなく「テーブル」と呼ばれ、会衆席にとり囲まれるように教会堂中央部におかれていた。信徒たちは聖餐台の周りに着座して、あるいは立って、司祭から聖体を受け取っていた。エドワード六世時代に導入されたこの配置は、ローマ・カトリック時代の礼拝様式からの決別の表現でもあった[43]。しかしアンドリューズたちにとっては、教会中央に無造作におかれたテーブルこそ、行き過ぎたカルヴァン主義改革の象徴であり、不敬虔の温床であった。いまや聖餐礼拝には「近所づきあいか招待客のなれなれしさ、くつろいだ気楽さ」しか見られないとアンドリューズは述べ、ニールも一六二九年に貴族院のために用意した答弁で、「居酒屋のテーブルのようだ」と批判した[44]。ジョン・バッカリッジは、聖餐時の跪礼の重要性を一六一八年のレント説教で国王に熱心に説いた。バッカリッジに言わせれば、跪礼の拒否は、神の選びを誇るいっぽうで悔い改めを忘れた「横柄で腰高」な人間（すなわちカルヴァン主義者）の「厚かましさ《プリザンプション》」の証であった[45]。

こうして、はじめは王室礼拝堂や私邸の礼拝堂を実験台にして、やがて大聖堂で段階的に、礼拝様式の美化が進められていった。聖域としての礼拝場所を世俗的空間から厳格に区別することは、アルミニウス派聖職者たちの教権主義の表現であり、また一般信徒の人気を集めるピューリタン聖書講師に対する敵対心のあらわれでもあった。聖書の句「聖なる装い」を好んで口にしたアンドリューズたちは、礼拝に美しさと荘厳さを復活させることで、過度な簡素化ゆえに堕落したイングランドのプロテスタンティズムに秩序と統一性を取り戻すことができると考えたのである。これは、芸術振興と王権強化を同一視したチャールズ一世の政治センスに合致した。(46)

このように見ると、アルミニウス派聖職者たちが、オルガンと聖歌隊による教会音楽の復興に熱心に取り組んだことに不思議はない。バッカリッジは、理性の座である魂が身体を制御するのと同等の力を、身体もまた魂に対して持つと主張した。当時の神学基準からすれば際どい発言であったが、バッカリッジはこの原理を、音楽家と楽器の関係を用いて説明した。すなわち音楽家が楽器を奏でると、「美しいメロディーを発する楽器は……〔人の〕魂を活気づける」。ここで音楽(楽器)は、理性ではなく身体における礼拝を補助するものとして、肯定されているのである。(47)アンドリューズは、一六〇九年と一六一九年の王室礼拝堂のクリスマス礼拝で、聖歌隊と楽隊を「天使」と呼んで称賛した。(48)一六三三年にロードがカンタベリ大主教へ昇格したとき、彼がはじめに取り組んだのは、テムズ南岸ランベスの主教公邸の礼拝堂への新しいオルガンと聖歌隊の導入だった。(49)こうして、一六世紀の宗教改革によって一度縮小したように見えた音楽は、礼拝経験を神聖化するという初期ステュアート朝の儀式至上主義のなかで、ふたたび大きな役割を担うことになったのである。

一七世紀前半は、イングランドのオルガン製作技術が飛躍的に向上した時期でもあった。二段鍵盤をもつダブル・オルガンが登場し、ストップ(特定の音色を鳴らすパイプ群一式)の種類が増えると、ケースも巨大化した。彫刻や彩色、金細工を施されたパイプやケースは、教会装飾としてのオルガンの価値も高めた。多くの大聖堂が一六一〇年代から三〇年代にかけて新しいオルガンを発注し、オルガンを持たなかったケンブリッジ、オクスフォードの各カレッジもあとに続いた。その多くは、エリザベス一世にも仕えたダラム家(Dallam family)の工房が受注した。(50)

新しいオルガンの流行は、熱烈な愛好家も産み出した。みずから楽器演奏を嗜んだ詩人ジョージ・ハーバートは、ソールズベリ大聖堂のオルガンと聖歌隊による晩禱を「この世の天国」と呼び、週二回出席していたという。[51] 一部の教区教会にも、一度消えて久しいオルガンが復活し始めた。ロンドンの有力市民サー・ポール・ピンダーは、自身が籍をおく教区教会がオルガニストを雇うために二〇〇ポンドを寄付した。[52] オクスフォードの教区聖職者で熱心な反カルヴァン派であったジャイルズ・ウィドウズは、一六三〇年ごろに行った説教で「オルガンは、我々の歓喜の叫びの、音楽的な身ぶりである」と述べた。「それは声高にまた同時に甘美に、教会の大いなる喜びを神に向かってあらわすものである[53]」。

逆に、オルガン使用に反対する意見は、「再洗礼派」「ピューリタン」「セクト主義者」といった蔑称とともに、教会を荒らす「盗人」の声として退けられた。[54] ポリフォニー音楽の愛好者たちは、一般民衆の歌う詩篇歌も軽蔑していた。人口に膾炙した「スタンホールド&ホプキンズ」訳の無粋さ、詩篇歌のメロディーの陳腐さ、それを熱唱する庶民の滑稽さが、多くの戯曲やパンフレットで風刺されている。[55] ケンブリッジのトリニティ・カレッジの聖歌隊員であったトマス・メイスは、「まるで恐怖や狂気にかられたかのような、田舎の教会の人々の、うめくか泣くか叫ぶような声、絶叫を聴くと悲しくなる」と告白している。メイスの提案した解決方法は、「オルガンの伴奏をつける」ことだった。[56] 当時オルガンを再導入する経済力のあった教区教会はわずかだったが、一六三〇年代後半までに多くの教区教会の祭壇が、大聖堂に倣って東端に移設された。[57]

4　ダラム大聖堂と「音楽の過剰」

国教会礼拝における典礼音楽再興の最先端にあったのが、ダラム大聖堂である。ここは、アルミニウス派の聖職者サークルが支配的地位を確立し、大胆な典礼改革が行われた最初の大聖堂であり、またこの変化をめぐる論争がもっとも劇的な形で展開した場所でもあった。[58] 一六二八年、チャールズ一世の第三議会の最中に、教会における音楽についての相対立する考えが、ダラムで真っ向から衝突したのである。一度は収束したように見えたこの対立は、一六四〇年にふたたび明るみに出され、イングランド議会の宗教政策に大きな影響を与えることになる。

ダラム大聖堂の音楽資産は国内でも突出していた。中世を通じてベネディクト会ダラム修道院の拠点でもあった大聖堂が、一五四一年に国教会の主教座聖堂として存続することが決まった時点で、聖堂内には大小あわせて少なくとも五組のオルガンがあった。[59] 宗教改革後もオルガンは使用され続けたが、一六二一年に内陣仕切り上部に設置されたダブル・オルガンは当時の基準から見ても最大規模のものとなった。聖堂参事会が管理する土地収入が充てられた製作費用は七〇〇ポンドとも一〇〇〇ポンドとも言われ、製作者トマス・ダラムが他の大聖堂やカレッジ礼拝堂から受注した額を大きく上回っている。[60] 一六四一年、ダラムを占領したスコットランド軍兵士によって破壊されてしまったため詳細は不明だが、一六三四年に大聖堂の晩禱に出席した旅人は、「壮麗なオルガンの甘美で豊かな音色、……そして信仰篤くも整然とした聖歌隊の美しいハーモニーに魅惑された」と記している。[61]

少年一〇人を含め総勢三二から三八人となる聖歌隊メンバーは、首席司祭と一二人の参事会聖職者からなる聖堂参事会によって戦略的に管理されていた。聖堂参事会議事録には、優秀な歌い手をリクルートする職員のための出張費や、聖歌隊員が他の大聖堂に引き抜かれないために所領の定期不動産権を含む高額報酬をあてがう決定が記録されている。[62] 聖堂参事会はまた、楽譜の収集や編纂作業にも力を注いでいた。大聖堂図書館に現存する、一六二五年から一六四〇年のあいだに作成された手写譜本のコレクションには、ダラムに所属する音楽家たちの手による楽曲のほか、王室礼拝堂をはじめイングランド各地の大聖堂から集めた当時最新の典礼音楽が整理されている。クロスビーとヘッペルの研究によれば、内戦勃発前までのダラム大聖堂には少なくとも、聖務日課および聖餐礼拝のためのサーヴィスに六〇組、アンセムに二〇〇曲のレパートリーがあった。その多くは、高度な技術が求められる楽曲であった。現存するパート譜から判断するならば、ダラムは一〇パートを必要とするバードの『グレート・サーヴィス』を完全に歌うことのできた、数少ない大聖堂のひとつであった(63)。

ダラム大聖堂は、単に流行を追いかけていただけではない。本来「読誦」に指定されている典礼文をことごとく聖歌隊に歌唱させる新しい試みが始まっていた。聖務日課や聖餐礼拝で司式者が唱える特禱《コレクト》を聖歌隊の歌唱におき換えるための一連の楽曲が、この時期の手写譜集に多く残っている。また聖餐礼拝では、「クレド」すなわちニケア信条をはじめ、「サンクトゥス」「グロリア」など、礼拝出席者が唱えるべきさまざまな応答句や祈禱文も聖歌隊に歌わせていた可能性が高い(64)。こうしたポリフォニー音楽の多用は、当時の基準に照らしても型破りであった。

ダラム大聖堂の「音楽の過剰(65)」に対して異議申し立てをしたのは、聖堂参事会の古参会員、ピーター・スマート(Peter Smart, 1568/9-c.1652)であった。彼がこのポジションを一六〇九年に得たのは、カルヴァン派のダラム主教ウィリアム・ジェイムズの時であった。だがジェイムズが一六一七年に死去すると、スマートの環境は急変する。新たに主教に着任したのはアルミニウス派ネットワークの中心人物、リチャード・ニールであった。これに前後して聖堂参事会聖職者の引退や死亡が相次ぎ、一二の参事会席のほとんどがニールに親しい若い聖職者たちによって占められたのである。ニールの意向に従って、身廊の中央におかれていた木製の聖餐台の代わりに大理石の祭壇がつくられ、内陣の東端に設置された。典礼音楽の改革も同時に始まった。一六二一年の新オルガン導入はその中心事業であった。

音楽使用の拡大にもっとも力を注いだのは、ニールの選んだ若手の参事会聖職者、ジョン・カズンであった(66)。

一六二八年七月二七日の日曜朝、大聖堂の説教壇に立ったスマートは、現体制に対する不満を爆発させた。印刷出版された説教のテクスト、彼が残したノートや、この説教をめぐる裁判記録や書簡から、スマートの告発の内容はかなり正確に再現することができる。「わたしは空しい偶像に頼る者を憎む」(詩篇三一：七)を主題テクストにした説教は、彼の着任時にはなかった典礼上の「イノヴェーション」に対する猛烈な抗議であった。スマートは、祭壇の上に備えられた十字架、「過剰な数の」蠟燭、そして「バビロンのローブ」すなわちコープ(大外衣)を羽織った聖職者たちがこれに向かって幾度も頭を下げる様子を偶像崇拝的であると糾弾し、続いて大聖堂の音楽が明らかに許容限度を超えていると断言した。典礼テクストの大半が聖歌隊によって歌唱されるようになった結果、秘蹟は「劇場の演目」に、宗教は「祭壇へつらい、コープかぶり、オルガン吹きと歌うたい」になりさがった、と。(67)

問題は、複雑なポリフォニーのために礼拝の内容が信徒に理解しにくくなったことだけではない。スマートをさらに怒らせたのは、この変化によって会衆の詩篇歌斉唱が犠牲になったことだった。彼によれば、かつては平日の朝六時の早禱にも二〇〇人ほどの都市民が大聖堂に集まっていたという。そこでは祈禱書が読まれ、全員が詩篇歌を歌い、礼拝は一五分で終わった。だが、一六二〇年代から、早禱は内陣で行われるようになり、人々は詩篇歌を歌う代わりに楽器と聖歌隊による歌唱を聞かされることになった。「おそろしい騒音を出すオルガン、サックバット、コルネット」に合わせて聖歌隊が「チャント」する礼拝は一時間から一時間半かかるようになり、出席者はかつての半数以下になった。これらの変更はすべて、ニールの息のかかった聖堂参事会の決定したことであった。「どうして彼らは、〔礼拝のために〕詩篇ではなく、無数のアンセム……を指定するのか。聴衆の誰も、さらには歌う側も、理解できないのに」。(68)

明らかにダラムの聖堂参事会の、とくにその中心にいたカズンの、詩篇歌に対する関心は低かった。カズンともうひとりの参事会聖職者が同僚にあてた一六三〇年初頭の手紙では、会衆が歌う詩篇歌は「そのほとんどが、音が外れて」いて、「耳が痛くなる」と不平をこぼしている。また、早くから典礼文の研究に打ち込んでいたカズンの所有していた共通祈禱書に書き込まれた注釈メモからは、彼が歴代のキリスト教会における「荘重な音楽」と「不快で耳障り、軟弱なジュネーヴの曲」すなわち詩篇歌を、明確に区別していたことが分かる。カズンにとって後者は、「ロバが竪琴を弾く程度の歌唱力しかない、靴屋とその妻、その女中といった野蛮な連中」に属する音楽であった[69]。いっぽうで、スマートが述べたように管楽器を礼拝に加えたり、聖餐や洗礼の秘蹟の最中にオルガン演奏を続けさせたりする音楽的「イノヴェーション」において、ダラム大聖堂はきわめて革進的であった[70]。

説教のなかでスマートは同僚カズンを手厳しく風刺する。「ある若い男の……奇妙なことばを思い出した。……よい説教《サーモン》を聞きに二マイル歩くなら、よい礼拝《サーヴィス》を聞きに四〇マイル歩くほうがまだいい、と」。男の言う「よい礼拝」とは何か。それは彼が「たくさんの偶像が刺繡された美しいバビロンのローブを着ることができ、歌い手たち、サックバットやコルネットそしてオルガンのデリケートな騒音を聞くことができる礼拝だろう。ネブカドネザル王の黄金の像に献げられた、あらゆる種類の音楽が聞かれる礼拝だろう。天国のようなハーモニーに満ちた、それほど通好みの礼拝ならば、この聖なる男の一途なる献身、燃えるような情熱をもってすれば、野を越え山を越え、火も水もくぐり抜けて、彼は四〇マイル行くことだろう。説教を聞きに二マイル行くよりも[71]」。

スマートの怒りのことばが聖堂に響きわたったとき、ダラム大聖堂の内紛は決定的となった。説教が行われた日曜の午後、同僚の聖堂参事会聖職者たちはみずからの権限により高等宗務官法廷を組織して、スマートが「煽動的」説教を行ったと断罪し、まもなく免職と罰金刑を言い渡した[72]。ところがスマートは逆に、大聖堂の礼拝様式がエリザベス一世の「礼拝統一法」に違反していると、その夏の巡回法廷に訴えた[73]。訴状は大陪審によって棄却されたが、スマートに勝算がなかったわけではない。三月に召集された第三議会で、「アルミニウス派」聖職者たちに対する庶民院議員たちの不満が高まっていたことを、スマートは知っていたはずである。ジョン・ピム率いる庶民院の調査委員会では、カトリック的であると疑われたカズンの『家庭のための祈禱文集』(一六二七年)のほかに、カズンがその年の聖燭祭(被献日・二月二日)でダラム大聖堂の祭壇周辺に「二八〇本」もの蠟燭を立てたことが話題になっていた[(74)]。七月の説教で挑戦状をつきつけてダラム大聖堂を追われたスマートは、国王の至上権をめぐるカズンの失言事件(本書第1章1節)の情報提供にも、ダラム大聖堂の「教皇主義的」な儀式について庶民院に提出された一六二九年二月の告発にも、かかわっていた[(75)]。

しかし議会が三月に解散されたことで、スマートの状況は厳しくなった。彼は夏の巡回法廷に二度目の起訴状を提出したが、判決はスマートとダラム大聖堂に和解を勧めるにとどまった[(76)]。いっぽう聖堂参事会は、ヨーク大主教(反カルヴァン派のサミュエル・ハースネット)下の高等宗務官法廷を通してスマートにとどめを刺した。カズンのパトロン、ニールが国王の枢密院顧問官である以上、結論は決まっていた。スマートは聖職禄と、参事会席に付属していたすべての収入を剝奪され、自説の撤回、罰金四〇〇ポンドの支払いを命じられる[(77)]。支払いを拒否したスマートは、ロンドンのキングズ・ベンチ監獄へ送られた。スマートの名がふたたび浮上するのは、それから一〇年後の一六四〇年四月、スコットランド戦争への対応を協議するために久々に召集されたイングランド議会(短期議会)のもとに、獄中から助けを求める老聖職者の請願書が届いたときであった。

5　長期議会と音楽の改革

スマートの「発見」は、議会関係者たちに衝撃をもたらした。以前から反アルミニウス派の立場を明らかにしていたジョン・ピム、フランシス・ラウス、サー・ロバート・ハーリら庶民院議員たちは、スマートが不当な迫害を受けたと主張し、調査を開始した。(78) 一度解散され一一月にふたたび召集された議会はスマートの釈放を命じ、カズンを召喚する。カズンは一六三五年にはピーターハウスの学寮長に昇格し、チャペルの改築や祭壇設置のほか、オルガン新設、聖歌隊つきの早禱・晩禱の導入、楽譜の収集・編纂など、ダラムで行った典礼改革のほぼすべてを実行に移しており、さらには香を焚いたラテン語礼拝まで実施していた。(79) 一六四一年、スマートの供述をもとに議会両院はカズンの弾劾を開始する。その詳細は出版公開された。しかし弾劾は頓座し、カズンは保釈金を支払って自由の身になると、内戦の混乱に乗じてパリに亡命した。(80) 七〇歳を過ぎたスマートは、「現代殉教者の先駆け」としてにわかに脚光をあびたが、失ったダラムの聖職禄や地権をめぐる訴訟にあけくれ、やがて人知れず他界した。いっぽう、王政復古後に帰国を果たしたカズンはダラム主教に任命され、今日も使用される一六六二年版「共通祈禱書」編集作業の中心人物となった。

一六四〇年から内戦開始直前までの二年間のイングランド議会の主な成果として、船舶税の廃止、高等宗務官法廷と星室法廷の廃止、三年議会法や「大抗議文」による議会制度の強化、そして国王のもっとも重要な側近であったストラフォード伯ウェントワースとカンタベリ大主教ウィリアム・ロードのふたりの弾劾を挙げるのが一般的である。しかし、この時期に両院がスマートとカズンにかかわる相当量の報告を処理し、その対応に時間を費やしたことの重要性は、これまで見過ごされてきたと言わねばならない。国王と議会の武力対立を不可避にした一六四一年秋のアイルランド反乱より前に、議会は国教会主教らの国政関与を禁止し、さらに主教制そのものまで撤廃する計画に取り組み始めていた。しかしこの一連の改革を動機づけていたのは、ダラム大聖堂の事件が氷山の一角に過ぎないという確信だったのである。

主教制の下で特権を享受してきた各地の大聖堂と、その不可解な文化に対する不信感は、議会開会直後から充満していた。議会に教会改革を求めるロンドン市民やピューリタン聖職者たちの請願を受けて、庶民院は一六四一年二月に「迷信と偶像礼拝」廃絶のための委員会を、貴族院は三月に教会における「イノヴェーション」問題を検討する委員会を設置する。(81) どちらの委員会も立ち消えになったが、後者では、大聖堂や寺院の参事会聖職者に礼拝説教を義務づけること、華美な音楽の抑制、歌詞が聖書や公式典礼文にもとづかないアンセムの禁止が提案された。(82) 並行して庶民院では、聖職者の世俗権力行使を問う声が高まり、主教から貴族院議席を剝奪する主教排斥法案へと議論は発展した。(83) 九月には、祭壇と柵、十字架、聖像、蠟燭などの撤去を全国の教会に命じるはじめての法令が発布される。(84) 一二月末、主教排斥を叫ぶ群衆が議事堂を取り囲み、二八日には主教らの登院は不可能になった。この日徒弟たちは隣接するウェストミンスター寺院にも押しかけ、祭壇やモニュメント類、そしてオルガンを打ち壊すぞと威嚇した。(85) 窮状を国王に訴えた一二人の主教はただちに両院により弾劾され、ロンドン塔に送られた。その年、高まる主教批判を受けてノリッジ主教ジョゼフ・ホールは問いかけている。「友よ……。なぜあなた方は、そこまで情け容赦なく、つまらない、いわれもない対立によって、つなぎ目のないキリストの衣を引き裂こうとするのか？　私たちの教会が〔あなたたちの求める教会と〕違うのは、聖職者の肩書きか、雇い人たちの存在か、あるいは儀式か、祭服か、その外見か、それともオルガンのパイプか？」(86)

しかし、オルガンのパイプがつまらない問題でないことは、スマートの身に起きたことが証明していた。オルガンは、他の装飾品や儀式と同様、制御を失った不健全な教会体制の象徴だったのである。内戦開始後の一六四三年春、議会は国教会に対して破壊と創造の両方面から改革に取り組み始める。すなわちいっぽうでは、「迷信・偶像崇拝の遺物」の根絶を指揮する委員会を改めて設置し、全国的な偶像破壊政策を展開した。四月に始まったこの委員会の中心になったのは、スマートの請願をはじめに短期議会に持ち込んだサー・ロバート・ハーリであった[87]。他方で議会は七月に、カルヴァン派聖職者が多数を占めるウェストミンスター神学者会議を設置し、それまでの主教制国教会とは大きく異なる、新しい教会組織と典礼、教義の整備に着手した（本書第3章2節）。その時点で全国の大聖堂のオルガンがどのような運命にあったかは、冒頭で見た通りである。

一六四〇年代の公式・非公式なオルガン破壊はしたがって、ロードやカズンが構想した「アヴァンギャルド国教主義」に取って代わるべき教会の姿をも示していた。それは詩篇歌を歌う教会であった。ダラム大聖堂でポリフォニーが詩篇歌を締め出したときと反対の状況が生まれたのである。一六四〇年一一月、スマートの請願を受け取った翌週に議会が実施した断食礼拝で、祭壇前での祈禱書の朗読が始まると、庶民院議員たちは詩篇歌を歌い、朗読を中断させた[88]。カンタベリ大聖堂では翌年一月の日曜、説教のあとオルガンの演奏に合わせて三人の聖職者が祭壇に向かって移動を始めると、会衆から野次が飛び、続いて詩篇歌の合唱が始まった[89]。同じ時期ロンドンでも複数の教区教会で教区民が祭壇の柵を取り壊し、祈禱書を読む聖職者の声をかき消すように声をあげて詩篇歌を歌い始めた[90]。ウェストミンスター寺院からオルガンと聖歌隊が消えたことを喜んだヴィカーズは、「ダビデの詩篇こそ、美しい天空の音楽である」と記した[91]。ウェストミンスター神学者会議での長い討論を経て議会は一六四五年はじめ、共通祈禱書を廃止して「礼拝指針」を発布した。このときはじめて、一般会衆による詩篇歌の斉唱が国教会の正式な典礼に組み入れられたのである。「教会で共同に、あるいは家庭で私的に、詩篇歌によって神を讃美するのはキリスト教徒の義務である」[92]、と「礼拝指針」は宣言した。さらに議会と神学者会議は、「スタンホールド&ホプキンズ」版に代わる新しい韻律訳詩篇の編纂も行った[93]。大聖堂からオルガンと聖歌隊を駆逐するのと同時に、議会は新しい礼拝音楽文化の創造に取り組んでいたのである。

6 変化と連続

一六四〇年代のオルガン破壊は、禁欲的ピューリタニズムの産物ではなかった。それは直接的にはその前の二〇年間に各地の大聖堂に広まった儀式至上主義に対する制裁であったと言えるが、その大聖堂文化とは、テューダー朝宗教改革の帰結に対する一部のエリート聖職者サークルの不満のあらわれだったのであり、また威厳ある国家秩序にあこがれたステュアート君主たちの政治的ステートメントでもあった。礼拝音楽は、典礼全般や教会組織の問題と同様、一七世紀イングランドの政治的競争の場となった。祭壇やステンド・グラスとともに全国の教会からオルガンを撤去するという決定にあたって、イングランド議会は、一部の聖職者たちに不当に横領されたと彼らが考えた教会統治をみずからの手中に取り戻そうとしていたのである。

オルガン破壊は反音楽を意味しなかった。むしろ詩篇歌が奨励されたことで、議論の関心は聖職者の司式する典礼から信徒の行う「讃美」へとシフトしていった。訳詩の不正確さや楽曲の人為性の問題はつきまとったが、リチャード・バクスターやジョン・コットンをはじめ新旧イングランドのピューリタン聖職者たちは、会衆の歌声こそ礼拝堂を満たすべき真の音楽であると確信していた。(94) 内戦期の詩篇歌斉唱の経験は、同時期に出現したプロテスタント非国教徒たちの手によって、一七世紀後半から一八世紀にかけて新しい創作讃美歌の文化へと継承されることになるだろう。(95) イングランドの教会音楽史は空白期ではなく、分岐点を迎えたのだった。

いっぽうで、音楽そのものが持つ性質の理解において、内戦開始前と後に大きな断絶はなかった。一七世紀のアルミニウス派に思想的根拠を提供したフッカーが、音楽が知性ではなく感情に作用すると述べた点について、オルガン批判者たちに異論はなかった。スマートが、絵画や装飾品、蠟燭やオルガンといった「虚栄の対象物」、すなわち「我々の外的感覚、目や耳を誘惑するもの」が礼拝者の思いを神から遠ざけ、「すべての感情に損害を与える」と論じたとき、彼は視聴覚対象物が人間の感覚によってとらえられたときに実際に起こる感情の変化について、懸念していたのである。(96) 詩篇歌を熱心に推奨したピューリタン神学者たちも、信仰心から発したはずのみずからの歌声の力で信徒の感情が高ぶる危険性をよく認識していた。エクセターの牧師トマス・フォードは、詩篇歌の美徳を論じた一六五三年の著作のなかで、歌い手は旋律に心を奪われないように注意しなければならないと諭す。「メロディーが私たちの感覚を楽しませるとき、感覚は霊的な情熱から我々の心を奪ってしまうことがある」からである。(97)

一七世紀の知識人たちは、音楽が人の感情を揺り動かすのは、それが一種の物質として体液や精気の運動に直接作用するためだと考えていた。メランコリとその治療法を論じたロバート・バートンは『憂鬱の解剖』（一六二一年）で、音楽は「すべての感覚を支配する魂を甘い悦び……で虜にする力であり、非物質的な魂をなだめ、……引き上げることのできる物質である」と言う。人間の情念の仕組みを論じたトマス・ライトも、音が空気の震えとして耳から体内に入り、心臓を直接刺激することで、さまざまな感情的反応が生まれるのではないかと推測している。詩篇歌を歌う信徒たちに「心を奪われないように」とフォードが警告したとき、彼は文字通り、音楽が情念の座たる「心臓」に対して及ぼしうる力を念頭においていたのである。(98)

一七世紀イングランドにおける教会音楽をめぐる論争は、特定の音楽の良し悪しについての論争というより、公的礼拝の場に集うイングランド国民の霊的な健全を保障する主体と、その方法をめぐる対立であったと言えるかもしれない。音楽は人間の感情を左右し、集団と神との関係を規定する力を持っていた。またそれゆえに、教会音楽は公的かつ政治的であった。パイプ・オルガンを破壊するという考えに、現代人が驚きや嫌悪を感ずるとすれば、それは音楽を本質的に無害で、私的・非政治的なものと考えたいという、それじたいまた別の歴史をもつ心性と結びついているはずである。

（1） C. H. Firth and R. S. Rait (eds.), *Acts and ordinances of the Interregnum, 1642–1660* (London, 1911), vol. 1, pp. 425–426.

（2） [Bruno Ryves,] *Angliae ruina: or, Englands ruine* (1648), pp. 205–207; Julie Spraggon, *Puritan iconoclasm during the English civil war* (Woodbridge, 2003), p. 204; Stanford E. Lehmberg, *Cathedrals under siege* (University Park, Pennsylvania, 1996), pp. 26–27.

（3） *Angliae ruina*, pp. 230, 223–225; Lehmberg, *Cathedrals*, pp. 28–29.

（4） Symon Gunton, *The history of the church of Peterburgh* (1686), p. 333.

（5） *Mercurius aulicus*, 21–27 April, 1644, p. 953; Spraggon, *Puritan iconoclasm*, p. 94.

（6） Margaret Aston, *Broken idols of the English Reformation* (Cambridge, 2016), pp. 530–531; Robert Willis and John Willis Clark (eds.), *The architectural history of the University of Cambridge* (Cambridge, 1886, reprinted 1988), vol. 2, p. 142.

（7） *Angliae ruina*, p. 242; *Journal of the House of Commons*（以下 *CJ* と略）, vol. ii, p. 881; *Journal of the House of Lords*（以下 *LJ* と略）, vol. v, p. 487.

（8） *The organs funerall or the quiristers lamentation for the abolishment of superstition and superstitious ceremonies* (1642), sig. A[3]v.

（9） John Vicars, *Gods arke overtopping the worlds waves* (1645), pp. 184–185.

（10） Joseph Brookbank, *The well-tuned organ* (1660), pp. 1-2.

（11） Firth and Rait, *Acts and ordinances*, vol. 1, pp. 26–27; Bernard Capp, *England's culture wars* (Oxford, 2012), ch. 10.

（12） ヒュー・トレヴァー＝ローパー『絵画の略奪』樺山紘一訳（白水社、一九八五年）、六八―七一頁。

（13） たとえば、キース・ライトソン『イギリス社会史　一五八〇―一六八〇』中野忠訳（リブロポート、一九九一年）；ロバート・W・マーカムソン『英国社会の民衆娯楽』川島昭夫ほか訳（平凡社、一九九三年）。

(14) たとえば、Ian Spink(ed.), *The Blackwell history of music in Britain: the seventeenth century*(Oxford, 1992). 一七世紀の問題をバランスよく取り込んだ通史の好例は、Andrew Gant, *O Sing unto the Lord*(London, 2015).

(15) Rob. C. Wegman, *The crisis of music in early modern Europe 1470–1530*(New York and London, 2008); Klaus Pietschmann, 'The sense of hearing politicized: liturgical polyphony and political ambition in fifteenth-century Florence', in Wietse de Boer and Christine Göttler(eds.), *Religion and the senses in early modern Europe*(Leiden and Boston, 2013), pp. 273–288.

(16) 聖アウグスティヌス『告白(下)』服部英次郎訳(岩波文庫、一九七六年)、六三—六四頁(一〇巻三三章)。

(17) Percy A. Scholes, *The Puritans and music in England and New England*(New York, 1962).

(18) F. E. Brightman, *The English rite*, vol. 1(London, 1915), p. lxi.

(19) Nicholas Temperley, *The music of the English parish church*(Cambridge, 1979), vol. 1, pp. 12–13. 歌詞の一音節を、複数の音譜にまたがる長いメロディーの流れにのせるのが「メリスマティック」な歌い方。逆に、音符に音節が一対一で割り当てられているのは「シラビック」な歌い方である。たとえば今日グレゴリオ聖歌として知られるチャントは、メリスマティックなモノフォニー、詩篇歌をベースとした四声の英語讃美歌はシラビックなホモフォニーである。

(20) Wegman, *Crisis of music*, ch. 4.

(21) カトリック典礼文と「共通祈禱書」の比較は、J・ハーパー『中世キリスト教の典礼と音楽』佐々木勉・那須輝彦訳(教文館、二〇〇〇年)、第一一章、およびBrightman, *English rite*を参照。

(22) ハーパー『中世キリスト教の典礼と音楽』、六四—六六頁。

(23) Aston, *Broken idols*, p. 497; Peter Le Huray, *Music and the Reformation in England 1549–1660*(London, 1967), p. 12.

(24) G. W. Prothero(ed.), *Select statutes and other constitutional documents illustrative of the reigns of Elizabeth and James I*, 4th edn.(Oxford, 1964), p. 191; Le Huray, *Music and the Reformation*, pp. 35–36.

(25) John Field[Fielde], *A view of popishe abuses yet remaining in the Englishe church*, in John Field and Thomas Wilcox, *An admonition to the parliament*(1572). 邦訳は『宗教改革著作集』第一二巻(教文館、一九八六年)、一七一頁(金子啓一訳)に従った。

(26) Le Huray, *Music and the Reformation*, pp. 32–33.

(27) Temperley, *Music of the English parish church*, vol. 1, pp. 135–138; John Morehen, 'The organ in the post-Reformation English liturgy', *Royal College of Organists Journal*, no. 3(1995), pp. 40–50, esp. 43–47.

(28) Diarmaid MacCulloch, 'The myth of the English Reformation', *Journal of British studies*, vol. 30, no. 1(1991), p. 8.

(29) *The whole booke of Psalmes, collected into Englysh metre by T. Starnhold, I. Hopkins & others*(first published 1562); Ian Green, '"All people that on earth do dwell, sing to the Lord with cheerful voice": Protestantism and music in early modern England', in S. Ditchfield(ed.), *Christianity and community in the West*(Aldershot, 2001), pp. 148–164; Beth Quitslund, *The reformation in rhyme*(Aldershot, 2008).

(30) Nicholas Temperley, 'The old way of singing: its origins and development', *Journal of the American musicological society*, vol. 34, no. 3(1981), pp. 511–544, esp. pp. 522–523; Christopher Marsh, *Music and society in early modern England*(Cambridge, 2010), ch. 8.

(31) Patrick Collinson, *The religion of Protestants*(Oxford, 1982), pp. 260, 265.

(32) Temperley, *Music of the English parish church*, vol. 1, pp. 43, 51; Ian Payne, *The provision and practice of sacred music at Cambridge colleges and selected cathedrals c.1547–c.1646*(New York and London, 1993), pp. 49–50.

(33) 初期の例は、エリザベス一世期のカンタベリ大主教マシュー・パーカーの訳した詩篇のためにトマス・タリスが用意した九曲であろう。Le Huray, *Music and the Reformation*, pp. 384–385.

(34) エリザベス一世期の音楽擁護論については、那須輝彦「エリザベス朝主教座聖堂の音楽事情——British Library, MS Royal 18. B XIX 第二章から見えてくるもの」『礼拝音楽研究』第六号(二〇〇六年)、五三—七三頁;同「もうひとつの『音楽頌』——British Library, MS Royal 18 B. XIX 第一章を読む」『青山史学』第二五号(二〇〇七年)、一五—四〇頁を参照。

(35) John Whitgift, *The defense of the aunswere to the admonition, against the replie of T. C.* (1574), pp. 606–607.

(36) 一五九七年に出版された第五巻より。Richard Hooker, *The works of... Richard Hooker*, ed. J. Keble, 7th edn., vol. 2(Oxford, 1888, reprinted 1970), pp. 159–161.

(37) Peter Lake, 'Lancelot Andrewes, John Buckeridge, and avant-garde conformity at the court of James I', in L. L. Peck(ed.), *The mental world of the Jacobean court*(Cambridge, 1991), pp. 113–133.

(38) Hooker, *Works*, vol. 2, pp. 52, 55, 57; Kenneth Fincham and Nicholas Tyacke, *Altars restored*(Oxford, 2007), p. 88. 筆者による強調。

(39) Lake, 'Avant-garde conformity', pp. 125–128.

(40) Nicholas Tyacke, 'Lancelot Andrewes and the myth of Anglicanism', in P. Lake and M. Questier (eds.), *Conformity and orthodoxy in the English Church, c.1560-1660* (Woodbridge, 2000), p. 25. ウィンチェスター主教（一六一八―一六二六年）時代にアンドリューズが改装させた、サザークのウィンチェスター・ハウスの礼拝堂の見取り図が残っている。*Ibid.*, pp. 25-27. See also William Prynne, *Canterburies doome* (1646), pp. 122-123.

(41) Fincham and Tyacke, *Altars restored*, p. 83; Andrew Foster, 'Archbishop Richard Neile Revisited', in Lake and Questier (eds.), *Conformity and orthodoxy*, p. 166.

(42) Anthony Milton, 'Laud, William (1573-1645)', *ODNB*.

(43) Fincham and Tyacke, *Altars restored*, chs. 1-2. 重要な例外は、東向きの祭壇が存続した王室礼拝堂であった。

(44) Lancelot Andrewes, *XCVI sermons* (1629), p. 991; Durham Cathedral Library, Hunter MS 67.14, p. 20. ニールのコメントは、一六二九年に議会に召喚されたときの答弁の下書きから。審問が実施される前に議会は解散された。Nicholas Tyacke, *Anti-Calvinists* (Oxford, 1987), p. 110.

(45) John Buckeridge, *A sermon preached before his maiestie at Whitehall, March 22. 1617* (1618), pp. 214-215, 217; Lake, 'Avant-garde conformity', p. 118.

(46) チャールズ1世の芸術振興については、Graham Parry, *Glory, laud and honour* (Woodbridge, 2008); R. Malcolm Smuts, *Court culture and the origins of a royalist tradition in early Stuart England* (Philadelphia, 1987).

(47) Buckeridge, *Sermon*, p. 19; Lake, 'Avant-garde conformity', p. 128.

(48) Andrewes, *XCVI sermons*, pp. 34, 128; Peter McCullough, 'Music reconciled to preaching: a Jacobean moment?' in N. Mears and A. Ryrie (eds.), *Worship and the parish church in early modern Britain* (Farnham, 2013), pp. 113-114.

(49) Parry, *Glory, laud and honour*, pp. 43-46.

(50) Stephen Bicknell, *The history of the English organ* (Cambridge, 1996), pp. 69-90; Parry, *Glory, laud and honour*, p. 169.

(51) Izaak Walton, *The life of Mr. George Herbert* (1670), p. 88.

(52) Aston, *Broken idols*, p. 522.

(53) Giles Widdowes, *The schysmatical puritan* (Oxford, 1630), sigs. D[4]v-E[1]r; Aston, *Broken idols*, p. 519.

(54) Humphrey Sydenham, *Sermons vpon solemne occasions* (1637), pp. 15, 17, 31; Henry Peacham, *The compleat gentleman* (1622),

p. 97.

(55) たとえば、William Shakespeare, *The winter's tale*, act 4, scene 3, line 45; Idem, *The merry wives of Windsor*, act 2, scene 1, lines 53-57. See also Bruce Smith, 'Hearing green', in G. K. Paster, K. Rowe and M. Floyd-Wilson (eds.), *Reading the early modern passions* (Philadelphia, 2004), pp. 155-156; Aston, *Broken idols*, p. 22.

(56) Thomas Mace, *Musick's monument* (1676), p. 9.

(57) Fincham and Tyacke, *Altars restored*, chs. 5, 6.

(58) Michael Tillbrook, 'Arminianism and society in county Durham, 1617-1642', in D. Marcombe (ed.), *The last principality* (Nottingham, 1987), pp. 202-226; Tyacke, *Anti-calvinists*, ch. 5.

(59) Richard Hird and James Lancelot, *Durham cathedral organs* (Durham, 1991), p. 8.

(60) Durham University Library (以下 DUL と略), MS DCD/B/AA/2, ff. 10r, 17v; Hird and Lancelot, *Durham cathedral organs*, p. 10.

(61) British Library (以下 BL と略), Lansdowne MS 213, f. 322r; L. G. W. Legg (ed.), *A relation of a short survey of 26 counties* (London, 1904), p. 28.

(62) BL, Lansdowne MS 213, f. 321r; DUL, MS DCD/B/AA/2, ff. 25v, 47v.

(63) Brian Crosby (ed.), *A catalogue of Durham Cathedral music manuscripts* (Oxford, 1986), 'Introduction', esp. pp. xii-xvi; Idem, 'Durham Cathedral's liturgical manuscripts *c*.1620-*c*.1640', *Durham university journal*, vol. 66 (1973-1974), pp. 40-51; Nick Heppel, 'Cosin and Smart: using musical evidence to untangle some historical problems', in M. Johnson (ed.), *John Cosin* (Durham, 1997), pp. 125-163, esp. pp. 129-130.

(64) Brian Crosby, '"The sacrament it selfe is turned well neare into a theatricall stage play": liturgical innovations and reactions in the 1620s', in D. Marcombe and others, *Conflict and disaster at Durham* (Durham, 2003), pp. 29-31; Heppel, 'Cosin and Smart', pp. 136-144; ハーパー『中世キリスト教の典礼と音楽』二七四、二八一頁。

(65) John Cosin, *The correspondence of John Cosin*, ed. George Ornsby (Durham, 1869, 以下 *Correspondence* と略), pt. 1, p. 167.

(66) Elizabeth Allen, 'Smart, Peter (1568/9-*c*.1652)', *ODNB*; Andrew Foster, 'The function of a bishop: the career of Richard Neile, 1562-1640', in R. O'Day and F. Heal (eds.), *Continuity and change* (Leicester, 1976), pp. 33-54.

(67) Peter Smart, *A sermon preached in the cathedrall church of Durham. July 7. 1628* (1628), pp. 23, 24. 詩篇は『新共同訳聖書』

(日本聖書協会)による。なお、該当句が詩篇三一篇六節となる翻訳もある。

(68) Smart, Sermon, p. 20; Idem, *The vanitie & downe-fall of superstitious popish ceremonies*(1628), sig. *3r. 早禱を内陣に移す決定は一六二一年七月に行われた。この時の参事会に、スマートは出席している。DUL, MS DCD/B/AA/2, f. 4r.

(69) *Correspondence*, pt. 1, pp. 200–202; DUL, MS SB+0866, transcribed in John Cosin, *The works of… John Cosin*, ed. J. Sansom and J. Barrow, vol. 5(Oxford, 1855), pp. 62–63.

(70) Peter Smart, *A short treatise of altars*(*c*.1643), pp. 9, 18; Bodleian Library, Rawlinson MS, D1364, ff. 6v–9r, 16r–v; Crosby, 'Liturgical innovations', pp. 28–29.

(71) Smart, *Sermon*, p. 22.

(72) W. H. D. Longstaffe(ed.), *The acts of the high commission court within the diocese of Durham*(Durham, 1858), p. 270.

(73) *Correspondence*, pt. 1, pp. 144–145.

(74) *Ibid*., pt. 1, pp. 125–136, 138–139; William Prynne, *A briefe suruay and censure of Mr Cozens*(1628), pp. 97, 104; BL, Harley MS 390, ff. 370r–v.

(75) National Archives, SP 16/121/33. 一六二九年二月の請願を庶民院に提出したのは、スマートの甥、トマス・オグルであった。W. Notestein and F. H. Relf(eds.), *Commons debates for 1629*(Minneapolis, 1921), pp. 36–37, 51, 124 and passim.

(76) *Correspondence*, pt. 1, pp. 155–160.

(77) National Archives, SP 16/172/15; BL, Additional MS 70002, ff. 13–14v.

(78) Peter Smart, *To the honourable… commons house of parliament, the humble petition of Peter Smart*(1640); *CJ*, vol. ii, pp. 8–9; Judith D. Maltby(ed.), *The short parliament(1640) diary of sir Thomas Aston*(London, 1988), pp. 25–26. スマートの存在をサー・ロバート・ハーリに知らせたのは、のちにウェストミンスター神学者会議の中心人物となるスティーヴン・マーシャルであった可能性がある。BL, Additional MS 70106, item 28(provisional numbering, last consulted March 2017).

(79) Clark(ed.), *Architectural history of Cambridge*, vol. 1, pp. 43–48; BL, Harley MS 7019, ff. 68–73.

(80) *CJ*, vol. ii, pp. 25, 33, 38, 69, 71, 82, 90, 96, 100; *LJ*, vol. iv, pp. 185–186, 192, 259, 313, 324, 332; BL, Harley MS 166, ff. 276r–278v; BL, Additional MS 21935, f. 112r; BL, Egerton MS 2978, f. 51r; DUL, Mickleton and Spearman MS 30, f. 8r; Longstaffe(ed.), *High commission court*, pp. 211–243.

(81) *CJ*, vol. ii, p. 84; *LJ*, vol. iv, p. 174.

(82) *A copie of the proceedings of some worthy and learned divines, appointed by the Lords to meet at the bishop of Lincolnes in Westminster*(1641); William A. Shaw, *A history of the English church*(London and New York, 1900), vol. 1, pp. 65–69, vol. 2, Appendix I, pp. 290–291; Stephen Hampton, 'A "theological junto": the 1641 Lords' subcommittee on religious innovation', *The seventeenth century*, vol. 30, no. 4(2015), pp. 433–454.

(83) 法案は五月に貴族院に否決されたが、一〇月に再提出され庶民院を通過し、翌一六四二年二月に貴族院が可決、国王が認可した。Shaw, *A history of the English church*, vol. 1, pp. 118–119.

(84) *CJ*, vol. ii, p. 279; Spraggon, *Puritan iconoclasm*, Appendix I, pp. 257–258. この命令に礼拝音楽への言及はない。

(85) Keith Lindley, *Popular politics and religion in civil war London*(Aldershot, 1997), pp. 103–110; Spraggon, *Puritan iconoclasm*, p. 69.

(86) Joseph Hall, *An humble remonstrance to the high court of parliament*(1641), p. 41. See also *An answer to a booke entitvled an hvmble remonstrance*(1641), p. 82.

(87) Spraggon, *Puritan iconoclasm*, pp. 83–84; Jacqueline Eales, *Puritans and roundheads*(Cambridge, 1990), pp. 95–96, 182–184. 注(78)も参照。

(88) BL, Additional MS 21935, f. 147r; *The diurnall occurrences, or, dayly proceedings of both houses*(1641), p. 4.

(89) Richard Culmer, *Cathedrall newes from Canterbury*(1644), p. 18; Roger Bowers, 'The liturgy of the cathedral and its music, *c.* 1075–1642', in P. Collinson, N. Ramsay and M. Sparks(eds.), *A history of Canterbury Cathedral*(Oxford, 1995), p. 449.

(90) Robert Baillie, *Letters and journals of Robert Baillie*, ed. D. Laing, vol. 1(Edinburgh, 1841), p. 293.

(91) Vicars, *Gods arke*, p. 289.

(92) Firth and Rait, *Acts and ordinances*, vol. 1, p. 607.

(93) S. W. Carruthers, *The everyday work of the Westminster assembly*(Philadelphia, 1943), pp. 115–119. スマート救済の議会委員会の中心人物であった庶民院議員フランシス・ラウスの私訳を原案として、一六四三年秋から二年以上かけて新訳詩篇歌集が作成された。作業にはスコットランドの神学者たちも参加した。完成した詩篇歌集はイングランドでは普及しなかったが、改訂版がスコットランド教会で長く使用された。

(94) Glenda Goodman, '"The tears I shed at the songs of thy church": seventeenth-century musical piety in the English Atlantic world', *Journal of the American musicological society*, vol. 65, no. 3 (2012), pp. 691-725.

(95) Elizabeth Clarke, 'Hymns, psalms, and the controversy in the seventeenth century', in I. Rivers and D. L. Wykes (eds.), *Dissenting praise* (Oxford, 2011), pp. 13-32.

(96) Smart, *Short treatise*, p. 19.

(97) Thomas Ford, *Singing of psalmes the duty of Christians under the new testament* (1653), p. 161; Goodman, 'Musical piety', p. 695.

(98) Robert Burton, *The anatomy of melancholy*, ed. N. K. Kiessling, T. C. Faulkner and R. L. Blair, vol. 2 (Oxford, 1990), p. 113; Thomas Wright, *The passions of the minde in generall* (1604), pp. 159-172, esp. p. 170. 近世の感覚理論については、那須敬「情念――プロテスタント殉教ナラティヴと身体」、伊藤剛史・後藤はる美(編)『痛みと感情のイギリス史』(東京外国語大学出版会、二〇一七年)、一〇五―一四〇頁;Matthew Milner, *The senses and the English Reformation* (Farnham, 2011); C. M. Woolgar, *The senses in late medieval England* (New Haven, 2006)を参照。

第3章　失われた宗教統一——イングランド議会とスコットランド教会

1　福音による一致

「仲違いに私の心は痛む。私の魂からの願い、それは神の民の一致《ユニオン》なのだから」。一六五一年八月二二日、ロンドン塔を望むタワー・ヒルで、イングランドの牧師クリストファー・ラヴ（Christopher Love, 1618-1651）は、自分の処刑に集まった群衆に演説した。「ただし、一致と聞いて誤解しないでいただきたい。私は、政治的に一致して今の時の権力に与しようと言っているのではない」(1)。ラヴが意味していたのは、かつて姉妹関係にあったにもかかわらず、いまや互いに敵国となったスコットランドとイングランドの人々の、「福音による一致」であった。イングランドは国王チャールズ一世を廃位・処刑して共和国となっていたが、イングランド議会が一方的に国王処刑を行ったことに反発したスコットランド人は、大陸に亡命していた先王の息子チャールズ（二世）を擁立して、イングランドと交戦状態にあった（第三次内戦）。だが共和政に踏み切ったイングランド議会に対する批判は、国内にも起こっていた。セント・ローレンス・ジューリ教区教会の牧師であったラヴは、チャールズ一世を裁いた議会を真っ向から批判する説教を行ったことで、すでに一六四九年九月には議会の聖職者懲戒委員会から注意を受けていた。一六五一年はじめ、チャールズ二世とスコットランドの連合軍によるイングランド侵入を助けて共和政府を転覆するという反乱計画が発覚したとき、ラヴはこの陰謀への関与を疑われて逮捕され、大逆罪で死刑の判決を受けたのだった(2)。

斬首台を前にした最後の祈りで、ラヴはふたたびスコットランドに言及する。「主よ、……イングランドとスコットランドを主の手でひとつの杖としてください。……同じ目標と契約で結ばれたプロテスタント信徒たちが、互いの血を流すことを喜ぶことのないように、むしろ私たちの共通の信仰と自由に敵対する者たちに対して、ともに立ち向かうことができますように」(3)。しかし、平和の願いはかなえられなかった。ラヴの死の一二日後の九月三日、クロムウェル率いるイングランド軍がウスターの戦いで国王派とスコットランドの連合軍を破り、共和国の勝利を決定づけたのであった。

本章の目的は、イギリス革命を、スコットランドとイングランドの宗教的統一の試みという連続した主題から眺めてみることである。長い内戦を経て国王処刑、そして共和国の樹立にいたるイギリス革命の流れに逆らったように見える聖職者ラヴが、最期までスコットランドとの信仰の一致を説いたのは、なぜだろうか。イングランド史の枠組みのなかでこれまで考察してきた宗教問題を、スコットランドとイングランドの関係性においてとらえ直すと、何が見えてくるだろうか。

修正主義以降のイギリス革命史研究では、スコットランドやアイルランドを含む「三王国」関係史に、以前より強い関心が示されるようになった。とはいえ宗教問題に関しては、イングランド一国内で叙述が完結する傾向がなおも強い。主教制国教会の解体、議会主導による教会改革、ウェストミンスター神学者会議の設立、さまざまな分離派セクトの登場、「良心の自由」の是非をめぐる「寛容」論争。宗教改革にかかわるこれらの出来事は、スコットランドやアイルランドを持ち出さずとも、イングランド史に内発する問題としてそれなりに論理的に説明することが可能だったからである。一七世紀イングランドの先進性を強調するホイッグ的な歴史叙述においては、革命の「進行」は、「ピューリタニズム」の「長老派」と「独立派」への分裂と、クロムウェルに率いられた後者の「勝利」によって説明されてきた。したがって、独立派とこれが擁護した諸セクトに敵対し続けたスコットランドは、イングランド宗教改革が目指すべき近代化の流れに抵抗する反動勢力として登場する以上の役割は持ちえなかったのである。(4)

いっぽう、「正統派」ピューリタニズムの系譜を追う歴史家たちは、ウェストミンスター神学者会議とスコットランド宗教改革史が深く結びついていることを認識してきた。にもかかわらず、神学者会議に託された任務の多くがスコットランドとイングランドの宗教統一を前提としていたこと、またこの宗教統一が結果的に失敗したことの意味を正面から受け止める姿勢は弱い。神学者会議の研究は長いあいだ、改革派教会が世界各地で今日も使用する「ウェストミンスター信仰告白」や同「教理問答」の誕生に対する、教派史的な関心に動機づけられてきたからである。

しかし角度を変えて、スコットランドからイングランドに提案された二王国の宗教統一の構想と、これをめぐる交渉と対立の過程に着目してみると、革命期イングランドの宗教論争の多くが、スコットランドの存在なしには説明できないことがわかる。もちろん、長期議会召集から共和政までの経緯をすべてこの枠組みで説明することはできない。だが、対スコットランド関係のなかで「ピューリタン革命」像を相対化してゆけば、一六四〇年代の宗教セクトの扱いをめぐる論争を、「ピューリタン」の内紛とみなすことはできなくなるし、ウェストミンスター神学者会議についても、信仰告白や教理問答の作成にとどまらない、より重要な政治的使命を帯びていたことが明らかになるだろう。ラヴの語った「信仰による一致」が、スコットランドとイングランドにとって何を意味したのか、またその追求にはどのような困難が、なぜ伴ったのかを、考察しよう。

2　厳粛な同盟と契約

主教制を維持したイングランドと大きく異なり、スコットランドではカルヴァン派神学者たちの指導のもとで、一五九〇年代までに長老制にもとづくスコットランド教会《カーク》が制度教会としての地位を確立していた。長老制（または長老主義）とは、平信徒から選出された長老 elders と牧師との合議によって運営される教区教会を最下部組織とし、複数の教区教会の代表が集うプレスビテリ presbytery ないしクラシス classis、その上位会議体としてのシノッド synod を経て、最高決定機関として教会総会 General Assembly をおく教会統治制度である。(5)

しかしスコットランド王ジェイムズ六世がイングランド王ジェイムズ一世として即位（一六〇三年）し、両国が同君連合に入った一七世紀はじめから、スコットランド教会はイングランド教会をモデルとしてつくりかえられてゆく。ジェイムズは、世俗権力からの独立と自治を重んじる長老制を嫌い、段階的に主教制をスコットランドに復活させ、王権の下に教会をおこうとしたのである。一六一〇年までにセント・アンドリューズとグラスゴーのふたつの大主教を含む一〇の主教が次々に復活し、国王大権の下に高等宗務官法廷も設置された。教会総会の自律性は否定されたのである。(6)一六一七年、ジェイムズはランスロット・アンドリューズ、リチャード・ニール、ウィリアム・ロードら反カルヴァン派のイングランド人聖職者たち（本書第1章2節）をひきつれてスコットランドに赴き、スコットランド教会総会に対して礼拝様式の変更を命じた。(7)要求のなかでも、聖餐式における跪礼 kneeling はスコットランド人聖職者たちの激しい反発を招いたが、これらの命令は「パースの五箇条」として一六一八年の教会総会で制定され、また一六二一年のスコットランド議会によって議会制定法として確立された。(8)

スコットランド教会の「イングランド化」はチャールズ一世の治世にさらに進行した。その最たるものが、一六三七年の「祈禱書」の一方的な導入であった。この祈禱書は、当時イングランドで使われていた(一五五九年版を若干修正した)一六〇四年版の共通祈禱書ではなく、それより古く、カルヴァン主義神学の反映されていない一五四九年版のイングランドの共通祈禱書にもとづいており、スコットランド人たちの目にはカトリック典礼の復活と映った。七月、これに憤慨したエジンバラ市民が起こした暴動が、スコットランド反乱、あるいは「契約派革命」へと発展したのである。(9) 長老制教会の護持を宣言した「国民契約」(一六三八年)に力づけられて、同年にグラスゴーで開催された教会総会は「パースの五箇条」、祈禱書、そして主教制の廃止を決定し、主教たちを追放する。彼らは、国王への忠誠は誓いながらも、イングランドで決められた宗教方針に従うことを拒絶したのである。こうした革命的な気運のなかで台頭したスコットランド契約派 the covenanters は、議会と教会内の穏健派を抑えて主導権を握り、反乱鎮圧を試みたチャールズ一世のイングランド軍との二度の戦い(主教戦争、一六三九年および一六四〇年)での勝利に勢いを得て、イングランド政府との交渉に臨んだ。(10)

スコットランド・イングランド関係の改編をめぐる一連の交渉のなかで注目すべきは、スコットランドが一貫して、長老制を共通軸としたイングランドとの宗教統一の実現を要求し続けたことである。この宗教統一とは、両国の教会が合同してひとつになることではなく、ふたつの教会がそれぞれ独立を保ちながらも緊密かつ対等な関係を築き、同一の信条と教会制度をもつことである。それは、イングランド主導であった同君連合下の宗教政策を、まったく新しいものにつくりかえることを意味した。スコットランド契約派にとって自国の教会体制の独立を守る唯一の手段は、隣国の教会と姉妹関係を築くことであった。イングランド国教会が主教制を廃止するだけでは不充分であり、スコットランド教会と同等の長老制教会をイングランドに確立することが、必要だったのである。(11)

主教戦争の戦後処理のためのロンドン条約の交渉が行われた一六四一年から、スコットランド契約派は国王とイングランド議会に対して、二王国の宗教統一を求め続けた。提案に対するチャールズ一世の反応は冷たく、この点においてはロンドン条約に具体的な成果は見られなかった[12]。しかし一六四二年に今度はイングランドでの内戦が始まると、国王との戦争を有利に運ぶために軍事支援を必要としていたイングランド議会は、やがてスコットランドとの宗教統一構想を受け入れた。この結果が、一六四三年夏の短い交渉を経て締結された条約、すなわち「厳粛な同盟と契約 The Solemn League and Covenant」である[13]。

全六項からなる条約文のうち、はじめの二項が宗教統一の内容に言及している。第一項は、スコットランド、イングランド、そしてアイルランドを「宗教におけるもっとも密接な連携と一致《ユニフォーミティ》」に導くこと、具体的には「信仰告白、教会統治 church government の形式、礼拝指針、および教理問答」を統一することを宣言している[14]。この四点をもって宗教統一を完成させる構想は、主教戦争直後からスコットランド教会側にあったようだ[15]。なお、「長老制」という語は「厳粛な同盟と契約」の本文内には見られない。だが「神の御言葉と、もっともよく改革された諸教会の例にしたがって」行うと約束されたイングランドの教会改革が、長老制教会の樹立を意味していることは、スコットランド側にとってもっとも重要な点であり、またイングランド議会も認知するところであった。

イングランド議会が宗教政策に関する諮問機関として一六四三年七月に設立していたウェストミンスター神学者会議は、「厳粛な同盟と契約」が一〇月に正式調印されるとただちに、両王国で共用されるべき教会統治制度、礼拝指針、信仰告白、教理問答の作成に取り組むことになった。共通祈禱書にかわる基準としての礼拝指針は、国王とのアクスブリッジ交渉に間に合わせるために一六四五年一月に完成した。信仰告白は一六四七年四月に、教理問答はその一年後の一六四八年四月に完成した[16]。だがこのあと見るように、神学者会議の仕事で最大の困難を伴ったのは、新たに樹立されるべき教会統治制度の立案だった。

一二一人の聖職者と二〇人の庶民院議員、一〇人の貴族院議員がメンバーとして指名された神学者会議に同席するために、スコットランド教会は「厳粛な同盟と契約」の草案を執筆したアレクサンダー・ヘンダソン(Alexander Henderson, c.1583–1646)をはじめ、ロバート・ベイリ(Robert Baillie, 1602–1662)、サミュエル・ラザフォード(Samuel Rutherford, c.1600–1661)、ジョージ・ギレスピー(George Gillespie, 1613–1648)ら四人の契約派聖職者と二人の長老を、ロンドンに派遣した。(17) スコットランド代表は神学者会議での議決権はなかったが発言権はあり、またイングランド議会内に人脈もあったため、相当の影響力をもっていたようだ。彼らはスコットランド教会総会、スコットランド議会、スコットランド軍すべてと密接に連絡をとり合い、契約派の要求をイングランド側に伝えることができた。ウェストミンスター寺院内の「エルサレム・チェンバー」と呼ばれた会議室で行われた神学者会議は、スコットランドとイングランドの宗教統一の行方をうらなう、重要な交渉の舞台であった。

宗教統一という課題は、議会や神学者会議のメンバー、スコットランド代表らにとどまらず、多くのイングランド人の関心も集めていた。「厳粛な同盟と契約」は両国の構成員、すなわち一八歳以上で公的な身分をもつすべての男性による宣誓でもあったからである。長期議会召集の時点で、イングランドの一般教区聖職者たちの一部には確信的な反カルヴァン主義者もいたが、大多数は議会による教会改革に期待し、スコットランドとの宗教統一の構想を熱心に支持した。彼らはカンタベリ大主教ロードによる一方的な宗教政策を退けたスコットランド教会に敬意と親しみを抱いており、ウェストミンスター神学者会議における討論の動向に注目しながら、教会改革の推進を議会に求める「長老派」ネットワークを形成していった。このネットワークに、一六四五年にはロンドン市議会が加わり、改革の継続を求めてイングランド議会へ働きかけるようになる。のちに見るように「厳粛な同盟と契約」は、議会とスコットランドとの関係が悪化し、第二次内戦(一六四八年四月―八月)勃発で完全に破綻する直前まで、イングランドにおける宗教政策に大きな力をもち続けたし、国王処刑以降には、長老派を支持したイングランド人聖職者たちによる政府批判の根拠となった。(18)

「厳粛な同盟と契約」の第一項で、イングランドにおける教会改革が約束されていた点はすでに確認したが、続く第二項でなされている宣言も重要である。ここでは両国が「教皇主義、主教支配(すなわち大主教、主教、宗教法顧問《チャンセラー》、主教代理《コミッサリ》、聖堂首席司祭および聖堂参事会聖職者、大執事、その他この位階制に連なるすべての役職による教会統治)、迷信、異端、分派、不敬、および健全な教理と敬神の力に反するあらゆるものの根絶」に努めるべきことが、明記されている。(19) この第二項は、第一項と比べて歴史家たちに注目されることが少ない。だが、宗教統一をめぐるスコットランドとイングランドの交渉過程の後半では、大きな意味を持つことになる。3節で見るように、両国関係が不安定になるにつれて、「厳粛な同盟と契約」第二項にもとづく「異端」弾圧の実行をイングランド議会に促す圧力が強まったのである。

3 「ふたつの王国」とエラストス主義

「厳粛な同盟と契約」に対する期待において、スコットランド契約派とイングランド議会派のあいだに、はじめから温度差があったことはよく知られている。宗教統一にスコットランド側が強い熱意を示したのとは対照的に、イングランド側には自国の宗教政策にスコットランド人が意見することを嫌う傾向が強く、この点においては、ロンドン条約が検討された一六四一年の時点で、国王もイングランド議会も共通していた。(20)「厳粛な同盟と契約」の内容をめぐる交渉時にも、「イングランド人は政治的な同盟を求め、我々は宗教的な契約を求めていた」と、スコットランド代表ベイリは記している。[21] 大主教が主宰していた聖職議会と異なり、議会が設置したウェストミンスター神学者会議は、議会の諮問機関として答申する以上の力はなく、契約派体制下のスコットランド教会総会のような、世俗議会に対し強い影響力を行使しうる意志決定機関でもなかった。このような神学者会議で二国共通の宗教政策が検討されたことじたい、宗教統一のあやうさを物語っていた。

ウェストミンスター神学者会議が経験した困難としては、聖職者メンバー間の意見調整の難しさ、とくに「長老派」と「独立派」の論争がよく知られる（本書第4章3節）。神学者会議にはトマス・グッドウィン（Thomas Goodwin, 1600–1680）やフィリップ・ナイら「意見を異にする兄弟たち」と呼ばれた少数の会衆派聖職者がおり、国定教会からの制約を受けない会衆教会の自治権を求めて、長老制にもとづく一元的な教会改革に反対した。彼ら独立派聖職者たちの主張は、ロンドンや地方でも目立ち始めていたさまざまな分離派セクトの活動を助長しかねなかった。少なくとも神学者会議の多数派は、そう考えた。[22] スコットランド契約派も、イングランドにおける独立派の存在は認識していた。スコットランド代表のラザフォードは一六四二年にすでに、会衆教会主義に傾くイングランドやニュー・イングランドのピューリタンたちに説得を試みる『平和的で控えめな願い』をロンドンで出版させている。[23]

しかし神学者会議内の長老派・独立派の対立構造のみで、その後の革命の進展を説明することはできない。そもそも、スコットランドとイングランドの宗教統一という神学者会議の課題のなかでとらえれば、独立派聖職者の存在はそれほど重大な問題ではなかった。グッドウィンらのアジテーションに苛立ちを隠さなかったベイリも、充分な権限を備えた新しい長老制国教会がひとたび確立すれば、少数派である会衆派教会やセクトの問題もすぐに解決できる、と考えていたようだ。[24]

宗教統一を目指すスコットランド契約派にとって、そしてその具体化に取り組む神学者会議にとって、より深刻な問題となっていたのは、彼らとイングランド議会とのあいだで、教会と世俗権力の関係についての考え方が大きく異なっていたことだった。スコットランドでは「ふたつの王国」、すなわちキリストによる霊的な教会支配と世俗君主による地上の国家支配とが並立するという考えが、宗教改革期から根づいていた。教会統治は「神権 *jus divinum*」に属し、世俗権力の介入は避けるべきであった。一七世紀前半に、国王たちによる主教制や祈禱書の一方的な導入にスコットランド人が激しく抵抗したのも、そのためであった[25]。神学者会議のイングランド人聖職者メンバーの大多数も、教会の「神権」についてスコットランド契約派の思想に共感していた。しかし、第1章で確認した通り、イングランド議会の考え方は違った。長期議会は、国教会首長であったチャールズ一世の意向を無視して主教制を廃止したが、国教会に対する世俗権力の優越という原則は、廃止しなかった。すなわち、神学者会議が議会の意向に逆らうことを許さなかったのである。

イングランド議会のこのような考え方は、信徒の陪餐停止権は世俗為政者に属すると論じた一六世紀スイスの神学者トマス・エラストス(Thomas Erastus, 1524-1583)にちなんでエラストス主義とも呼ばれ、庶民院から神学者会議に出席していた議員たち、とりわけ法律学者でもあるジョン・セルデン、そして一六二〇年代からアルミニウス派聖職者の教権主義に対する一貫した批判者であったジョン・ピムらによって表明された。「庶民院のほとんどの議員、なかでも多数いる法律家たちは、優れた人物ばかりだが、半ば、あるいは完全にエラストス主義者である」と、ベイリは記している。「教会統治は神の権威によるのではなく、人間のつくるものであり、為政者の意志によるものと信じているのだ。この件について我々は幾度も彼らと口論になった[26]」。

W・ラモントが指摘するように、チャールズ一世下で行われた宗教政策に対するイングランド議会の認識が、スコットランド契約派の認識の真逆であったことに、ベイリは気がついていなかった可能性がある。イングランド議会はウィリアム・ロードを、（スコットランドにおいてそうであったように）教会に対する王権の不当な介入をゆるしたからではなく、王権（そして議会）に対して教会の権限を強めすぎたという理由で、弾劾したのである。[27] 教会の独立は、ベイリにとっては回復すべき原則であったが、逆にセルデンにとっては宗教改革の基本原則に反する「イノヴェーション」であった。[28] 教会音楽をめぐる一六四〇年代はじめの論争（本書第2章）が示す通り、革命期のイングランド議会は、為政者として教会改革をみずからの手で遂行しようとする強い意志をもっており、それは聖職者支配に対する不信感と表裏一体をなしていたのである。

こうしてベイリらスコットランド代表は、いっぽうではウェストミンスター神学者会議における討論に積極的に介入し、その提案がスコットランド教会の方針に合うものとなるよう確認しながら、他方では神学者会議の提案を承認したり却下したりするイングランド議会に対して、「厳粛な同盟と契約」すなわち宗教統一の理念を遵守するよう要求するという、困難な課題に忙殺されることになるのである。やがて宗教統一は、ふたつの難問に直面する。教会における陪餐停止権の所在の問題、そして異端の弾圧の問題がそれである。これらは「厳粛な同盟と契約」のそれぞれ第一項と第二項にかかわる問題でもあった。順にその交渉の過程を検討してゆこう。

4　教会規律権の所在——議会か、神権か

陪餐停止は、個々の教会（この場合は教区教会）において、特定の信徒に聖餐の秘蹟を受けることを禁ずる処置で、教会規律 church discipline のひとつである。イングランドの共通祈禱書（一五五九年版）は、聖餐に関する規定のなかで、

「明らかな悪意」により他の会衆に迷惑をかけている者は、悔い改めて教区民と和解するまで聖餐を受けることができない、と簡潔に命じている。[29] 一六〇四年に改訂された教会法ではやや詳しく、「明らかな罪に生きる者」「隣人と敵対関係にある者」、キリスト教の基本的な教義を理解していない者(とくに子ども)、他教区民やカトリック教徒の陪餐が禁止されている。[30] A・ハントの研究によれば、聖餐式の頻度は地域によって異なるものの、年に一度、イースターのみに執り行っていた教区も多かった。熱心なピューリタン聖職者は聖餐を教区民の教化の機会と考え、結果的に聖餐式への出席条件を厳しくしたが、信徒の側にとって陪餐停止は共同体からの排除を意味したため、その実施は人々からの抵抗を受けるなどさまざまな困難を伴ったようだ。また、「不適切」とされ除外された教区民が四季法廷など世俗の裁判所に訴えるケースも見られた。[31]

聖餐に関する規定は、長期議会の教会改革のなかで新たな礼拝指針の一部として改定されなければならなかったが、ウェストミンスター神学者会議にとってはもっともデリケートな問題のひとつだった。会議の多数派は、陪餐停止が「神権」に属する、すなわち教会(聖職者)の裁量下にあると考えていたが、これは世俗権力による教会統治の原則を守りたいイングランド議会のエラストス主義と抵触する恐れがあったからだ。一六四四年一月、神学者会議はこの問題について検討を始めたが、信徒の聖餐式への参加・不参加を決定する権限が「牧師や説教師」にあるという提案に、独立派の会議メンバーだけでなく、庶民院から議員メンバーとして神学者会議に出席していたセルデンが反対した。[32] 三月にセルデンは、「教会統治が神権によるものであり、世俗政府には関係がない」という神学者会議の考えが「イングランド古来の法に反する」と、議会でも警告している。[33] 神学者会議での審議は進展せず、しばしば保留されたが、一六四四年末、礼拝指針の他の項目が完成するにいたって、ふたたび俎上に載せられた。

興味深いことに、陪餐停止の手続きに関する条項の草稿を準備したのは神学者会議のイングランド人聖職者メンバーではなく、「厳粛な同盟と契約」を起草したスコットランド代表のヘンダソンだった[34]。白熱した討論を経て、一六四五年三月、神学者会議は「無知・不道徳な者」を聖餐から除くとする提案をまとめ、議会に提出した。庶民院では、一連の討議の過程を把握していたセルデンが待ちかまえていた。信徒を聖餐から遠ざけるような「絶大な権限」を教会が主張することは「教皇主義の時代」にも見られなかった、というセルデンの演説が、別の議員の日記に記録されている[35]。もしもそのような教会規律があるならば、どのような場合に陪餐停止に値するかを明示した規則を政府が定める必要がある、と主張したセルデンに従って、庶民院は「無知」と「不道徳」の具体的な意味を詳しく報告するよう神学者会議に要求した[36]。神学者会議は、教会規律権が「神権」に属するものであり、信徒の審査は各教区教会の聖職者と長老からなる長老会に一任されるべきである、と説得を試みたが、庶民院はこれを無視した[37]。

神学者会議は、イングランドに長老制教会が樹立されたあかつきには教会規律権が聖職者の手に残される可能性に期待しながら、陪餐の最低条件として信徒が備えているべき「知識」と、犯すと陪餐停止となる「罪」の詳細をくりかえし尋ねてくる議会の要求に応えるべく、答申を作成した[38]。しかし議会は、信徒の審査は個々の教会の長老会が行うが、どのような罪が陪餐停止に値するのかを定める権限は議会にあること、また、長老会に陪餐停止を宣告された個人が処分について不服を申し立てた場合、その人物は長老会の上位にあるシノッドに訴えることができるが、最終判断を行うのは議会であると決めた[39]。

これは、教会規律に関する決定権をシノッドにおくことを想定していた神学者会議そしてスコットランド代表にとっては、大きな打撃であった。神学者会議は一六四五年夏に三度にわたって議会に請願書を送り、陪餐停止は「神権」によって聖職者に与えられた権能であると訴えた[40]。八月に提出された三回目の請願では、今までになく強い口調で警告を発し、主張が受け入れられなかった場合の総辞職まで仄めかしている。「苦しい選択を迫られるだろうと私たちは感じています。それは、聖職者としての働きを捨てるという耐え難い苦難を選ぶか、それとも人の罪に荷担しその結果として身を汚すか、という選択です。しかし、もしどちらかを選ばなければならないのなら、神の助けによって私たちは、不正よりも苦難を選ぶ決意です」(41)。

これに対して議会派の批評家ウィリアム・プリンは、個々の信徒の陪餐の可否を判断する能力と権限が聖職者にあるという主張の聖書的根拠を問う『四つの質問』を出版し、神学者会議の聖職者たちを厳しく問い詰めている。

私には少しも理解できない。なぜ信仰深い聖職者たちは、キリストにある自分の兄弟たち……を秘蹟から排除することのできる無制限の教会権力を争って、騒ぎ立てるのか……。そのような権限がもし議会から与えられないならば、キリストが彼らを召した聖職の務めを手放すなどと、なぜ決意できるのか。キリストも、使徒たちも、初代キリスト教徒たちも、そのような権限を行使したことがないのに。……だからこの問題については、我らの議会が真摯に検討し、信仰と知恵によって適切と判断した権限の範囲で、満足しなさい。そうすれば人々の不道徳 scandall と不敬 prophanesse も、また人々の良心に対する長老会による圧政と弾圧も、防止することができるのだから(42)。

陪餐停止に関する神学者会議と議会のあいだの対立は、「厳粛な同盟と契約」で目標とされた宗教統一をめぐるイングランド・スコットランドの駆け引きの、もっとも重要な局面であった。一六四五年から一六四六年はじめにかけて、陪餐停止の裁量権を、神学者会議の提案通り長老会にゆだねるよう議会に求める請願が、ロンドンやウェストミンスターの聖職者たち、ロンドン市民や市議会から次々に提出され、議会に圧力をかけ始める。これらの一連の運動の背後に、ベイリらスコットランド代表が関与していたことは明らかである。「庶民院のエラストス主義者たち」が教会に規律権を与えたがらないので神学者会議が途方に暮れていると批判するベイリは、だからこそ「何千人もの手による強力な請願が必要だ」と述べている。(43) セント・アルフィージ教区にあるシオン・カレッジと呼ばれた学舎を情報交換の拠点として、ロンドンの聖職者やピューリタン講師たち、そしてスコットランド代表らは独自のネットワークをつくり、教区教会や市議会での説教、パンフレット、声明文の回覧、請願書などのメディアを通して、市エリートや地方聖職者たちの支持をとりつけていった。(44)

数々の長老派請願のなかでも、一六四五年九月に準備されたロンドン市民の抗議文は庶民院を驚かせた。最後に教区名を書き込むために空白部分を残した形で大量に印刷されたこの請願書は、宗教と社会における混乱の原因が教会改革の不徹底にあると主張し、神学者会議の要求通り長老会に聖餐についての「完全な権力と権威」を授けるよう、議会に迫るものだった。「厳粛な同盟と契約」を支持するすべての市民の署名を集め、ロンドン市議会を通して議会に提出する計画であった。庶民院は、議会が「長老制教会の設立に真摯に取り組んでこなかったかのように」批判されていることを不快とし、請願の内容は「不真実」で「容認できない」と決議した。(45) 庶民院議員サー・シモンズ・デューズ(Sir Simonds D'Ewes, 1602–1650)は、請願書の巧みな文面から、神学者会議の一部が請願書の作成にかかわったことは間違いないと、日記に記している。(46) 議会の命令を受けてロンドン市長が請願の提出を禁止すると、「我々の契約にかなう教会が約束通り設立されるまで納税を拒否する」と呼びかける手書きのビラが市内に貼り出された。(47)

ロンドンの長老派ネットワークに頼るだけでなく、スコットランド議会・教会も、陪餐停止についてのイングランド議会の方針を強く批判した。九月のロンドン市民請願が失敗に終わると、今度はスコットランドからの「手紙」が議会に届いた。スコットランドへの軍費支払いの滞りと、一度は同意した長老制教会設立を未だに実現していないことについて、イングランド議会を非難する内容であった。「辛辣なことば」で書かれたこの手紙に「ロンドン市が用意していた請願書とまったく同じ文言」が見つけられたことで、宗教統一の実現のためにスコットランド代表があらゆるネットワークを駆使していることが、議員たちに明らかとなった(48)。

陪餐停止をめぐる攻防の最前線に立っていたベイリらスコットランド代表たちは、教会改革以外にも、二国関係に不安定要素があったことを認識していた。何よりも悩ましかったのは、イングランド国内におけるスコットランド軍の評判の低下だった。北部スコットランドで圧倒的な強さを見せつけていた、モントローズ侯率いる国王派反乱軍の存在に気をとられていた契約派スコットランド軍は、南下してイングランド軍を補強せよというイングランド議会の再三の要求に長いあいだ応えることができなかったのだ。イングランド議会が新たに編制したニュー・モデル軍の快進撃が続くいっぽうで、イングランド北部に駐屯したままのスコットランド軍の地元住民に対する略奪や蛮行の知らせが、反スコットランド感情を高めていた(49)。スコットランド代表が本国や自国軍に送り続けた書簡や報告書を見ると、彼らが両国同盟の危機について頻繁に報告と助言を行っており、宗教統一の行方に細心の注意を払っていたことがわかる。一〇月にヨークシャーからロンドンの議会に、スコットランド軍兵士の乱暴について訴える文書が届くと、スコットランド代表は軍に対して厳しい叱責の手紙を送っている。スコットランド軍が北部駐留をやめて南進し、国王軍に対する実戦で成果を挙げること以外に、「宗教と平和の問題が望み通りに解決する方法があるとは考えられない」、と(50)。

いっぽう、多くの急進的な説教師をかかえるイングランドのニュー・モデル軍は、統一的な長老制教会の樹立に反対する独立派の支持母体となり始めていた。議会は「中立をとらざるを得ないのだ。なぜならどちらの派も、その期待に背くにはあまりにも重要だからだ」と、庶民院議員トマス・ジャクソンは日記に書いている。「長老派には威力があり、スコットランドがその後ろについている。いっぽうで独立派は非常に大きな貢献をしたため、我々の自由のために尽くした彼らが、……彼らの求める自由を得られないというのは、あまりにも報われない」[51]。

陪餐停止権についての神学者会議、ロンドン聖職者、ロンドン市民の請願運動は一六四六年はじめまで続いたが、イングランド議会の態度は変わらなかった。神学者会議が提案した礼拝指針は議会によって承認され、一六四六年三月一四日の条例で長老制にもとづく新しい教会体制の法的基盤は整ったが、イングランドにおける陪餐停止の最終的な権限は議会にとどまった。ベイリの表現によればそれは「不格好なエラストス長老主義」であった[52]。同月、ロンドン市議会、神学者会議、そしてスコットランド代表がそれぞれ新たな請願書や抗議文を議会に提出したが、市議会と神学者会議はそれぞれ議会特権を侵害したと裁決され、とくに神学者会議は厳しく譴責された[53]。ジャクソンの二月の日記によれば、諮問機関に過ぎない神学者会議の提案に従うようスコットランドが要求してくることに「驚いた」庶民院は、「スコットランドにあるような、議会に指図をする教会総会は決して許さない」ことに決めた、という[54]。庶民院は四月、長老会に無制限の権力を渡す意図はないし、イングランドにおける「厳粛な同盟と契約」の解釈権はイングランド議会のみが有する、という宣言を可決する[55]。スコットランド教会と同一の教会規律をイングランドに導入する計画は、限りなく挫折に近づいたのである。

5　異端の根絶――宗教統一の最後のカード？

一六四六年はじめの時点で、イングランド議会の教会改革がスコットランドの要求するそれとは異なったものになることは、明らかであった。この年から一六四七年末にかけて、イングランドにおける宗教セクトや「異端」の取り締まりをめぐる議論が活発になっていったことは、ここまでに考察した、両国の宗教統一の危機のなかでとらえ直すべきである。もちろん、序章でみたように、「厳粛な同盟と契約」締結以前のイングランド国内でも、宗教的異端に対する懸念は高まっていた。内戦開始以来、教区を無視した集会や平信徒説教が増加していたし、印刷物の検閲機能の低下も原因して、さまざまな急進的な出版物が出回っていた。セクトの増加をめぐる革命期の言説の特徴については、本章第4章以降でさらに詳しく検討する。本章の課題であるイングランド＝スコットランド関係史においては、異端の弾圧をめぐる一六四〇年代の議論が、陪餐停止権をめぐるイングランド議会との交渉に失敗したスコットランド契約派にとって、改めて大きな重要性をもっていたことを確認したい。2節で触れたように、「厳粛な同盟と契約」第二項は、カトリック支配や主教制と同様に「迷信、異端、分派、不敬、および健全な教理と敬神の力に反するあらゆるもの」を「根絶」の対象に挙げていた。イングランドにおける長老制教会の樹立、すなわち「厳粛な同盟と契約」の第一項において不本意ながらも妥協せざるを得なかったスコットランド側は、第二項の遵守をイングランド議会に強く求めてゆくことにしたのである。

ここでふたたび「厳粛な同盟と契約」の始まりまで時間を遡ってみよう。興味深いのは、「異端の根絶 extirpation」という特徴的な表現を提案したのはスコットランド側で、イングランド側ではなかったことである。一六四三年八月、両国間の交渉に際し、イングランド議会が「根絶」の語を使っていたのは、「教皇主義の残存物」に対してであった(56)。この文書への返信のなかでスコットランド教会総会は、「根絶」の対象としての「教皇主義、主教支配」に「異端、分派、迷信、偶像崇拝」の語を加えたのである(57)。この表現が、「厳粛な同盟と契約」の第二項に反映されたと考えて間違いない。

スコットランド契約派が具体的にどのような教義内容を指して「異端」という語を用いていたのかは、実ははっきりしない。イングランド側に宗教統一の必要性をはじめて提案した一六四一年のロンドン条約の交渉において、ヘンダソンは、「教会と王国の身体を分裂させるさまざまな異端の名、ピューリタン、国教徒、分離派などといったセクトの名は、人々のつまずきの原因、国王陛下の統治の栄光を曇らせるものですから、そのような名はもう聞かれるべきではありません」と述べている。(58) 少なくとも初期において「異端」は、特定の正統的教義に照らして定義されるカテゴリーではなく、教会の統一性を脅かす分派活動一般を意味する語として用いられていたようだ。

というのは、スコットランド教会も、分派の危険から免れてはいなかったのである。長老制教会の権威と単一性を完全に否定する分離派セクトこそ出現しなかったが、一七世紀はじめには、一部の急進的な聖職者や一般信徒らが、ジェイムズ六世・チャールズ一世の方針下にあったスコットランド教会の公的礼拝を腐敗していると考え、教区教会外で私的な祈禱会や信徒集会を行っていたようだ。(59) これは、(イングランドの影響下におかれる以前の)スコットランド宗教改革本来の伝統に対する、彼らの忠誠心から出た行動であった。

とはいえ、これら急進派の実践は、多数派の目には「ブラウン派」、すなわちイングランドで国教会礼拝から分離するセクト活動と同じものと映ったようである。スコットランドの主教制が廃止された一六三八年以降、復活した長老制教会においてこうした疑似分離的な実践がどこまで許容されるのか、スコットランド教会総会はくりかえし議論している。(60) 教会総会は一六四一年八月、「不敬虔と分派に対する決議」で、信徒による公的礼拝外での「相互教化」の有用性は認めつつ、「誤謬、異端、分派、不道徳、虚栄心、他人の軽蔑〔…〕などの多くの誤りや悪弊」を招く活動を禁じた。(61) だがここで興味深いのは、信徒集会の禁止や違反者の告発は、かえって教会内の分裂を表面化させてしまうかもしれないと危惧されていた点である。みずからをモデルとした長老制の導入をイングランドに勧める立場にあった契約派は、スコットランド教会が固く団結し分派の危険から守られていることを示さなければならなかった。歴史家スティーヴンソンは、「厳粛な同盟と契約」によってイングランドとの宗教統一を果たそうとする考えと、スコットランド教会内部における分派問題への解決を求める動きとが、表裏一体をなしていた可能性を指摘している。[62]

宗教統一をつまずかせる分派を取り除く必要性は、イングランドに送られたスコットランド代表によってくりかえし説かれている。たとえば一六四四年七月、ヘンダソンはイングランド両議会で行った説教への序文に、次のように記している。「分離派、疑似分離派、再洗礼派、反律法主義者、放蕩派《リバティーン》、ソッツィーニ主義者、その他多くのセクトは、異端と分派の産みの親であるサタンが、宗教統一を妨げようとして、この王国で育ててきたものです。長老会と教会総会とからなる真の教会統治制度を打ち立てること以外に、この病を地上で癒す知恵はありません」。[63]

長老制教会の樹立だけでなく、異端や分派の根絶までスコットランドから要求されたことに対する、イングランド議会側のはじめの反応はどのようであっただろうか。一六四三年八月、スコットランドとの同盟交渉から帰国した使節団の報告を庶民院で聞いたデューズは、この問題についての自分の発言を日記に残している。弾圧すべきは異端を信じた人間ではなく、誤った教えのほうである、また濫用を避けるために異端根絶の条項に「神のことばによって許される限り」の文言を付け加えるべきだ、と述べ、慎重な態度を見せている。[64] デューズの発言が「厳粛な同盟と契約」の最終案に反映されることはなかったが、分派や例外の余地を認めないスコットランド教会に対するイングランド議会の不信感を物語る、興味深い事例である。翌九月、セルデンも神学者会議で、何が「異端」であるのか、神学者会議が議会に報告しなければ、議会にはその処罰を行うことができない、と発言している。[65]

前述したように、同盟関係の初期においてスコットランド側は、分離主義対策よりもイングランドの教会改革を優先視していた。一六四四年一〇月、ロンドンのスコットランド代表から本国に送られた報告は、神学者会議での独立派の要求について、「そのような例外について検討を始める前に、まず〔教会統治の〕規定の確立に努めている」と述べている。「寛容の問題は、神学者会議の提案に従って議会が教会統治制度を確立するまでは、あと回しにする」[66]。むしろセクトの蔓延は、長老制による教会改革が必要であることを議会に訴える際の根拠として活用された。九月にロンドンの教区聖職者たちが直接庶民院に提出した請願書も、再洗礼派や反律法主義の横行による無秩序状態から脱出できないのは、「神の御言葉に従い、もっともよく改革された諸教会の例に倣う」という約束をイングランドが未だに果たしていないからだと主張した[67]。ニューカッスルに駐在していたスコットランド議会委員会も、「セクト、分離主義、分派」による妨害を取り除くために、教会改革を早く進めるように求める書簡をイングランド議会に届けた[68]。これを受けた議会は、貴族院から数名の議員を神学者会議に送り、作業を急ぐように告げた。会議は順調に進んでいるという返答を受けてのペンブルック伯の発言が状況をよく物語っている。「あなたたちが教会統治を定めなければ、誰が生きて異端の撲滅を見ることができるというのか」[69]。一連の展開は、スコットランド代表たちの計画通りであった[70]。セクトの存在はいら立たしい問題ではあったが、だからこそ長老制教会の完成が急務であると、彼らは強く主張することができたのである。異端の根絶は、宗教統一のあとに来るものだった。

しかし一六四六年以降、すなわち陪餐停止権をめぐる交渉が失敗し、スコットランドの求める長老制がイングランドで実現しない可能性が強まるにつれて、議論の順序は逆転する。すなわち、イングランド議会が異端を根絶しない限り宗教統一は実現しない、したがって異端の放置は「厳粛な同盟と契約」違反である、という論調にシフトしてゆくのである。四月、長老会に無制限の権力を委ねるつもりはないことを庶民院が宣言すると、神学者会議が、続いて六月にはロンドンの聖職者たちが、議会の意向に従うことを決める。厳密にスコットランドと同一と言える長老制教会をイングランドに求める運動を終結し、「分裂、冒瀆、異端、いまわしい堕落、放縦、無神論……」の問題解決に向けて、議会と協調していくことを選んだのだ[71]。

一六四六年は、セクトを攻撃し異端の危険に警鐘を鳴らす論文、パンフレットや説教の出版が急増した年である。次章で詳しく考察するように、ロンドンの聖職者トマス・エドワーズの『ガングリーナ』に代表されるこれらの出版物は、教会政治における長老派の主導権をかけた闘争の産物であった。この過程で、かつて「意見を異にする兄弟たち」と呼ばれた独立派は、さまざまなセクトとともに異端として、攻撃の対象となる。しかし、このような長老派の言説は、セクトに向けられた攻撃であっただけでなく、宗教統一の契約を守るようにイングランド議会に迫る、スコットランド契約派の戦略の一環でもあった。

一六四六年五月にチャールズ一世がスコットランド軍に投降し、六月にオクスフォードの国王派軍が降伏して第一次内戦が終了すると、イングランド議会派内ではスコットランド不要論が起こり始めた。七月に国王に提示されたニューカッスル和平提案はイングランド議会が一方的に準備し、二国の連携を強めるより弱める方向に内容が変更された[72]。国王の身柄、スコットランド軍のイングランドからの完全撤退、またその前にイングランド議会から支払われるべき軍費をめぐり、両国間で緊迫した交渉が続く。こうした状況で、「異端」の取り締まりをスコットランド側が強く求め続けたのは、それが宗教統一という目標にイングランド議会の注意を向けさせることのできる重要なカードだったからである。

6　エラストス主義による異端取り締まり

むろんイングランド議会も、国内におけるあらゆる非公式な宗教活動を放置してよいと考えてはいなかった。庶民院には、スコットランド教会に対する反発から、ウェストミンスター神学者会議内の独立派聖職者の主張に同情する空気があったが、叙任されていない平信徒説教師や、伝統的なキリスト教信仰から明らかに逸脱する教説の流布を容認するつもりは、議員たちにはなかった。

とくに、キリストの神性や三位一体の教理を否定する発言で一六四五年はじめに逮捕された人物、ポール・ベスト(Paul Best, 1590-1657)の扱いをめぐって、議会は難しい判断を迫られることになる。一六四五年六月、ヨークの聖職者たちからベストの「恐るべき冒瀆」についての手紙を受け取った神学者会議の聖職者たちは、大挙して庶民院に押しかけ、「これほどまで重い犯罪にふさわしい処罰」を検討するように要請した[73]。高等宗務官法廷も主教職も廃止された今や、宗教上の罪を裁くことができたのは議会のみであった。これはまさに、陪餐停止権をめぐる神学者会議やスコットランド代表との論争で、議会みずからがくりかえし主張し、確立した原則であった。議会は、神学者会議メンバーらの説得でベストが改心することに期待したが、功を奏さなかった。七月、主張を変えない獄中のベストが三位一体説の聖書的根拠を問う『発見された奥義 *Mysteries discovered*』を出版したことを知った議会は、問題の本を回収し死刑執行人の手により焚書にすることを命じている[74]。一六四六年一月、庶民院の下に設置された委員会がベストを死刑にする条例の準備を始め、法律家議員全員に委員会への参加が命じられた。しかし、神を冒瀆した人物を処刑する権限が現行の世俗法内にないことが指摘され、条例も死刑も実現しなかった[75]。教会規律権に関する議会と神学者会議の押し問答と比べると、ベストの対処における両者の連携の素早さは興味深い。「異端」問題は、長老派と議会とを(短期的にであれ)結ぶ共通のプラットフォームとなった、と見ることができるかもしれない[76]。

ポール・ベストの処罰をめぐる混乱を受けて、議会は一六四六年四月、「異端」一般の処罰を具体化する法案の検討を始めた。九月に原案が提出された、「異端の増大と蔓延を抑止」する条例である[77]。「異端」の判定基準を明確にし、その深刻さに従って処罰を規定するものだった。たとえば、神、キリストの神性、神のことばとしての聖書を否定し、これを説教や著作・印刷物によって広めることは重罪であり、撤回を拒否すれば死刑。瀆神 blasphemy や三位一体の否定には左頰に「B」の焼き印。アルミニウス主義、反律法主義、幼児洗礼反対といった「誤謬」は投獄刑とされた。「異端」とは何かを定義するという難問を、議会は引き受けてしまったのである。

言うまでもなくこの条例は、異端の根絶の必要を訴え続けることで二王国の宗教統一の計画を守ろうとする、ベイリ率いる長老派聖職者たちのキャンペーンの産物であった。トマス・エドワーズは法案提出に先立って、セクト処罰の制度化を『ガングリーナ』で提案しているし、条例の草案を作成したふたりの庶民院議員、ズーチ・テイトとナサニエル・ベーコンはベイリと関係が深く、テイトはベイリの指示を直接受けていた可能性を示す史料が残っている(78)。法案は、「長老会によって治められる教会制度は反キリスト的であり不法」と主張することさえ、投獄に値する「誤謬」のひとつに数えていた。

法案は九月に庶民院に提出され、議会の大委員会でくりかえし検討された。ただ議会内には、正統的信仰の実質を定める前に異端を合法的に処罰することは不可能であるという意見も強く、ウェストミンスター神学者会議に委託した信仰告白が完成しなければ条例成立は困難と見られた(79)。ここでも助け船を出したのはベイリである。テイトら親長老派の庶民院議員に働きかけて神学者会議に赴かせ、「異端と誤謬を抑制し、国民の無知を正すために」信仰告白の完成をほかの何よりも優先させるように告げさせている(80)。

庶民院が討論を続ける最中、法案のテクストは大量に印刷され、パンフレット上でも論争を起こした。条例の準備に合わせて八月末には、ランカシャーの住民、聖職者、ジェントルマンたちから、異端の蔓延を嘆き、「厳粛な同盟と契約」に沿った教会統治に従わない「再洗礼派、ブラウン派、異端、分派、冒瀆者、その他セクト主義者たちの分離会衆教会をすべて弾圧する、厳格で速やかな対策」を議会に求める請願が提出された(81)。スコットランド代表はランカシャー請願の写しをただちに本国の軍委員会およびスコットランド教会総会に送り、請願者たちに礼状を出すように求めている。[82]熱烈な説教スタイルでロンドン市民の人気を集めていたクリストファー・ラヴも、一一月に庶民院で行った断食日説教で、議会軍内の「異端者たち」の粛清を呼びかけた。[83]いっぽう、異端者の死刑はキリスト教徒の兄弟愛に背くものではないかという疑問の声は保守的なピューリタン人脈内からも聞かれ、会衆派聖職者ジョン・グッドウィンやウィリアム・ウォルウィンら急進派は出版活動を通して同法案を激しく非難した。[84]

この時期に書かれたと考えられる詩「長期議会の治下における新たな良心弾圧者たち」で、ジョン・ミルトン(John Milton, 1608-1674)はスコットランド契約派と長老派聖職者たちの活動を痛烈に批判している。

あえて官憲の剣《シヴィル・ソード》に訴えるのかい
キリストが自由にした我々の良心を強制し、
長老制《クラシック》のヒエラルキーで我々を支配するために
ただのA．S．やラザフォードに教わったのかい
その歩み、知識、信仰と真心で
パウロのごとく尊敬されるべき人々を、
異端者と呼んで印刷するのは
浅はかなエドワーズと、スコットランドの誰かさん[85]

「A．S．」は、匿名で独立派批判書を出版していたスコットランド人神学者アダム・ステュアートである。[86]ミルトン

は、スコットランド契約派とイングランドの長老派への軽蔑を示すとともに、彼らが「官憲の剣」に頼ったことを揶揄している。ここでミルトンは、信仰の領域へ世俗権力が介入することへの嫌悪を表明しているのではない。それを誰よりも嫌い、「神権」の名のもとに長期にわたって議会への抵抗を試みたのは長老派のほうであるのに、その彼らが方針を曲げて、議会法による異端の弾圧を要求し始めたと、冷やかしているのである。

一六四六年末まで庶民院は、ほぼ週一回のペースで異端抑止条例案の検討を続けた。一一月末の議会の大委員会で庶民院議員ブルストロード・ホワイトロックは、冒瀆・異端ということばがあいまいであると述べて法案への不満を表明したが、「長老派の立場に立つ者たちはたいへん攻撃的で厳格」だったと日記に記している。その数日後、ベイリは本国にいる友人に宛てた手紙で条例の準備状況に触れ、「激しい抵抗があるだろうが、可決に持ち込むことができると期待している。そうなればこの地の数々の忌まわしき誤謬は致命傷を受けるだろう」と書いている。[87]ウェストミンスター神学者会議による新しい信仰告白が一二月にひとまずの完成を見ると、議会による異端対策に拍車がかかった。ロンドン市議会からの新しい請願書は、「すべての憎むべき異端の養育所に他ならぬ」分離主義への寛容が教会と国家の上に神の怒りを招いている、と述べ、すみやかな弾圧を求めた。[88]続けて貴族院も、スコットランド教会から「伝染する有害な異端に対する……速やかかつ効果的な方策」を強く求める長文の手紙を受け取っている。[89]貴族院はこれを受けて、異端抑止条例とは別に、聖職者として叙任されていない人物による説教を禁止する条例案を作成し、庶民院に送った。庶民院は一二月三一日、平信徒説教を許容しないという「宣言」を一〇五票対五七票で可決し、貴族院から受けた条例案の具体的な検討に入った。[90]

「異端の根絶」の実行に関する限り、事態はスコットランド側の期待に沿って展開するかのように見えた。翌一六四七年三月一〇日に庶民院は、異端問題に特化した国民断食日を設ける。「誤謬、異端、冒瀆の増大と蔓延を恥じ、国民全体が悔い改める」ことを目的としたこの日には、イングランドおよびウェールズのすべての教会で特別説教が行われることとなった。[91] 議会の決定を長老派聖職者たちは歓迎した。翌年、チェシャー州の聖職者たちはこの日を「永久の記憶に値した」と呼んで称賛している。[92] ふたりの神学者会議メンバー、リチャード・ヴァインズとトマス・ホッジズが行った議会説教は後日出版された。[93]

しかし、その定義さえ決着を見なかった「異端」は、あいまいな概念のままであった。第一次内戦が終わり、長老派を敵視する議会のニュー・モデル軍の急進化が目立ち始めた一六四七年にあっては、そのあいまいさの上にこそ、イングランドとスコットランドの同盟関係はかろうじて成り立っていたのかもしれない。それまで異端抑止条例を審議していた議会の大委員会は、あとから起草された平信徒説教に関する法案の検討に移ってしまい、やがてどちらの条例も未決のまま放置した。すでに一月末にはスコットランド軍は国王の身柄を引き渡して退去しており、イングランドではニュー・モデル軍の政治的存在感が高まっていた。神学者会議における信仰告白と教理問答の大部分の完成を見てスコットランド代表らも次々に帰国すると、宗教統一の推進力は消滅してしまったのである。

7　宗教統一構想の崩壊

一六四七年八月、ニュー・モデル軍は「厳粛な同盟と契約」の破棄と、イングランド中心のまったく新しい国制の構築を求める「提案要綱 The Heads of Proposals」を提出し、続いてロンドンを占拠する。スコットランド教会総会はただちにスコットランド・イングランド間の契約が破られたと宣言した。ウェストミンスター神学者会議のメンバーに宛てた書簡では、イングランドにおける教会改革が「神の御言葉に従いもっともよく改革された諸教会の例に倣っているとは未だに言えないものの」順調に進んできたことを評価しつつ、異端と分派が放置されていることを批判している。(94) 一二月、イングランド議会が国王に提出した最後の和平提案のなかに、議会の定めた長老制教会に帰属しない人物に対する「寛容」が明記されると、貴族院にスコットランド議会から長い抗議文が届いた。「つい数ヶ月前に」異端の蔓延を恥じる断食日を設定したイングランド議会の不実を非難する口調は激しい。「異端や分派が繁殖する土台をつくることが、それを根絶する最善策なのだろうか？　これが厳粛な断食と謙《へりくだ》りの実と言えるのだろうか？　神は侮られる方ではない！」(95)。

しかしこの時点で、当のスコットランド議会はチャールズ一世との「約定 The Engagement」交渉を始めていた。イングランドとの宗教統一をスコットランドがあきらめたためではなく、その実現の望みを国王のほうに託したためである。致命的な判断だった。だがここでも、「反三位一体論者、再洗礼派、反律法主義者、アルミニウス派、ファミリー派、ブラウン派、分離派、独立派、放蕩派、シーカー Seekers、そしてあらゆる冒瀆、異端、分派のすべて、不道徳な教えと行いを弾圧すること」が約束された。(96) しかしイングランド議会側では、宗教統一の構想は放棄された。「約定」で結ばれた国王派・スコットランド同盟軍がイングランド議会派と戦った第二次内戦中の一六四八年五月、放置されていたイングランド議会の異端抑止条例案が可決された。だが、この条例違反者に対する起訴が行われた形跡はない。(97) ウェストミンスター神学者会議は、スコットランド教会総会と互いを慰労する書簡を交換したが、(98) 一六四八年はじめに教理問答を完成したのち、牧師の審査機関としての役割を細々と続けるだけとなり、やがて自然消滅した。第二次内戦とスコットランドの敗北で、長老派の政治的立場は急速に悪化した。一六四九年の国王処刑のあともスコットランドとの宗教統一や異端の根絶を叫び続けたのは、クリストファー・ラヴのような、ごく一部の若い長老派聖職者だけとなった。(99)

スコットランドとイングランドの宗教統一の構想が実現するためには、両国の歴史、政治、文化的資質はあまりに大きく異なっていた。一六四〇年代においてイングランドとスコットランドが、いっぽうが他方に対して支配的にならずに、宗教を軸として「もっとも密接に連携と一致」するという状態を、経験した者も、はっきりと理解した者も、いなかった。しかし、宗教統一へのスコットランドのこれほどまでの情熱と一貫した働きかけがなかったら、宗教改革をめぐる革命期イングランドでの議論は、ずっと単調なものになっていたかもしれない。

(1) *Mr. Love's case* (London, 1651), p. 20.
(2) *The perfect weekly account* (5-13 September, 1649), p. 596; David Underdown, *Royalist conspiracy in England, 1649-1660* (New Haven, 1960), pp. 20-40; Blair Worden, *The Rump parliament 1648-1653* (Cambridge, 1974), pp. 243-248; Elliot Curt Vernon, 'The Sion College conclave and London presbyterianism during the English revolution,' Ph.D. dissertation, Cambridge University (1999), pp. 330-369; 那須敬「情念――プロテスタント殉教ナラティヴと身体」、伊藤剛史・後藤はる美(編)『痛みと感情のイギリス史』(東京外国語大学出版会、二〇一七年)、一〇六―一一三、一三九―一四〇頁。
(3) *Mr. Love's case*, p. 28. 杖のたとえは、南北に分かれたイスラエル部族の再統合を預言した、旧約聖書「エゼキエル書」三七：一六から。
(4) たとえば、William Haller, *Liberty and reformation in the puritan revolution* (New York, 1955), pp. 211-223.
(5) 富田理恵「万人司祭の原理とスコットランド近世史――水平と垂直の聖餐式」『思想』一一二二号(二〇一七年)、八五―八六頁。
(6) John Coffey, *Politics, religion and the British revolution* (Cambridge, 1997), p. 32; 富田「万人司祭の原理とスコットランド近世史」、八八頁。
(7) Nicholas Tyacke, 'Lancelot Andrewes and the myth of Anglicanism,' in P. Lake and M. Questier (eds.), *Conformity and orthodoxy in the English Church, c.1560-1660* (Woodbridge, 2000), pp. 29-30.
(8) Gerald Bray (ed.), *The Anglican canons 1529-1947* (Woodbridge, 1998), pp. 823-824; 富田「万人司祭の原理とスコットランド近世史」、八九頁。「パースの五箇条」の命令は、スコットランド人牧師たちによって実質的にはボイコットされていた。Coffey, *Politics*, pp. 35, 44.

（9）　Coffey, *Politics*, pp. 48–49.

（10）　David Stevenson, *The Scottish revolution 1637–1644*(Edinburgh, 2003), esp. chs. 7, 8.

（11）　Stevenson, *Scottish revolution*, pp. 220–221. 同時代史料では「unity」「uniformity」「union」といった語が交互に使われているが、本章では「宗教統一」という表現でまとめることにする。

（12）　*Ibid*., pp. 219, 221, 262.

（13）　富田理恵「ブリテンの国制構想とスコットランド・イングランド——一六四七年の転換」、岩井淳（編）『複合国家イギリスの宗教と社会——ブリテン国家の創出』（ミネルヴァ書房、二〇一二年）、八八—八九頁。

（14）　S. R. Gardiner(ed.), *The constitutional documents of the puritan revolution 1625–1660*, 3rd edn. revised(Oxford, 1962), p. 268. 第一項ではアイルランドにおいても同様の宗教改革が行われることが約束されているが、スコットランド契約派がまずイングランドとの宗教統一を目指していたことは、さまざまな史料でくりかえし用いられる「三王国」という表現からも明らかである。

（15）　W. M. Hetherington, *History of the Westminster assembly of divines*(New York, 1843), pp. 301–302; David Stevenson, 'The radical party in the kirk, 1637–45', *The journal of ecclesiastical history*, vol. 25, no. 2(1974), p. 149; Alexander Peterkin(ed.), *Records of the Kirk of Scotland*, vol. 1(Edinburgh, 1838), p. 296.

（16）　「大」「小」にわけて作成された教理問答は、それぞれ一六四七年一〇月、一一月に提出され、翌年四月に聖書箇所が付されて完成した。神学者会議の審議過程については、次の書が詳しい。松谷好明『ウェストミンスター神学者会議——その構造化』（一麦出版社、二〇〇〇年）。

（17）　この他に神学者会議に一度も出席しなかった聖職者と長老が各一名いたので、はじめに任命されたのは計八人である。

（18）　Elliott Vernon, 'The quarrel of the covenant: the London Presbyterians and the regicide', in J. Peacey(ed.), *The regicides and the execution of Charles I*(Basingstoke, 2001), pp. 202–224.

（19）　Gardiner, *Constitutional documents*, pp. 268–269. 第三項以降の概要は以下の通りである。三：議会と王権の保護、四：奸臣の排除、五：両国の和平、六：契約維持のための相互努力。pp. 269–271.

（20）　Stevenson, *Scottish revolution*, pp. 218–221.

（21）　Robert Baillie, *Letters and journals of Robert Baillie*, ed. D. Laing, vol. 2(Edinburgh, 1841), p. 90. 「厳粛な同盟と契約」をめぐる交渉過程と文言の変更については、S. R. Gardiner, *History of the great civil war*, vol. 1(London, 1987, reprint of 1893), pp. 230–

234; 富田「ブリテンの国制構想とスコットランド・イングランド」、一〇一—一〇三頁を参照。

(22) 独立派と分離派セクトの関係については次の文献が詳しい。M・トルミー『ピューリタン革命の担い手たち』大西晴樹・浜林正夫訳(ヨルダン社、一九八三年)。

(23) Samuel Rutherford, *A peaceable and temperate plea for Pauls presbyterie in Scotland* (1642).

(24) Baillie, *Letters and journals*, vol. 2, pp. 111, 122.

(25) スコットランドの「ふたつの国王」のうち「教会の王」はイエス・キリストであり、ジェイムズ六世はその臣下に過ぎない、と言った神学者 Andrew Melville (1545–1622) から、Melvillian presbyterianism と呼ぶ研究者もある。George Yule, *Puritans in politics* (Oxford, 1981), esp. ch. 7.

(26) Baillie, *Letters and journals*, vol. 2, p. 307. 革命期イングランドにおけるエラストス主義については、次を参照。Yule, *Puritans in politics*, chs. 6, 7; Ofir Haivry, *John Selden and the western political tradition* (Cambridge, 2017), ch. 6; 上田惟一『ピューリタン革命史研究』(関西大学出版部、一九九八年)、第八、第九章。

(27) William M. Lamont, *Puritanism and the English revolution*, vol. 2 (Aldershot, 1991, first published 1969), pp. 62–64.

(28) Haivry, *John Selden*, pp. 383–384.

(29) Brian Cummings (ed.), *The book of common prayer: the texts of 1549, 1559, and 1662* (Oxford, 2011), p. 124.

(30) Gerald Bray (ed.), *The Anglican canons 1529–1947* (Woodbridge, 1998), pp. 297–299 (articles 26–28), 355–356 (article 65). 教会法はさらに「明らかな罪」の具体例として「姦淫」「売買春」「近親相姦」「酩酊」「悪口」「下品な発言」「高利貸し」「その他の不浄や不道徳」を挙げている。*Ibid.*, p. 409 (article 109).

(31) Arnold Hunt, 'The lord's supper in early modern England', *Past and present*, vol. 161, no. 1 (1998), pp. 39–83, esp. 66.

(32) Chad Van Dixhoorn (ed.), *The Minutes and papers of the Westminster assembly* (Oxford, 2012, 以下 *Minutes and papers* と略), vol. 2, pp. 520–522; John Lightfoot, *The whole works of the Rev. John Lightfoot, D.D.*, ed. J. R. Pitman, vol. 13 (London, 1824), pp. 105–106, 137–157, 165–168; Baillie, *Letters and journals*, vol. 2, p. 129.

(33) British Library (以下 BL と略), Harley MS 166, f. 32r.

(34) *Minutes and papers*, vol. 3, pp. 492–494; George Gillespie, *Notes of debates and proceedings of the assembly of divines and other commissioners at Westminster, February 1644 to January 1645*, ed. David Meek (Edinburgh, 1846), pp. 97–98; W. A. Shaw, *A his-*

tory of the English Church(London and New York, 1900), vol. 1, pp. 250–252.

(35) *Journal of the House of Commons*(以下 *CJ* と略), vol. iv, p. 71; *Journal of the House of Lords*(以下 *LJ* と略), vol. vii, p. 265; BL, Harley MS 166, f. 182r.

(36) *CJ*, vol. iv, p. 85.

(37) *CJ*, vol. iv, p. 89; *Minutes and papers*, vol. 3, p. 562; Bodleian Library, Nalson MS 22, ff. 45r–46v; BL, Harley MS 166, f. 194v.

(38) *CJ*, vol. iv, pp. 90, 92, 95, 105; *LJ*, vol. vii, p. 362; *Minutes and papers*, vol. 3, pp. 566–567, 569, 571, 573; Bodleian Library, Nalson MS 22, ff. 47r–50v.

(39) *LJ*, vol. vii, p. 362; *CJ*, vol. iv, p. 140.

(40) *Minutes and papers*, vol. 3, p. 627, 639–640, 642–644; *CJ*, vol. iv, pp. 199, 226, 234; *LJ*, vol. vii, pp. 483, 523–524, 533–535; Baillie, *Letters and journals*, vol. 2, p. 307; Robert Paul, *The assembly of the lord*(Edinburgh, 1985), pp. 498–500.

(41) *LJ*, vol. vii, p. 534.

(42) William Prynne, *Foure serious questions of grand importance*(1645), sig. A2v.

(43) Baillie, *Letters and journals*, vol. 2, p. 318.

(44) Michael Mahony, 'Presbyterianism in the city of London, 1645–1647', *The historical journal*, vol. 22, no. 1(1979), pp. 93–114; Valerie Pearl, 'London puritans and Scotch fifth columnists: a mid-seventeenth-century phenomenon', in A. E. J. Hollaender and W. Kellaway(eds.), *Studies in London history*(London, 1969), pp. 313–331; Idem, 'London's counter-revolution', in G. E. Aylmer(ed.), *The Interregnum*(London, 1972), pp. 29–56.

(45) *To the right honourable the Lords and Commons assembled in parliament, the humble petition of*[blank](1645); *CJ*, vol. iv, p. 280; Thomas Juxon, *The journal of Thomas Juxon, 1644–1647*, ed. K. Lindley and D. Scott(Cambridge, 1999), pp. 85–86; Keith Lindley, *Popular politics and religion in civil war London*(Aldershot, 1997), pp. 357–379; Mahony, 'Presbyterianism', pp. 110–101.

(46) BL, Harley MS 166, ff. 265r–v.

(47) M. A. Kishlansky, *The rise of the New Model Army*(Cambridge, 1979), p. 79.

(48) *CJ*, vol. iv, p. 296; *LJ*, vol. vii, pp. 620–622; National Archives, SP 16/511/9.

(49) David Scott, 'The "northern gentlemen", the parliamentary Independents, and Anglo-Scottish relations in the Long Par-

liament', *The historical journal*, vol. 42, no. 2(1999), pp. 347-375.

(50) Henry W. Meikle(ed.), *Correspondence of the Scots commissioners in London 1644-1646*(Edinburgh, 1917), p. 132; BL, Additional MS 37978, f. 32v.

(51) Juxon, *Journal*, p. 86.

(52) C. H. Firth and R. S. Rait(eds.), *Acts and ordinances of the Interregnum*(London, 1911), vol. 1, pp. 833-838; Baillie, *Letters and journals*, vol. 2, p. 362.

(53) *CJ*, vol. iv, p. 506; *LJ*, vol. viii, pp. 232-233; *Minutes and papers*, vol. 4, p. 28; BL, Additional MS 31116, ff. 259v, 261r-v; Juxon, *Journal*, pp. 108, 113-114; Paul, *Assembly of the lord*, pp. 506-513.

(54) Juxon, *Journal*, pp. 101-102.

(55) *CJ*, vol. iv, pp. 508, 512-514; BL, Additional MS 31116, ff. 264v-265r.

(56) Peterkin, *Records of the kirk*, vol. 1, p. 347.

(57) *Ibid*., p. 356.

(58) Hetherington, *History of the Westminster assembly of divines*, p. 302.

(59) David Stevenson, 'Conventicles in the kirk, 1619-37: the emergence of a radical party', *Records of the Scottish church history society*, vol. 18(1972-1974), pp. 99-114.

(60) *Ibid*., pp. 135-148.

(61) *Ibid*., p. 150; Peterkin, *Records of the kirk*, vol. 1, p. 294.

(62) Stevenson, 'Radical party', pp. 136, 139, 147, 149, 158.

(63) Alexander Henderson, *A sermon preached before the right honorable the Lords and Commons*[...]*upon Thursday the 18 day of Iuly, 1644*(London, 1644), sig. A[4]r. 一一月にはベイリも、セクトや異端の危険を警告する説教を庶民院で行っている。Robert Baillie, *Satan the leader in chief to all who resist the reparation of Sion*(London, 1644).

(64) BL, Harley MS 165, ff. 158v-159r.

(65) *Minutes and papers*, vol. 2, p. 145; Haivry, *John Selden*, pp. 409-410.

(66) Meikle, *Correspondence*, pp. 44-45.

(67) *To the honourable the commons house of parliament: the humble petition of the ministers of the city of London*(1644); *CJ*, vol. iii, p. 630.

(68) *CJ*, vol. iii, pp. 683–684; *LJ*, vol. vii, pp. 43, 44; BL, Harley MS 166, f. 151v.

(69) *Minutes and papers*, vol. 3, p. 435.

(70) Baillie, *Letters and journals*, vol. 2, p. 240.

(71) *CJ*, vol. iv, pp. 512–513; *Minutes and papers*, vol. 4, p. 72; *Certain considerations and cautions agreed upon by the ministers of London, Westminster, and within the lines of communication, June 19*(1646).

(72) 富田「ブリテンの国制構想」、九一—九三頁。

(73) *Minutes and papers*, vol. 3, pp. 614–615; *CJ*, vol. iv, pp. 170–171.

(74) *Minutes and papers*, vol. 3, p. 722, vol. 4, p. 40; *CJ*, vol. iv, pp. 420, 492–494, 500; Idem, vol. v, p. 257. ベストは一六四七年末に釈放された。以下も参照。Alexander F. Mitchell and John Struthers(eds.), *Minutes of the sessions of the Westminster assembly of divines*(Edinburgh and London, 1874), p. 214n1; Nigel Smith, '"And if God was one of us": Paul Best, John Biddle, and anti-trinitarian heresy in seventeenth-century England', in D. Loewenstein and J. Marshall(eds.), *Heresy, literature, and politics in early modern English culture*(Cambridge, 2006), pp. 160–184; Stephen D. Snobelen, 'Best, Paul(1590–1657)', *ODNB*.

(75) BL, Additional MS 15669, ff. 109r, 110r, 112v; BL, Additional MS 15670, ff. 22r, 30v, 37r; *CJ*, iv, pp. 420, 489, 493, 500.

(76) Ann Hughes, *Gangraena and the struggle for the English revolution*(Oxford, 2004), pp. 160–161, 348–349.

(77) *CJ*, vol. iv, p. 526.

(78) Thomas Edwards, *Gangraena: or a catalogue and discovery of many of the errours, heresies, blasphemies and pernicious practices of the sectaries of this time*(1646), p. 72; Baillie, *Letters and journals*, vol. 2, p. 393; Hughes, *Gangraena*, p. 383.

(79) W. K. Jordan, *The development of religious toleration in England*, vol. 3(Cambridge, Mass, 1938), p. 91; *The moderate intelligencer*(September 10–17, 1646); BL, Additional MS 31116, f. 283v; Alexander F. Mitchell and James Christie(eds.), *The records of the commissions of the general assemblies of the Church of Scotland holden in Edinburgh in the years 1646 and 1647*(Edinburgh, 1892), vol. 1, p. 58.

(80) *Minutes and papers*, vol. 4, p. 210; Baillie, *Letters and journals*, vol. 2, pp. 379, 388.

(81) *LJ*, vol. viii, pp. 470-471; Baillie, *Letters and journals*, vol. 2, p. 393; 青木道彦「長老派聖職者の反「寛容」、反「人民協約」運動の展開——ランカシャーの場合を中心に」『専修人文論集』二六号(一九八一年)、五五—八六頁。このランカシャー請願と近い内容のロンドン市民の請願が、一六四六年五月に提出されている。*CJ*, vol. iv, pp. 555-556; *LJ*, vol. viii, pp. 331-334.

(82) BL, Additional MS 37978, f. 114v; Meikle, *Correspondence*, p. 212; Mitchell and Christie, *Records of the commissions of the general assemblies*, vol. 1, p. 60.

(83) Christopher Love, *Short and plaine animadversions on some passages in Mr. Dels sermon* (1646), sig. A2v, pp. 20-22 and passim.

(84) *An ordinance presented to the honorable house of Commons, by Mr. Bacon... and Mr. Taet, both of them members of the same house... for preventing of the growing and spreading of heresies* (1646); John Goodwin, *Some modest and humble queries concerning a printed paper* (1646); Attributed to William Walwyn, *A demurre to the bill for preventing the growth and spreading of heresie* (1646).

(85) John Milton, 'On the new forcers of conscience under the Long Parliament', in John Milton, *Complete English poems*, ed. Gordon Campbell, *Of education, Areopagitica*, 4th edn. (London, 1990), pp. 109-110.

(86) 本書第4章4節を参照。

(87) BL, Additional MS 37344, f. 71r; Baillie, *Letters and journals*, vol. 2, p. 411.

(88) *To the honourable the house of commons assembled in high court of parliament: the humble petition of the Lord Mayor, aldermen, and commons of the city of London, in common councell assembled* (1646); *CJ*, vol. v, p. 21; BL, Additional MS 31116, f. 293v; Juxon, *Journal*, pp. 142-143; Hughes, *Gangraena*, pp. 386-387.

(89) *LJ*, vol. viii, pp. 630-631.

(90) *CJ*, vol. v, pp. 33-35; BL, Additional MS 37344, f. 74v; Yule, *Puritans in politics*, p. 185.

(91) Firth and Rait, *Acts and ordinances*, vol. 1, pp. 913-914. 断食日については、本書第1章注(101)を参照。

(92) *An attestation to the testimony of our reverend brethren of the province of London* (1648), p. 20.

(93) Richard Vines, *The authours, nature, and danger of hæresie* (1647); Thomas Hodges, *The growth and spreading of Hæresie* (1647). ヴァインズの説教については本書第4章7節を参照。

(94) Peterkin, *Records of the kirk*, vol. 1, pp. 468–472; *Minutes and papers*, vol. 4, p. 686.

(95) Gardiner, *Constitutional documents*, p. 345; *LJ*, vol. ix, pp. 591–601.

(96) Gardiner, *Constitutional documents*, pp. 347–352.

(97) Firth and Rait, *Acts and ordinances*, vol. 1, pp. 1133–1136. 一六五〇年の「瀆神法 Blasphemy Act」は、一六四八年の異端抑止条例に取って代わったものと考えられる。Firth and Rait, *Acts and ordinances*, vol. 2. pp. 409–412; Philip Milton, 'Hobbes, heresy and Lord Arlington', *History of political thought*, vol. 14, no. 4 (1993), p. 523.

(98) *A declaration or remonstrance from the kingdome of Scotland, to their well beloved brethren in England* (1648); Bodleian Library, Tanner MS 57, f. 140; Peterkin, *Records of the kirk*, vol. 1, pp. 495–496, 506–508.

(99) Christopher Love, *A modest and clear vindication of the serious representation* (1649), p. 36; Vernon, 'Quarrel of the covenant', p. 202 and passim.

第４章　異端の政治学――『ガングリーナ』と魂の医師たち

１　偏屈者たちの時代

一六五〇年代に執筆されたと考えられ、一九世紀に再発見されるまで未刊行のまま眠っていた大著『キリスト教教義論 *De Doctrina Christiana*』の前書きで、ジョン・ミルトンは「異端」ということばの濫用を、皮肉をこめて批判している。(1)「道理をわきまえず正義を曲解して、一般的な考えと相容れないと思えば何でも、聖書に根拠を求めることもせずに、「異端者 haeretici」や「異端 haereseos」という不快な名前をつけて非難したがる偏屈者たちがいる。彼らの頭のなかでは、この憎むべき名前で烙印を押しさえすれば、ひと言で相手を論破することができ、問題は解決するのだ。「異端」ということばの一撃だけで、敵を地面に叩きのめしたと思い込んでいるのである(2)」。

「異端の烙印」について、ミルトンには一家言があったはずである。長期議会召集直後の一六四一年から四二年にかけて、駆け出しの文人であったミルトンは、『イングランド宗教改革論 *Of Reformation*』（一六四一年）をはじめとする五冊の教会論パンフレットを立て続けに出版していた。主教制の是非をめぐる筆戦で、スティーヴン・マーシャル（Stephen Marshall, *c.*1594-1655）やエドマンド・カラミ（Edmund Calamy, 1600-1666）など、のちにウェストミンスター神学者会議の中心メンバーとなる著名なピューリタン聖職者たちに加勢したのである。(3)しかし、ミルトンの貢献はほとんど認識されなかった。むしろミルトンを有名にしたのは、一般人の離婚の権利を論じた彼の『離婚の教理と規律

The doctrine and discipline of divorce』（一六四三年）のほうであった。一六四四年二月、加筆して再版された『離婚の教理と規律』の献辞はイングランド議会とウェストミンスター神学者会議に宛てられたが、夫婦の性格が一致せず愛情の失われた結婚は解消すべきというミルトンの主張に賛同する者は、議員にも聖職者にもいなかった。それどころか、ミルトンの離婚論は、内戦期の政治的・宗教的な混乱が産み出した有害思想のひとつとされたのである。[4]

神学者会議の聖職者メンバーでもあったハーバート・パーマーは、同年八月に議会両院で行った説教でミルトンの著作を「焼却すべき……邪悪な本」と糾弾し、これが許されるなら一夫多妻制や近親相姦の寛容さえ求められかねない、と述べた。[5]ダニエル・フィートリも、「離婚トラクトをごらんなさい。結婚の絆が際限のない肉欲のために解き放たれ、……姦淫以外のどのような理由でも妻を追放することができると主張しています」と警告している。[6]同年出版されたロンドンの教区牧師イフライム・パジットの『異端目録』（本書第5章）の第二版は、フィートリの解説をほぼ丸写しした上で、ミルトンの立場を「-er」のついた「離婚推奨派 Divorcer」というひとつの異端的セクトに仕立てあげた。[7]一六四七年のブロードサイド（片面刷り）『イングランドその他の国々における種々のセクトや信条のカタログ』の挿絵では、棒（鞭？）を振り上げた男が妻を追い払おうとする場面が「離婚推奨派」のエンブレムとして描かれている[8]（**図1**）。

だがおそらく「異端」の烙印を濫用する「偏屈者」としてミルトンの念頭にあったのは、内戦期のもっとも有名なセクト批判書『ガングリーナ *Gangraena*』（全三部、一六四六年）の著者、トマス・エドワーズ（Thomas Edwards, *c.*1599–1648）であろう。[9]エドワーズは二〇〇ページ超にわたる『ガングリーナ』第一部に一八〇種類の異端ないし宗教的誤謬を列挙したが、ミルトンの離婚論はその第一五四番目の誤りとして紹介された。エドワーズはその欄外注にミルトンの名と『離婚の教理と規律』のタイトルを記し、この直後に第一五五番目の誤りとして、「ひとりの男が同時にふたりの妻

図 1　『イングランドその他の国々における種々のセクトや信条のカタログ』部分(1647 年)

を持つことは合法である」という一文を、今度は何のレファレンスも添えずに連ねている。(10)『ガングリーナ』によってミルトンは、結婚制度に何の権威も認めない好色な反律法主義者の亜種と認定されたのである。サミュエル・ハートリブ(Samuel Hartlib, c.1600-1662)などごく一部の知識人を除けば、出版検閲制度の撤廃を論じたミルトンの『アレオパジティカ *Areopagitica*(言論・出版の自由)』(一六四四年)や、『教育論』(一六四四年)に注目する者はいなかった。(11)彼のキャリアに転機が訪れたのは、国王チャールズ一世処刑直後の一六四九年春、新政府が新たに設置した国務会議によって共和国秘書官に起用された時であった。

文学研究者たちによれば、『失楽園《パラダイス・ロスト》』(一六六七年)や『楽園回復《パラダイス・リゲインド》』(一六七一年)、さらには『キリスト教教義論』といったミルトンの文学作品群には、三位一体説を否定するアリウス主義ないしソッツィーニ主義、救済における人間の自由意志を肯定するアルミニウス主義、あるいは世界を善悪の対関係のなかでとらえるグノーシス主義の傾向が認められるという。[12] しかし、一六四〇年代にミルトンが無数の「異端者」のひとつに数えられたことと、彼の三位一体理解の非正統性とのあいだに関係はない。『アレオパジティカ』でのミルトン自身の見立てによれば、「分派と異端がこんなにも多い原因」は、「分派や分裂でぶつぶつ言い、自分の主張と合わないと大変な災難とする人たち」、「ドミニコ会式」の異端審問を続けようとする「抑圧者たち」の側にあった。[13] ミルトンの思索における神学的な変遷がどのようなものであったにせよ、彼が説教壇で、または紙上で聖職者たちに「異端」と同定されたのは、一六四〇年代半ばに教会改革の行く先が不透明化し、宗教的逸脱に対する議会派支持者たちの警戒心がこれまでになく高まっていたゆえであった。猛威をふるっていたのは、異端ではなく、「「異端」ということば」だったのである。

本章と、続く第5章では、一六四〇年代半ばにあらわれた異端学《ヘレシオグラフィー》、すなわち、異端を同定し、批判する目的で執筆・編纂された書物群と、これらが引き起こした論争に注目し、ことばとしての、また概念としての「異端」が、革命期イングランドの宗教文化においてもった意味と役割について検討したい。

第3章では、宗教的な異端をめぐる一六四〇年代半ばの議論が、「三王国戦争」におけるイングランド＝スコットランド関係の動向と深く関係していたことを確認した。「迷信、異端、分派、不敬、および健全な教理と敬神の力に反するあらゆるもの」の「根絶」は、一六四三年の「厳粛な同盟と契約」における取り決めであった。議会派がスコットランドの軍事支援を受け続ける限り、長期議会は異端の制圧に努める必要があったのである。しかし、「異端」をめぐる熱い議論が展開したのは、議会政治のなかだけではなかった。一六三〇年代には秘密裏に地下活動を続けるか、さもなければネーデルラントやニュー・イングランドなどの海外拠点に移住していたピューリタン分離派は、一六四〇年代に主教制と高等宗務官法廷が廃止されると、ロンドン内外で公然と活動を再開した。これに前後して、正規の神学教育を受けていない男女の平信徒説教師や預言者たちが集会や出版活動を始め、教区制度を基盤とした統一的な国教会秩序は急速に崩れていったのである。革命期のこのような混沌から、はじめは再洗礼派と呼ばれていたバプテスト教会が、また一六五〇年代にはクェーカーが出現し、王政復古期の非国教徒弾圧を生きのびて今日に続く教派を形成するにいたった(14)。パンフレット作家や聖職者たちがセクトの活動を非難する出版物を次々に著したいっぽう、急進派の側もみずからの信条や要望を世に問う形で出版した。制度教会を離れた宗教活動の許容範囲をめぐる出版戦争のなかで、「異端」は、ときのキーワードのひとつになったのである。

研究史を振り返ってみれば、一六四〇年代の「異端」論争が、それじたいの意味において研究されることはごく近年までなかった。ホイッグ的な「ピューリタン革命」論は、内戦・革命期のセクトに、政教分離や信仰の自由、平等思想といった、何らかの意味で近代的な制度や思想の萌芽を見出すことによって——すなわち彼らが「異端」と呼ばれたことには目をつぶって——、歴史的役割を与えてきたからである(15)。このような目的論的な読み替えは、英語圏のプロテスタント非国教会各派が護教論的な関心からみずからの起源と歩みを正統化する目的で編纂した教派史や、一七世紀のピューリタン移住者たちに独立精神を投影するアメリカ建国神話とも親和性があった(16)。

「異端」論争の読み替えは、「宗教的寛容」の思想史にも顕著である。ここでも「異端」のラベルは無視され、「良心の自由」と「寛容」を主張したさまざまな個人や集団に、近代への糸口が求められる。バプテストやクェーカーの宗教思想やレヴェラーズのマニフェスト文書類、ミルトンやトマス・ホッブズ(Thomas Hobbes, 1588-1679)などの思想家・哲学者のテクストの研究が、こうしたパラダイムを支えてきた。この分野の古典であるW・K・ジョーダンの四巻本『イングランドにおける宗教的寛容の発達』(一九三二—一九四〇年)が、計二〇〇〇ページを超えるその叙述を宗教改革とルネサンスで始め、「一六六〇年」で締め括っていることからも、彼が「ピューリタン革命」を寛容発達史のハイライトと見ていたことが分かる。[17] この枠組みでは異端学は、来るべき寛容で複数主義的な近代社会によって置換される、古く抑圧的な宗教文化を物語る史料として、すなわち進歩主義的なグランド・ナラティヴを裏書きするためにのみ、引用されるのである。[18]

もっとも、イングランドの革命期が実際に宗教的寛容の発達した時代であったかについては、疑問の余地がある。共和国樹立後の非国教徒たちはひとたび礼拝の自由を獲得すると、バプテストとクェーカーのように互いを激しく排斥することもあった。[19] プロテスタント複数主義が確立しても、異教徒への寛容は別問題であったし、冒瀆行為や無神論は多くの急進主義者にとっても許されぬ罪であった。共和国に寛容政策を導入したクロムウェルは、アイルランドのカトリックに対してはきわめて強圧的であった。多くのピューリタンたちが共有していた千年王国思想は、その排他的な選民思想において、進歩主義史観とは相容れないものである。[20]

とはいえ、一七世紀イングランドが「寛容」の度合いにおいて完全であったか否かは、さして重要ではない。ブレア・ウォーデンの指摘するように、宗教的に「寛容」であることが疑いなく善であるという考えが広く受け入れられたのは一九世紀に入ってからであった。[21] 正規の神学教育を受けた一七世紀の多くの聖職者たちにとって、「寛容」とは人の魂を滅ぼしキリスト教世界の平和を破壊する危険な状態であり、その実現を拒むことは正当かつ必須と考えられていたのである。

本章の目的は、一六四〇年代半ばのイングランドで宗教的異端をめぐる言説が興隆した過程と、その同時代的意味を、おもに長老派聖職者たちの言論活動の側から明らかにすることであるが、その際に、概念としての「異端」や「寛容」に論理的な一貫性を求めるのではなく、逆にその一貫性を疑い、これらの概念が構築された固有のコンテクストに注目したい。革命期の「異端」論争、すなわち、何を宗教的逸脱とするかをめぐる論争は、一七世紀イングランド社会における「宗教」理解とその変化の様相を我々に教えてくれるからである。宗教改革の方向性をめぐる長期議会下の議論の俎上に「異端」を載せ、「寛容」を否定的に定義した長老派聖職者たちの活動と、エドワーズの『ガングリーナ』を中心的に分析し、「異端」の表象を支えていた文化的な枠組みについても考察する。

2　反「異端」出版の世界

イングランドの「長い宗教改革」において、「異端」とはどのような意味と用法をもつことばであっただろうか。かつてB・レイは、「イングランドには異端と非国教主義の伝統があった」と述べ、クリストファー・ヒルも急進主義の思想的・時間的・地理的な連続性を指摘した。たとえば、三位一体や原罪といった基本教義への懐疑、聖書批判、反聖職者感情、十分の一税の拒否、平信徒説教といった特徴は、一四世紀のロラード派、エリザベス一世時代のファミリー派、革命期の再洗礼派などの異端的宗教セクトに共通して見られるという[22]。しかし、中世後期から近世にかけて登場したさまざまな非正統的な集団のなかに類似した思想的傾向が見られても、それらの宗教的逸脱が問題化され、また理解された方法や、その際に用いられた言語が歴史的に連続していたとは限らない。

テューダー朝宗教改革期から一七世紀前半までのイングランドにおいて、「異端」は、第一義的には、カトリックとプロテスタントの対立のなかで用いられることばであった。ヘンリ八世は、自身がローマ・カトリック教会と決別する直前まではルター派の「異端」を攻撃する側に立ち、みずからの名で反駁書まで手がけた[23]。しかしのちにその立場が逆転すると、ローマからの異端宣告をしりぞけることが国教会の神学者たちの重要課題のひとつとなった。エリザベス一世時代の反カトリック文学の金字塔とも言える、ジョン・フォクス(John Foxe, 1516/7-1587)の『殉教者列伝 *Acts and Monuments*』(英語初版一五六三年)は、正統/異端を主客転倒させ、「反キリスト」たるローマ教皇によって不当にも「異端者」の汚名を着せられた一四世紀のウィクリフ(John Wycliffe, *d.* 1384)やロラード派こそ「真のキリスト教徒」であったと論じ、彼らの「目に見えない」正統的教会の系譜に、イングランドのプロテスタンティズムを書き加えたのだった(本書第5章)。やがて「異端」は、「迷信 superstition」「偶像崇拝 idolatry」などとともに、「教皇主義」の属性をあらわす用語になった。一五八〇年代、大陸に亡命したイングランド人カトリック神学者たちによってランスで出版されたカトリック版英訳聖書の是非をめぐってカトリック・プロテスタント両派が論戦をくりひろげたとき、ピューリタン聖職者トマス・カートライトは、ランス訳が「明白な不敬虔、異端、偶像崇拝、迷信、卑俗さ、叛逆、誹謗、不条理、虚偽、その他の悪徳」を含んでいるとしたが、これが「異端」の一般的な用法であった(24)。

いっぽう、プロテスタント宗教改革をきっかけに登場したさまざまな分派を「異端者」と呼ぶことは、皆無ではないものの、まれであった(25)。この状況は、一六四〇年の長期議会召集以後も数年間続いた。セクトのもたらす道徳的・社会的混乱はすでに多くのパンフレット上で議論され始めていたが、ジョン・テイラー(本書序章)のように主教制国教会の擁護、国王支持あるいは反ピューリタンの立場からセクトを攻撃したパンフレット作家たちにとって、「異端」は、もっとも重要なキーワードではなかったのである。

このように考えると、一六四〇年代半ばにおける「異端」をめぐる論争の特殊性が際立ってくる。全体像を概観するために、書誌情報データベースとして信頼できる『初期英語刊行本書名目録 English Short Title Catalogue(ESTC)』(オンライン版)を使い、印刷出版物における、宗教セクトを形容する語彙の使用頻度を調べてみよう。検索対象は、世界各地の図書館・文書館に現存する、革命期前後に出版された書物のタイトルである。もちろん、異端の問題を取り扱う書物が、そのタイトルに「異端」の語を含まない場合は、検索結果にはあらわれない。しかし、当時のパンフレットや論争的出版物は本文内容を要約した比較的長いタイトルをもつことが普通であったから、特定の単語が標題にあらわれる頻度を知ることは、とくに印刷メディアがその形成に重要な役割を果たした一七世紀の公論の動向を把握する助けにはなるだろう。(26)

結果（**グラフ1**）からただちに分かることは、一六四六年から四八年にかけての時期に「異端 Heresy」または「異端者 Heretic」の語をタイトルに含む出版物の数が突出していることである（一六四六年に二三点、一六四七年に二二点、一六四八年に二六点）。反対に、その前後の期間には「異端」を取り上げた書物がコンスタントに出版されていたとは言えない。一六三一年から一六四五年までの一五年間には平均して年三点、一六四九年から一六六〇年までは平均七点である。第3章で見た通り、一六四六年から四八年はじめは、「厳粛な同盟と契約」にもとづくイングランドの教会改革が公式目標であった最後の二年間であり、「異端の根絶」を議会に求める聖職者やロンドン市民の請願が相次ぎ、異端増加の抑止を図った議会条例の準備が進められていた。この運動が、出版物数の増化にあらわれていると見てよいだろう。

これまで研究者たちは、エドワーズの『ガングリーナ』に代表されるこれらの印刷出版物を、内戦期におけるセクトの増加を「記録」ないし「反映」した史料として扱ってきた。J・コーフィの表現を引くならば、これらは分離主義の流行という「カオス」に直面した「保守的なピューリタン聖職者たちのパニック反応」ということになる。(27)しかし、「異端」関連出版物の増加は、セクト増加に対する「反応」と呼ぶには、不自然な点がある。グラフを見ると、一六四六年から一六四八年には「異端」の使用頻度の推移は、「セクト」のそれとほぼ対応しているが、そのあとになると両者の相関は弱くなる。また、「再洗礼派 Anabaptist」「ブラウン派 Brownist」「分離派 Separatist」など、一

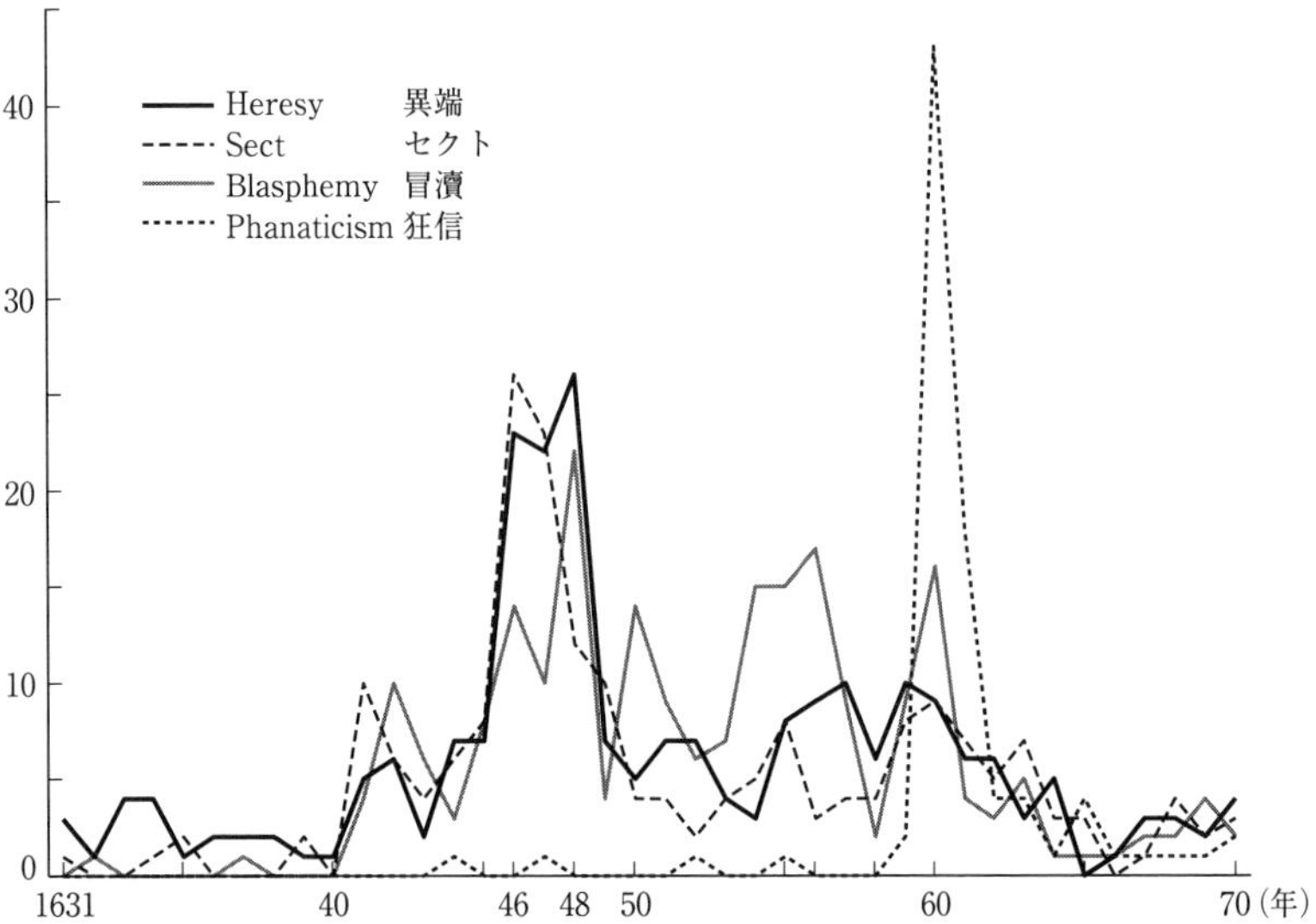

グラフ１ 「異端」「セクト」などをタイトルに含む出版物数の推移

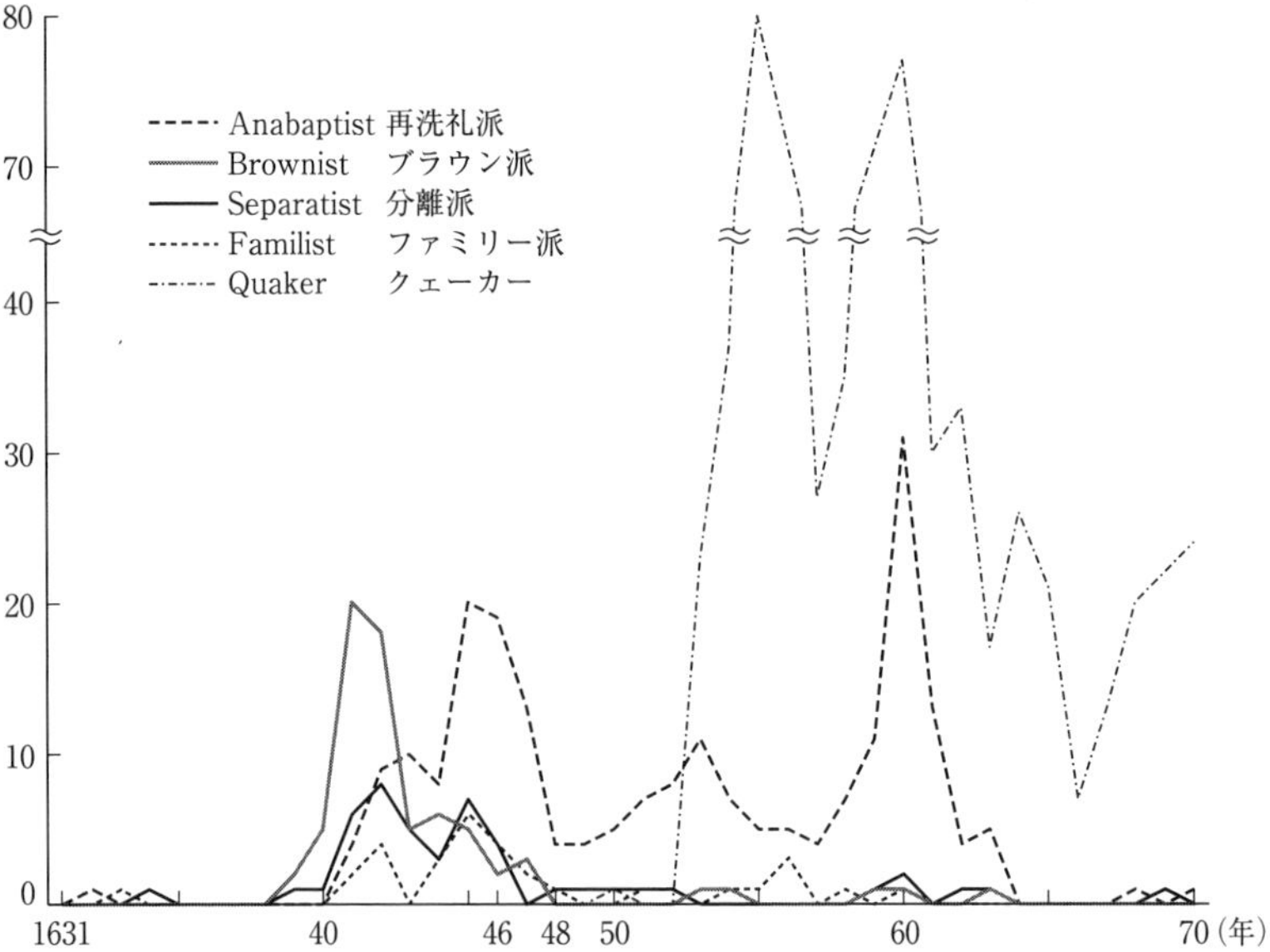

グラフ２ 各種セクト名をタイトルに含む出版物数の推移

六四〇年代によく知られていたセクトの名が含まれる出版物は、それぞれ異なる時期にピークを迎えているが、「異端」についての出版物がもっとも多かった一六四六―四八年からは外れている。「再洗礼派」の最多は一六六〇年の三一点に続き一六四五年の二〇点、「ブラウン派」は一六四一年の二〇点、「分離派」は一六四二年の八点、「クェーカーQuaker」は一六五五年の八〇点、という具合である（グラフ2）。すなわち、印刷出版物のタイトルだけを見る限り、「異端」をめぐる一六四六年から四八年の議論は、個々のセクトをめぐる議論の動向と正確には連動していないのである。「異端」の語は、常にセクトを形容することばとして使われてはいなかったこと、そして一六四六年の「異端」をめぐる出版物の急増が、その前後の時期の出版傾向とは関連性の弱い、特殊な現象であったことが推測できる。結論を先取りするならば、内戦期の「異端」とは、それについて議論することで人為的に構築された現象であり、現実についてのひとつの解釈なのであった。なお、「異端」と同様、セクト批判に用いられた「狂信 phanaticism」は、王政復古の一六六〇年に突発的に流行した語であることも、グラフから分かる。この問題は、第6章で解説する。

3　トマス・エドワーズの登場

トマス・エドワーズのキャリアは、チャールズ一世時代のピューリタン聖職者ネットワークの周縁から始まった。一五九九年頃にロンドンに生まれ、ケンブリッジのクイーンズ・カレッジで学んだエドワーズが一六二六年に得た最初のポストは、大学付きの説教師であった。[28] ケンブリッジで学んだ同世代の聖職者たちの多くは、儀式至上主義に傾いてゆく国教会体制に反発していたが、友人たちに「若きルター」と呼ばれていたエドワーズは、体制批判を恐れない過激な説教スタイルでとくに目立っていたようだ。一六二八年にケンブリッジの中心にあるセント・アンドリューズ教会で彼が行った説教は、いっさいの人間的権威の拒否を呼びかける煽動的なもの言いが問題になり、大学法廷から撤回を命じられた(29)。不満ながら処分を受け入れたエドワーズは一六二九年にロンドンに移り、オールドゲイトの聖ボトルフ教会ほか複数の教会で単発の説教を引き受ける講師として活動を始めた。

一六三〇年代のエドワーズの動向を物語る史料は少ないが、一時期にはロンドン主教ウィリアム・ロードから活動停止あるいは他の何らかの処罰を受けていた可能性がある(30)。ロード体制下での抵抗を、エドワーズはのちに誇らしげに回想している。「私は一度も法衣を着なかったし、……祭壇にお辞儀をしたことも、イエスの名〔が祈禱書で読み上げられたとき〕のお辞儀も、聖餐台を東向きにして聖餐式を行ったことも、祭壇の柵の前に信徒を集めたことも、『スポーツの書』を読み上げたことも、著書の前書きで大主教にお世辞を述べたことも、誰かを高等宗務官法廷に訴えたことも、ない(31)」。しかし、一六四〇年に議会が召集され、ロンドンのピューリタン聖職者たちが教会改革に期待を寄せたときに、正規の聖職禄を持たなかったエドワーズがこのネットワークの中心にいたとは言いがたい。彼の名を人々に知らしめたのは、統一的な国教会制度から分離独立した個別の会衆教会の自治を擁護する、「独立派」ピューリタン聖職者たちに彼の批判の矛先が向けられたときであった。

庶民院への献辞とともに書かれたエドワーズの最初の著作『個別会衆の独立統治に反対する理由』(一六四一年)は、本文五〇ページほどの比較的短いトラクトだが、分離主義問題に対するエドワーズの基本姿勢が明確に打ち出されている(32)。エドワーズが意識していたのは、一六二〇―三〇年代にチャールズ一世と大主教ロードの国教会体制に失望し、「良心の自由」を行使すべくネーデルラントやニュー・イングランドに移住したイングランド人たちの教会をめぐって、ピューリタン聖職者のあいだで続けられていた討論であった。教区の原理によってではなく、会衆の集合(gathered congregation)によってできた個別の教会はどのような原理で統治されるべきか、また本国のイングランド国教会とどのような関係にあるのかといった問題は、国教会改革への期待が高まった一六四〇年代には、喫緊の課題となっていたのである。[33] 一六三〇年代に亡命先のネーデルラントで会衆教会主義を実践し、議会召集を合図に帰国したトマス・グッドウィンやウィリアム・ブリッジらは、エドワーズのケンブリッジ時代の同期生であった。エドワーズはこの時点では「独立派 the Independents」という呼び名を使っていないが、会衆教会の「独立統治」が無政府状態をもたらすという、のちの『ガングリーナ』の主張をすでに展開している。[34] たとえ正統的な信仰と「良心」をもつ者たちであれ、国教会から分離することを許せば、「同じ理論にもとづいて、頑固なブラウン主義者、……すべての再洗礼派、ファミリー派、その他のセクトが寛容を主張し始めるだろう」[35]、と。

ただし、一六四一年の時点では、イングランドのピューリタン聖職者たちに、明確な「長老派」または「独立派」への帰属意識も、このふたつを真っ向から対立させる考えもなかった。アイルランド反乱勃発直後の一一月、会衆派牧師たちも含むロンドンの有力聖職者たちは、のちに長老派の中心人物のひとりとなるカラミの自宅に集まり、主教制の廃止と教会改革の続行を優先するために、教会統治制度をめぐる論争を公の場で控え、団結を優先するという一種の協定を結んでいる。[36] これはエドワーズの望んだ方向と真逆であった。実際、『反対する理由』は、大きな反響を呼ぶことはなかったのである。[37]

一六四三年の「厳粛な同盟と契約」を受けてウェストミンスター神学者会議（本書第3章）での討論が本格化すると、分離主義の監視人としてエドワーズが活躍するチャンスがふたたびめぐってきた。神学者会議のメンバーとして議会に任命された聖職者たちのうち、グッドウィンやブリッジ、フィリップ・ナイ（Philip Nye, 1595–1672）らが、会議の多数派およびスコットランド代表の推薦する統一的な長老制教会の構想に異議をとなえ始めたのである。彼ら「意見を異にする兄弟たち the dissenting brethren」の数は会議の聖職者メンバーの約一割にあたる一〇人ほどであったが、他の聖職者たちと同様に学識をそなえ、国教会聖職者としての資格と経験もあったので、会議では対等に扱われていた。また彼らは再洗礼派など平信徒を中心とするセクト活動から意図的に距離をとったし、グッドウィンのように自身で教区教会から分離した会衆教会を維持していた場合でも、そのことを神学者会議の場で語らなかった。それでもグッドウィンたちは、いっさいの例外や逸脱を認めないような教会制度案や、会衆教会を違法化する動きには、強く反対した。[38]「独立教会派はきわめて有能で信望も厚く、もしも長老制教会が樹立されれば自分たちが国から追われると考え、自分たちに害になる結論が出ないように注意を払っている」、とスコットランド代表ロバート・ベイリは本国に書き送っている。[39]

やがて、「意見を異にする兄弟たち」は、みずからの姿勢を明らかにするよう迫られた。一六四四年一月、グッドウィン、ナイ、ブリッジ、サイドラック・シンプソン、ジェレマイア・バロウズの五人の神学者会議メンバーは、連名で『弁明の陳述 *An apologeticall narration*』を印刷出版する。彼らは、「繊細な良心 tender conscience」のゆえに制度教会の「腐敗」に苦しみ、海外への移住を余儀なくされたことによって手に入れた「真の礼拝」を、いま母国で継続したいだけであって、他の「改革された諸教会」やイングランド国教会との交流を絶つつもりはない、と釈明した。独立派は要求に「寛容」ということばは使わず、みずからを「ブラウン主義」、すなわち無秩序な自由放任主義と、「権威的な長老制教会統治」のあいだの「中道」と位置づけたのである。説得力は弱かった。[40]

独立派聖職者たちが神学者会議の議場を超え、議会への直訴として『弁明の陳述』を印刷出版して世に問うたことで、パンフレット論争に火がついた。エドワーズは一六四四年七月、『弁明の陳述』を辛辣に批判した『反弁明 *Antapologia*』を出版して、一躍有名になる。「弁明者たち Apologists と、その仲間たちが良心に従うことを許容すれば、一年と経たないうちに、大勢の者が再洗礼派に化けるだろう」[41]というエドワーズの批判は、前作『反対する理由』と同じであったが、攻撃的なトーンとその分量において、次元が異なっていた。三一ページの『弁明の陳述』に対してエドワーズの『反弁明』の本文は三〇〇ページ以上。またエドワーズは、『弁明の陳述』が使用しなかった「寛容」の語をくりかえし用い、「会衆教会への寛容」を「セクトと異端の寛容」とひと括りにして、批判した(42)。神学者会議でのグッドウィンらの反対演説に辟易していたロバート・ベイリは、『反弁明』を「見事な論駁」と称賛した(43)。はじめて本格的に評価されたエドワーズは、ニュー・ゲイトのクライスト・チャーチの講師に選出された。クライスト・チャーチは、ロンドン市参事会や市議会メンバーの多く集まる教区教会であり、長老派ネットワークの重要な拠点であった。歴史家パールのことばを借りるならば、「次の二年間、ここでエドワーズが行った、独立派に対するもっとも敵意に満ち、無制限で理不尽な攻撃が、『ガングリーナ』の予行演習となった」のである(44)。

4　寛容を阻止する

説教壇と印刷物におけるエドワーズの成功が物語っているのは、一六四〇年代の教会改革の行方をめぐるディベートにおける、宗教的「長老派」対「独立派」という二極分裂が、議会の諮問機関としてのウェストミンスター神学者会議の外で、すなわち出版と言論の世界で先鋭化したということである。

神学者会議内では、独立派聖職者たちによる異議申し立てが起こるたびに、妥協点をさぐるための意見調整が試みられていた。この理由として、聖職者メンバーたちの友情と信頼関係、またスティーヴン・マーシャルなど有力な中間派の聖職者の存在を指摘することができる。しかし、調停による合意形成はイングランド議会の方針でもあった。たとえば、一六四四年九月、「再洗礼派」と「反律法主義者」の処罰案に独立派聖職者たちが激しく反対したとき、庶民院は調停のための委員会設置を全会一致で承認した。提案者のなかにいたのは、のちに独立派議員として頭角をあらわすサー・ヘンリ・ヴェイン(小)とオリヴァー・シンジョン、そしてオリヴァー・クロムウェルであった。(45)この委員会は一一月に解散したが、その後も神学者会議での意見対立に際する議会の介入は続き、ふたたび一六四五年一一月から翌一六四六年三月まで調停委員会が継続された。(46)神学者会議はイングランド議会の求めに従い信仰告白、教理問答そして教会統治制度を立案する使命を負っていたが、議会の意向に反する提案をすることはできなかった。グッドウィンやナイたちは、スコットランドの推奨する長老制教会に対して庶民院が懐疑的であること、さらに議会は神学者会議での議決を変更することができるという、エラストス主義に立つ議員たちの存在を認識していたからこそ、神学者会議で追いつめられるたびに、庶民院の介入に期待することができたのである。(47)したがって神学者会議の多数派にとっては、独立派聖職者たちとの協力を会議のなかで拒否することは困難であった。良心的な信者が制度教会から分離独立することの是非をめぐる討論は、神学者会議では一六四六年四月には棚上げにされた。(48)コンセンサスにもとづく長老制教会樹立の難しさが明らかになるにつれて、市民請願や説教、そして印刷出版物による独立派攻撃が顕著になったのである。前章で確認した通り、それは「厳粛な同盟と契約」の存続をかけた闘いでもあった。

一六四五年後半から、請願書や説教の語彙に微妙な変化を確認することができる。それまではあまり用いられなかった「異端」「誤謬」「冒瀆」の語が多く見られるようになるのである。九月のロンドン市民請願では、具体的なセクト名の代わりに「もっとも恐ろしく冒瀆的な意見」や「多くのいまわしい誤謬、憎むべき異端」といったことばが繰り返されている。(49)一二月に行われたロンドン市議会選挙は、市当局との連携をさらに緊密にしたい長老派にとって重要な選挙となったが、この期間中にファリントン区住民の「謙遜で真剣な願い」として回覧された請願書も、教会問題の速やかな解決、「厳粛な同盟と契約」の厳守に加えて、「教皇主義、主教主義、分派、異端、迷信、不敬、または正しい教義と敬神の力に反するすべてのもの」に対し決して「寛容」を示さないよう、市議会に求めている。[50]
神学者会議での独立派との意見調整が不毛であると論じ、独立派を政治的に孤立させることが、請願活動の新しい目標となった。一六四六年一月一日に神学者会議に提出された、「寛容に反対する……ロンドン市の聖職者たちの手紙」と題された文書は、単刀直入に独立派との調停を放棄するよう要求している。曰く、調停交渉は何の結果ももたらさなかったいっぽうで、独立派の会衆教会は「我々の教会」から人々を奪い弱体化させている。独立派の主張とは「分派」に他ならず、これを「許容」することは教会と国家にとって多くの災いをもたらすだろう。あらゆるセクトや異端が寛容を求めてイングランドに集まり、独立派に保護を求めるだろう。[51] コルチェスターの聖職者からロンドンへ送られた応援の手紙も、「独立派の寛容」は「争いの母、分派の根源、異端へ通じる裏口」と言明している。[52]
ロンドンに滞在していたスコットランド人文筆家、デイヴィッド・ブキャナンもキャンペーンに加わった。曰く、「独立派は、……我々の誓った契約に沿った、正しく完全な教会改革を中止させようと忙しく立ちまわっているばかりではない。あらゆる種類の誤謬や異端に支持を与え続け、政治的権威の助けを得て、彼らの憎むべき見解を確立しようと企んでいるのだ」[53]。独立派はもはや「意見を異にする兄弟」ではなく、「異端者」そのものとされたのである。独立派の求める「良心の自由」は、無責任な「寛容」主義へと拡大解釈された。[54] この時期、ニュー・イングランドの牧師ロジャー・ウィリアムズや、急進派パンフレット作家ウィリアム・ウォルウィンなどが「寛容」擁護論に貢献したことは確かだが、これらは長老派聖職者たちが打ち出した「反寛容」運動に対する応答としてとらえるべきものである。[55]
一六四六年一月一四日、市長、市参事会員、市議会員の前でエドマンド・カラミが行った熱烈な説教は、「誤謬と異端」に対する戦いに市エリートを駆り立てるものであった。「市壁のない都市はあらゆる敵にさらされている。統治制度をもたない教会も同じである」。いまこそ「我々とともに市壁を建てようではないか、……これ以上教会を誤謬と異端の入り込むままにして、荒廃させないために……。さあ勇気をもって進むのだ」(56)。その翌日、市当局は「迷信、異端、分派、不敬」への対策を求める新しい請願を議会に提出する。私的な集会や無学な平信徒・女性説教師が増えていると訴え、「良心の自由」の名においてこれらの活動への「寛容」を求める声には、決して耳をかさないようにと進言した。教会規律権問題における冷たい反応とは異なり、この請願には議会は好意的に応答し、貴族院は女性説教師と平信徒説教師への対策をとることを約束している(57)。

庶民院議員トマス・ジャクソンは二月二六日の日記で、市当局を動かす長老派のキャンペーンの背後にいるのは「ごく少数の中核人物」だと見抜いている。これこそ、スコットランド代表ベイリを中心とするネットワークであった(58)。ベイリは、独立派との新たな対決における印刷出版物の威力を十分に理解していた。議会に任命された検閲官でベイリの忠実な友人であった聖職者ジェイムズ・クランフォード(James Cranford, 1602/3-1657)とも密接に連携して、長老派の出版活動を支援したいっぽう、大陸のカルヴァン主義神学者による論文の翻訳も含む、数多くの反セクト出版にもかかわっていた(59)。海外に在住するスコットランド人たちに送られた手紙のなかでは、ネーデルラントやフランスなど大陸の著名なカルヴァン派神学者の手による手紙や著作を集めてロンドンに送るように幾度も頼んでいる。ロンドンで行われている教会改革に国際的な注目が集まっていることを宣伝し、長老派を勇気づけるためである。「彼らの手紙が、〔イングランド人が〕主教制やカトリック的な儀式を廃止したことを讃えること、そして早急にキリストによる統治制度を樹立するよう熱心に勧めることが肝心だ。無秩序状態が長く続くほど、異端や分派や、さらに多くの悪弊の原因となるから」(60)。ベイリは誰がどの異端を批判するべきかを指示した詳細な注文さえ送っている。「アポロニウスのエラストス主義批判が到着するのを待っている。スパンハイムが再洗礼派について書いてくれるとありがたい……」。[61]集められたこれらの著作はただちに英語化され、クランフォードの速やかな出版許可を経て印刷所へ送り込まれた。[62]ベイリの同僚サミュエル・ラザフォードのほか、スコットランド人神学者アダム・ステュアート、アレクサンダー・フォーブズも独立派批判書を執筆した。ベイリ自身もセクト批判書『今日の誤謬の諫止』を出版している。[63]

こうして「異端」との闘いとして刷新された、長老派の独立派攻撃のクライマックスを演出したのが、エドワーズの『ガングリーナ』であった。教会規律権のような長老制のディテールや、スコットランドとの宗教統一にはほとんど関心を示さず、ひとり独立分離主義の批判を続けていたエドワーズに、注目が集まったのである。[64]「昨今のセクト主義者たちの誤謬、異端、冒瀆および悪質な所業のカタログと暴露」という副題とともに一六四六年二月に出版された『ガングリーナ』第一部には、長老派の新路線が明確に打ち出されている。

> イングランドの独立主義こそ、他のあらゆる誤謬の母であり、乳母であり、庇護者である。すべての誤謬は独立派の娘たちであり、立ち上がって独立派を母と呼ぶであろう。……独立主義とはセクト主義に他ならない。またすべてのセクト主義は独立主義に他ならない。独立派は再洗礼派やシーカーに変身し、セクト主義者は独立派に変身する。厳密な意味で生粋の独立派など、いまやほとんどお目にかかれない。いるのは独立反律法派、独立再洗礼派、独立シーカー派、そうでなければ、独立主義、反律法主義、ブラウン主義、再洗礼主義、放蕩主義などのすべてを寄せ集めてできたような者たちばかりだ。つまるところ、独立主義とはありとあらゆる誤った教えの混合物なのだ。[65]

このようにして『ガングリーナ』は、「異端」ということばを革命期の政治言説の中央に据えることに貢献したのである。

5　病としての異端

『ガングリーナ』は多くの点で、当時の他の論争的出版物とも、またエドワーズの過去の著作とも異なっていた（図2）。論敵による出版物の批評、誤謬のリスト、セクトの集会や活動の描写、うわさ話、密告の手紙の紹介といった雑多なテクストを無造作に組み合わせた『ガングリーナ』は、聖職者や知識人を対象に書かれた神学論文や教会統治論書というよりは、セクトの蔓延と宗教秩序の崩壊という同時代的問題をより広い読者層に向けてスキャンダラスに報じた、時事評論誌であった。一六四六年二月に第一部が出版されたあとも最新情報の収集にはげんだエドワーズは、五月に第二部を、一二月に第三部を発行し、論争を継続させた。一六四六年の一年間だけで、『ガングリーナ』に関連して出版された書籍・パンフレット類は敵・味方合わせて三〇は下らない[66]。

『ガングリーナ』の過激さは、しばしば同時代人の驚きと反発を呼んだ。独立派聖職者ジェレマイア・バロウズは、「このキリスト教世界に、みずからの信仰深さを高々と表明しながら、それに勝るとも劣らない信仰の持ち主に対して、あれほどの無礼さと悪意をもって接することのできる人間は、他にいないと私は思う」、と記している。「あの燃えるような怒り、あの執念深く理不尽な激情には、ただ啞然とさせられる[67]」。ロンドンの会衆派教会牧師ジョン・グッドウィン（トマス・グッドウィンとは別人）は、長老派聖職者たちをまとめて、「こじつけ好きで牽強附会派 Procrustian race の、ギャングリーナ・ギャング」と皮肉った[68]。

セクトの醜聞を集めた煽動的ジャーナリズムとしての『ガングリーナ』の叙述スタイルは、たとえばコールマン街で聖書講義を行い、多数の聴衆を集めていた女性預言者「アタウェイ夫人」の扱いに見ることができる。『ガングリーナ』第一部後半、「二月二六日」と日付を記したセクションで、エドワーズは「ふたりの市民」から聞いた話として、「一四日ほど前に」アタウェイが「エルサレムを再建しなければならない」と言って自分の夫と子どもをおき去りにし、信者のひとりである別の既婚男性と旅立ってしまった、と報告する。エドワーズは『ガングリーナ』第二部でふたたびアタウェイに言及し、この駆け落ちが決行される少し前に、ふたりの情報提供者（「法曹学院に通うふたりのジェントルマン」）がアタウェイと交わした会話を再現する。曰く、アタウェイはミルトンの『離婚の教理と規律』を高く評価し、彼女の夫が「清められておらず、シオンの道を歩むことも、カナンのことばを語ることも知らない」と言ったという。さらに『ガングリーナ』第三部でエドワーズは、「四月の終わりごろ」、「聡明で信仰深い、ある医師」の紹介で会った「三人の男」から、キリストの再臨と自分の不死を予言したアタウェイの説教の詳細についての証言を引き出している[69]。

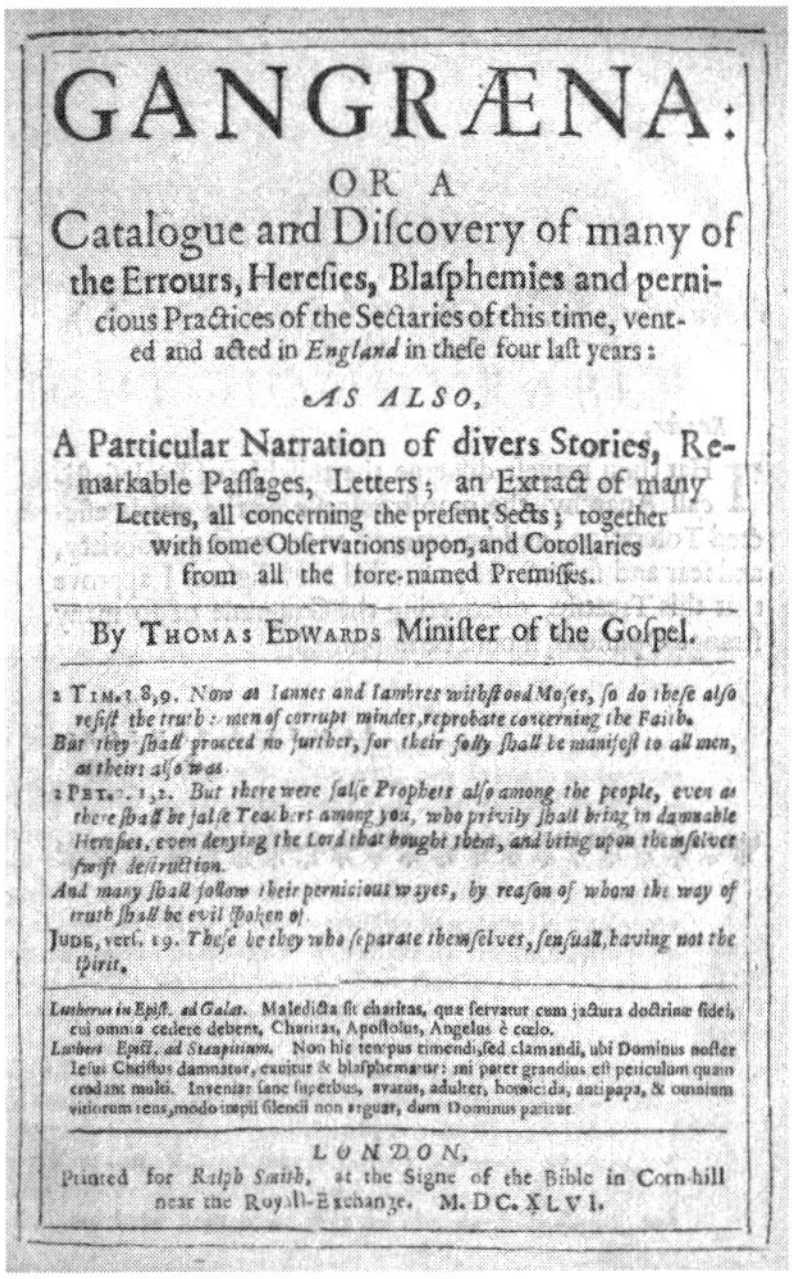
GANGRÆNA: OR A Catalogue and Discovery of many of the Errours, Heresies, Blasphemies and pernicious Practices of the Sectaries of this time, vented and acted in England in these four last years: AS ALSO, A Particular Narration of divers Stories, Remarkable Passages, Letters; an Extract of many Letters, all concerning the present Sects; together with some Observations upon, and Corollaries from all the fore-named Premisses.

By THOMAS EDWARDS Minister of the Gospel.

LONDON, Printed for Ralph Smith, at the Signe of the Bible in Corn-hill near the Royall-Exchange. M.DC.XLVI.

図2　『ガングリーナ』(1646年)第一部の扉
Folger Shakespeare Library

　しかし、「異端」問題を前景化した『ガングリーナ』の特徴は、エドワーズの選んだエピソードの奇抜さだけではない。セクトの危険を読者に知らせ、その共犯者としての独立派の正体をあばくという『ガングリーナ』の試みをもっとも効果的にしていたのは、異端のイメージ構築にエドワーズが用いた、病の言語であった。

それは何よりもこの著作の題名に明らかである。「ガングリン（壊疽）」は、壊死した身体部位の腐敗や脱落を伴う病態の名前だが、「カンカー canker（潰瘍）／カンサー cancer（癌）」と同意語であった。ただし一七世紀の後半になるまで内臓疾病としての癌は知られておらず、ガングリンもカンサーも、皮膚癌、潰瘍、腫瘍、疥癬といった、一般に治療方法のない、あるいは治療が困難とされた皮膚病の総称であった。エドワーズは、読者の恐怖心を喚起するガングリンのイメージを用いて、「異端」問題を定義しているのである。第三部の冒頭でエドワーズは次のように書いている。「本書を読めば、公平で率直な読者諸君はみな、曇りのないガラスを通して見るがごとく、昨今のセクト主義者たちの畸形 deformity やできもの spots を発見することだろう。それはあらゆる種類のできものだ。ペスト性のもの、熱病性のもの、紫斑状のもの、らい病によるもの、壊血病のもの、悪意、猛威、強暴、腐敗や伝染力に満ちたできものである……[70]」。

病のイメージによるセクトの表象は随所に確認できる。エドワーズ曰く、セクトは「ガングリンの膿に浸かって」しまったので「昨今のセクト主義のやぶ医者の出すいかさまな薬やまじないをもってしても、決して治らない」。彼らは「その礼拝の腐敗や人の手による捏造によって自分たちの身を汚染《ポリュート》してしまっている」。議会軍の兵士たちはイングランド中を進軍するたびに「都市から都市へ異端をふりまいて蔓延させている」。「毎日どこかしらの家を襲っては、そこでますます多くの人々を自分たちのやり方や考え方に感染《インフェクト》させ、取り憑かせている」。「恐ろしいほど不潔《アンクリーン》」なセクトたちは「このロンドン市で多くを毒《ポイズン》している[71]」。これが、エドワーズが『ガングリーナ』のなかで嘆き、同時に強調したイメージであった。

正統的なカルヴァン主義教育を受けたエドワーズによるこのようなもの言いを、聖職者にあるまじき下品な誹謗中傷としてかたづけるべきではない。魂と身体とからなりたつ古典古代以来の人間認識において、ふたつの領域は単に分離していただけではなく、相互に連関した説明体系を構成していた。健康な身体は神からの賜物とされ、正しい信仰は身体の保全にとって欠かせないものと考えられた。逆に、身体の異変である病気は、魂が神との調和を失ったことを意味した。魂と身体にとって望ましい調和的状態とは、いっぽうでは信仰、他方では健康であり、その逆の不調和状態は、いっぽうでは不信仰や罪、他方では不健康すなわち病気として理解された。罪人は病人に比べられ、病人は悔い改めを勧められた。宗教と医学はきわめて密接な関係にあったのである。[72]

医学と神学が近接した枠組みは、進歩主義的な科学史叙述においては「前近代」的状況、すなわち医学的探求が古いキリスト教的世界観のなかにとらわれた状態として説明される。この制約を克服したのが一七世紀の「科学革命」ということになる。しかし、病気の原因やその治療についての理解がこのあと変化していったのと同じように、宗教そのもののあり方もたえず変化を迫られていたことを忘れてはならない。近世において神学と生理学とは相互に影響し互いに織り込まれた関係にあったのであり、前者と後者どちらが他方に対して支配的であったかは、重要な問いではない。医学がキリスト教神学に規定されていたのと同様に、神学的な諸概念や言説も、身体的・生理学的な言語によって構築されていたのである。[73]キリスト信徒にとっての「異端」の脅威という問題が、身体にとってのガングリンというメタファーによって説明され理解されたのは、このような関係性――身体の健康と魂の健康が相互を説明し合う関係性――においてであった。『ガングリーナ』に、またエドワーズとともにセクト批判を展開した長老派聖職者たちのテクストに繰り返される「壊疽」や「感染」といった言語とイメージは、単に論敵に汚名を着せ周縁化するために発せられた誇言ではなく、神学的認識のための医学的メタファーであった。これらのことばは、「異端」とは何かという概念形成にかかわっていたのである。

ウェストミンスター神学者会議の聖職者メンバー、オバディア・セッジウィックは、議会が異端増加の抑止と平信徒説教禁止のための法案の検討を続けていた一六四七年一月末、『異端の性質とその危険』と題した議会説教を庶民院で行っている。彼はそこで「ガングリン」とは「体をむしばむ潰瘍のようなもので、体の関節から関節へと飛び移り、器官をひとつずつ腐らせます。そして最後には心臓を、そして命まで食い尽くすのです」と、まず説明する。その上でセッジウィックはこう問いかける。「ここまで話せばあなた方には分かるでしょう。果たして異端とは危険なのか、それとも危険ではないのか?」(74)

ここで重要なのは、セッジウィックの潰瘍や壊疽についての理解が前近代的であることよりも、宗教の問題が医学的に、あるいは「科学的」に説明されていることである。異端とは、宗教的な病のもっとも重い状態であり、それに相当する身体的疾患が、当時恐れられていた不治の病としての「ガングリン」なのであった。ジェイムズ・クランフォードもロンドン市参事会員たちの前で行った説教で、イングランドの状況をできもので覆われたヨブ(旧約聖書「ヨブ記」)と比較している。「ヨブの様子を見て彼の友人たちは七日間嘆き悲しんだと言われますが、まだ現在の我々ほど酷くはありません。ヨブの皮膚にできたのは腫れ物《ソア》でしたが、我々にできたのはガングリンなのだから。彼は痒さのためにそのデキモノを掻きむしったが、我々のほうは引っ掻くどころか触ることさえできません。ヨブがデキモノに冒されたのは彼の身体《ボディ》だったが、我々が冒されたのは魂《ソウル》なのです」(75)。

ガングリン/カンサーは、魂を襲う異端のたとえとして長く用いられてきた。新約聖書で使徒パウロは「みだりなる虚しき物語を避けよ。かかる者はますます不敬虔にすすみ、そのことばは脱疽のごとく腐れ広がるべし」(新約聖書「テモテへの手紙第二」二:一六—一七)と警告している。(76) このメタファーは一六、一七世紀の反カトリック・反急進セクト文学のなかでもしばしば使われていた。エリザベス一世時代のピューリタン論者たちは、国教会が「カトリックの癌」に食い尽くされると批判した。また、ローマのスパイと目されたイエズス会士は「もっとも危険な癌」であるからただちに「切り落とされ」なければならないと論じられた。[77] セクトに関しては、一六二五年にライデンのもっとも戦闘的なカルヴァン派神学者のひとりと言われたヨハネス・クロッペンバーグが、『再洗礼派の癌』と題したオランダ語の論文を出版している。これは一六四五年にラテン語でも出版され、ベイリが同年秋にイングランドに取り寄せている。エドワーズがこの書からヒントを得ていた可能性は高い。[78] 独立派攻撃に全力を注いだ著作を彼が『ガングリーナ』と名づけたのも、またそこでくりかえしセクトを病人として表象したのも、宗教的異端を病のメタファーによって説明する、このような歴史的コンテクストのなかにおいてであった。

6　感染と治療の言語

病の言語は、教義や教会制度に関する独立派やセクトの個々の主張の是非の問題には立ち入らずに、「異端」の一般的な性質を説明することができた。正統的信仰を守る役目を負った聖職者たちにとって、救済論、三位一体論、霊魂論、洗礼論、教会統治論など、神学的争点は多岐にわたったいっぽう、教区礼拝の妨害や十分の一税の支払い拒否など、より現実的で差し迫った課題も多かった。こうした複雑な状況において、そのひとつひとつを論ずるのではなく、癌や伝染病にたとえる言説は、彼らの警告に説得力をもたせることができたようである。神学に疎いロンドン市参事会員たちの前でクランフォードは、同じ情景描写をひたすら繰り返している。「誤った教理というものは、むさぼり食う性質があるのです。……ああ、どうか分かってくださいますように。異端、そして誤った教理はですね、実に憎むべきものです。……破壊的な性質があるのです。そして、あっという間に蔓延する性質があるのです[79]」。

神に背く誤った教えは人から人へすばやくうつるというイメージは、皮膚病、感染病としての「癌」から、共同体全体を襲うペストの脅威を連想させた。毒性をもった患者の体液や吐息が別の人間に入って拡散し、都市全体の空気を腐敗させるという、近世ヨーロッパにおけるペスト感染のイメージは、異端の危険を語る聖職者たちのことばに色濃くあらわれている。イフライム・パジットによれば、「ブラウン主義」が危険な理由は、信奉者がその誤った教えを「すべて口から吐き出してしまったとしても、また別の無知な者たちがそれをまた吸い込んで、自分とその仲間たちをすっかり毒してしまう」からであった[80]。別の説教でパジットはこう述べている。「毒というものはたいへん危険です。しかし人の体にとって危険などのような毒も、人の魂にとっての誤った教理ほど危険ではありません。にせ預言者たちに気をつけなさい。彼らは伝染病に冒された人々よりはるかに危険な存在です。ペストはどんな病気よりも人の身体に飛びうつりやすい。異端が人の魂にうつるのも、まったく同じなのです[81]」。

癌やペストのイメージは「異端」の性質を理解するモデルを提供したが、同時にこれに対してとるべき態度をも説明した。異端者は哀れむべき存在か、それとも憎むべき敵なのか、という聖職者たちのジレンマは、伝染病に感染した患者は犠牲者か危険人物かという論題におき換えられた。セクトや平信徒説教師たちを心底嫌ったパジットも、異端者は本来ならば良心と清い魂の持ち主だが「誤った教えに引っかかり絡まって」しまったのだから、彼らが「神に祈り、誤りを改め、真実をあかしし、悪魔の罠から脱出」することを心から願うものである、と少なくとも表面的には述べた[82]。だがそのいっぽうで、異端者を甘やかすことはできなかった。クランフォードは、病の原因は患者本人にあるという解釈、すなわち「病気がうつりやすくなるのは、その人の体液が乱れて体質のバランスが崩れるからだ」といった医学的事実を引き合いに出して、異端者を咎めた[83]。パジットも、セクト主義者たちに同情を寄せている場合ではない、と警告する。彼らは「感染の危険にさらされているのではない。もうすでに深刻に感染しているのだ」。安息日や「主の祈り」は必要ないとうそぶく彼らは、自分たちが瀕死の病に冒されている事実を認めないのだ[84]。「強情に」「頑固に」誤りにとどまっている点で、異端者の病状は「しつこい obstinate」のである。したがって異端の流行は、ただ恐怖するだけでなく、しかるべき、しかも厳格な対応を要する事態であった。腕や足が壊死した患者がいれば、本人がその必要を認めずいろいろな理由を述べて拒否しても、押さえつけてでも手術しなければならないだろう。一六四六年、詩人でパンフレット作家のジョージ・ウィザーは、議会に向けて書いた「イングランドの膏薬」でこう詠っている。

もしあらゆる治療が無駄に終われば、明らかになるだろう、
これは癌《カンサー》、決して治らない。
やがては壊疽《ガングリン》へと進行し、
患者を殺すのだ。切り落とさない限り(85)。

異端に感染したセクトに近づくのは危険だが、彼らを自由にさせておくのは、さらに危険なのである。

異端を取り締まり処罰するのは誰か、というイングランド宗教改革の長年の問いは、ここでふたたび提起されるのである。すでに確認したように、一六四五年終わりまでには、陪餐停止を伴う教会規律の最終的権限の所在をめぐって、エラストス主義に立つ議会の、聖職者に対する優越が明らかになっていた。だが議会は同時に、異端の制圧という困難な課題をかかえていた。長老派聖職者たちは、異端という伝染病を扱うことのできる専門家として、ふたたび名乗り出たのである。ベイリは「神の目に嘆かわしいのは、政治的身体《ボディー・ポリティカル》の畸形よりも、教会の畸形である」と論じた。スコットランド人ベイリのように、キリストの身体たる教会を世俗国家から切り離して考える「ふたつの王国」論に

立つならば、政治身体の健康を維持するのは議会の責任であっても、より重大な問題である教会の健康は聖職者たちに任せるべき事柄であった。「教皇派、高位聖職者、宮廷人たち」が去ったいま、ようやく「我々の教会の病を我々が心ゆくまで治す」ことができるようになったと、ベイリは述べる。しかし「彼女〔教会〕の傷はますます増えてゆくばかり、しかも傷口は大きく開いたままで、最良の血液が失われようとしている。これというのも、我々の頑固な兄弟たちのせいなのだ」[86]。頑固な兄弟とは、もちろんここでは独立派のことである。

このように長老派聖職者たちは、「魂の医師 physicians of the soul」を自任することで、教会改革の当時者であり続けることができた[87]。彼らの手がけた数多くの出版物が、異端の伝染病に対処する聖職者たちが備えるべき医学書の様相を帯びていたのは偶然ではない。紀元四世紀の教父、サラミス主教エピファニウス(Saint Epiphanius of Salamis, c.310–403)が著した異端学書のタイトル『パナリオン *Panarion*』(三七四―三七七年頃)は、ギリシア語で「薬箱」を意味した。このことを振り返りながら一六四五年、パジットは自著『異端目録』のことを「ニセの教義を抑えて命を救う妙薬の詰まった、薬の箱」と紹介している[88]。エドワーズも同様に、自分の『ガングリーナ』を「すでに体内に入った毒を追い出し、さらなる感染を予防する解毒剤《アンティドート》」と称した[89]。

国教会改革をめぐる混乱のなか、多種多様な教説が飛び交い、分離派セクトが増加した一六四〇年代にあって、トマス・エドワーズたちがこの状況を「癌」と呼び「ペスト」と記したのは、「パニック」の結果ではなく、魂と身体が密接に連動し、神学と医学とが互いを権威づけていた文化的枠組みにおける、彼らの役割の宣言であった。『ガングリーナ』が具現したのは、イングランドにおける魂の病を発見し、健全なキリスト教信仰を復活させるための神学であり、医学であった。

7　長老派の退場

「『ガングリーナ』は議会および他のすべての人々の目を覚まし、悪しき誤謬が蔓延している事実を心に留めさせるに違いない。さもなければ他の手段があるだろうか[90]」、と記したベイリの見込みは正しかったように見える。第3章で見た通り、スコットランド契約派の要求する長老制教会には懐疑的だったイングランド議会も、「異端」の弾圧には積極的な姿勢をみせたからだ。

しかし、誰もがベイリやエドワーズらが演出した「異端」理解を受け入れたわけではなかった。一六四七年三月一〇日は、議会によって「誤謬、異端、冒瀆の増大と蔓延を恥じ、国民全体が悔い改める」断食日に定められていたが（本書第3章6節）、国をあげて弾圧することになっていた「異端」がいかに不安定な概念であったかは、神学者会議でも中間派とされるリチャード・ヴァインズが当日に庶民院で行った説教に見ることができる。『異端の起源、性質、危険について』と題した説教で彼は結局「異端」とは何か、そして「異端者」とは誰かについて、断定することができなかった。それは「かなり不明確で、証明するのは難しい」と口を濁し、「このことばは、人が自分とは意見の異なる他人に汚名を着せたり非難したりするときに、手当たり次第に濫用することができる」し、そうなれば「すみやかな破滅」を導くだろう、と述べた[91]。ヴァインズによれば、特定の思想や人物を「異端」または「異端者」と定めるのならば、細心の注意が必要である。日常の意見交換の過程で明らかになるような立場の違いは「単純な異端 simple heresy」であり、意図的に教会を破壊しようとする「複雑な異端 complicate heresy」、すなわち「分派的異端者」「冒瀆的異端者」「煽動的異端者」とは区別しなければならない。こう説きながら、彼は結局誰が「複雑な異端者」なのかは明らかにしなかった。「異端」の制圧という主題は受け入れながらも、教会改革全体を「異端」との戦いとして意味づけるベイリやエドワーズの枠組みを、ヴァインズは拒んだのである。彼は後日、説教の「生ぬるさ」で批判されたとこぼしている。ヴァインズ自身のシニカルな表現によれば、「聴衆の思考は啓発した」が、「異端者の体を焼き殺す」ことまでは勧めなかったからだ(92)。

前章の終わりで見た通り、議会派の内戦勝利に貢献したニュー・モデル軍と、軍の支持を得た議会内独立派の存在感が増大するに従って、「異端」をめぐる論争は形骸化していった。スコットランド代表は一六四七年初頭にはロンドンを去り、「異端」と「寛容」に反対する運動に固執した長老派聖職者たちの声は次第に周縁化されてしまうのである(93)。一六四七年春には、軍の一部解体とアイルランド派遣を検討し始めた議会に反発した兵士たちが組織的な抗議活動を始めていたが、彼らの怒りはかねてから軍隊の急進主義を「異端」と断罪してきた長老派聖職者たちにも向けられた。一月末に出版されたパンフレット『侮辱された軍隊のための正当な弁明』も、三月にロンドンのバプテストの集会で準備されたレヴェラーズの「大請願 Large Petition」も、五月にジョン・ランバート大佐の連隊が提出した陳情文も、聖職者による執拗な「異端」のラベリングが不当であると抗議し、エドワーズの『ガングリーナ』を名指しで批判している(94)。

力をもてあまし急進化する議会軍に対抗するべく、長老派支持者で固められたロンドン市政府は五月、独自の民兵隊を組織する許可を議会からとりつけた。七月にこの許可を無効にしようとした議会は、市民や徒弟たちの襲撃を受けた(95)。七月末、ニュー・モデル軍がロンドンに迫ると、エドワーズ、カラミ、シメオン・アッシュを含む五人の長老派聖職者は、軍との武力対決に向けてロンドン市民を奮い立たせる説教を行う(96)。しかし、土壇場になってロンドン市民の戦意はくじけ、また神学者会議も軍との和平を議会に求めて、戦争は回避された。八月七日、抵抗なく軍が入市すると、ロンドンにエドワーズの居場所はなくなった。アムステルダムに亡命したエドワーズは、そこで病に倒れ、翌一六四八年二月に四八歳で客死した。死の前の一六四七年末、エドワーズはアムステルダムのイングランド人教会の牧師たちのもとで遺書をしたためたため、「イングランドに持ち上がったセクトと誤謬に対して、良心に従って誠実に説教し執筆した」ことをひとつも取り消すつもりはない、と宣言した[97]。

一六四六年から四八年の「異端」論争は、議会、神学者会議、教区聖職者、スコットランド代表、ロンドン市当局など、さまざまな意図と目的をもつ諸集団の一時的な共同作業によって成立した。しかしこの運動によって標的にされ、制圧されるはずだった「異端」は、統一された、または一貫した実体をもってはいなかった。論争にかかわった人々は、彼らを脅かす「異端者」の統一戦線を発見したのでこれを制圧する行動に移ったのではなく、「異端」を問題化することでみずからの運動に、一時的であれ、一貫性を見出したのである。修正主義史学の常套句を用いるなら、現実は複雑で、立場は多様であった。しかしこの複雑な現実と折り合いをつけることを拒否して、妥協不可能な二項対立を構築したのは、トマス・エドワーズだった。それは「独立派」と「長老派」の対立であり、「異端」と「正統」の対立であった。革命期の「寛容」もまた、この二項対立のなかで「反寛容」とともにつくられたと言うことができるかもしれない。

（1）『キリスト教教義論』の成立については、G. Campbell, T. N. Corns, J. K. Hale and F. J. Tweedie, *Milton and the manuscript of De Doctrina Christiana* (Oxford, 2007)を参照。

（2）John Milton, *De Doctrina Christiana*, trans. by John Carey, in *Complete prose works of John Milton*, ed. D. M. Wolfe, vol. 6 (New Haven, 1973), p. 123; Idem, *De Doctrina Christiana*, in *The complete works of John Milton*, ed. J. K. Hale and J. D. Cullington, vol. 8

(Oxford, 2012), p. 9.

(3) John Milton, *Of reformation touching church-discipline in England* (1641); Idem, *Of prelatical episcopacy* (1641); Idem, *Animadversions upon the remonstrant's defence against Smectymnuus* (1641); Idem, *The reason of church-government* (1642); Idem, *An apology against a pamphlet call'd a modest confutation* (1642). *The reason of church-government* 以外の四冊は匿名で出版されている。初期ミルトンの教会論パンフレットについては、小野功生「宗教論争の言説圏——勧告論争からスメクティムニューアス論争へ」、『ミルトンと十七世紀イギリスの言説圏』(彩流社、二〇〇九年)、八七—一三〇頁を参照。

(4) John Milton, *The doctrine and discipline of divorce* (1643); Idem, *The doctrine & discipline of divorce* (1644); Barbara K. Lewalski, *The life of John Milton* (Oxford, 2000), pp. 156–157, 162–172, 175–180.

(5) Herbert Palmer, *The glasse of Gods providence* (1644), p. 57. パーマーに先行するミルトンの離婚論批判には、トマス・ヤングの三月二八日の庶民院説教がある。Thomas Young, *Hopes incouragement* (1644); William Haller, *Liberty and reformation in the puritan revolution* (New York, 1955), pp. 123–124.

(6) Daniel Featley, *The dippers dipt* (1645), sig. B2v.

(7) Ephraim Pagitt, *Heresiography: or, a description of the hereticks and sectaries of these latter times*, 2nd edn. (1645), p. 142.

(8) *A catalogue of the severall sects and opinions in England and other nations: with a briefe rehearsall of their false and dangerous tenents* (1647). See also *A discovery of the most dangerous and damnaboe tenets* (London, 1647). 第5章5節も参照。

(9) Thomas Edwards, *Gangraena: or a catalogue and discovery of many of the errours, heresies, blasphemies and pernicious practices of the sectaries of this time* (1646. 以下 *Gangraena I* と略); Idem, *The second part of Gangraena* (1646, 以下 *Gangraena II* と略); Idem, *The third part of Gangraena* (1646, 以下 *Gangraena III* と略).

(10) *Gangraena I*, p. 34.

(11) Lewalski, *Life of John Milton*, pp. 172–175.

(12) John P. Rumrich, 'Milton's Arianism: why it matters', in S. B. Dobranski and J. P. Rumrich (eds.), *Milton and heresy* (Cambridge, 1998), pp. 75–92; A. D. Nuttall, *The alternative trinity* (Oxford, 1998); Nigel Smith, '"And if God was one of us": Paul Best, John Biddle, and anti-trinitarian heresy in seventeenth-century England', in D. Loewenstein and J. Marshall (eds.), *Heresy, literature, and politics in early modern English culture* (Cambridge, 2006), pp. 160–184; John Rogers, 'Milton and the heretical priest-

hood of Christ', in Loewenstein and Marshall (eds.), *Heresy, literature, and politics*, pp. 203-220.

(13) ミルトン『言論・出版の自由――アレオパジティカ　他一篇』原田純訳(岩波文庫、二〇〇八年)、六二―六三、七七、八〇―八一頁。ミルトンの「異端」観については、Janel Mueller, 'Milton on heresy', in Dobranski and Rumrich (eds.), *Milton and heresy*, pp. 21-38.

(14) M・トルミー『ピューリタン革命の担い手たち』大西晴樹・浜林正夫訳(ヨルダン社、一九八三年)、第一―第五章。

(15) Patrick Collinson, 'Sects and the evolution of puritanism', in F. J. Bremer (ed.), *Puritanism: transatlantic perspectives on a seventeenth-century Anglo-American faith* (Boston, 1994), pp. 147-166; id., 'Towards a broader understanding of the early dissenting tradition', in C. R. Cole and M. E. Moody (eds.), *The dissenting tradition* (Athens, Ohio, 1975), pp. 3-38. 研究史の解説としてトルミー『ピューリタン革命の担い手たち』、一三―一四頁および、大西晴樹「『良心の自由』と『帝国の宗教』――イギリス革命におけるロンドンの分離教会」、今関恒夫ほか『近代ヨーロッパの探求3　教会』(ミネルヴァ書房、二〇〇〇年)、三―三八頁も参照。

(16) B. R. White, *The English separatist tradition* (Oxford, 1971); Champlin Burrage, *The early English dissenters* (Cambridge, 1912).

(17) W. K. Jordan, *The development of religious toleration in England*, 4 vols. (Cambridge, Mass., 1932-1940); P. Zagorin, *How the idea of religious toleration came to the west* (Princeton, 2003), ch. 6; John Coffey, 'The toleration controversy during the English revolution', in C. Durston and J. Maltby (eds.), *Religion in revolutionary England* (Manchester, 2006), pp. 42-68; Idem, *Persecution and toleration in Protestant England, 1558-1689* (Harlow, 2000).

(18) ジョーダンは、トマス・エドワーズ、イフライム・パジット、ロバート・ベイリら一六四〇年代の異端学者たちを「融和拒否者たち irreconcilables」と呼び、ウィリアム・ハラーは、エドワーズを「彼の時代が評価しようとしていた光に対する抵抗者」と評した。Jordan, *Development*, vol. 3, p. 274; Haller, *Liberty and reformation*, p. 228.

(19) T. L. Underwood, *Primitivism, radicalism, and the Lamb's war* (Oxford, 1997).

(20) 岩井淳『千年王国を夢見た革命』(講談社、一九九五年);同『ピューリタン革命の世界史』(ミネルヴァ書房、二〇一五年)。

(21) B. Worden, 'Toleration and the Cromwellian Protectorate', in W. J. Sheils (ed.), *Persecution and toleration* (Oxford, 1984), pp. 199-233; J. C. Davis, 'Religion and the struggle for freedom in the English Revolution', *The historical journal*, vol. 35, no. 3 (1992), pp. 507-530.

(22) B. Reay, 'Radicalism and religion in the English revolution: an introduction', in J. F. McGregor and B. Reay (eds.), *Radical religion in the English revolution* (Oxford, 1984), p. 11; クリストファー・ヒル「ロラード派からレヴェラーズへ」、同『十七世紀イギリスの宗教と政治』小野功生訳(法政大学出版局、一九九一年)、一一七—一四八頁。宗教的急進主義の「水平的」な連携を強調した最近の議論として、Ariel Hessayon, 'Early modern communism: the Diggers and community of goods', *Journal for the study of radicalism*, vol. 3, no. 2 (2009), pp. 1-50.

(23) [Henry VIII,] *Assertio septem sacramentorum adversus Martinum Lutherum* (1521), transcribed in L. O'Donovan (ed.), *Assertio septem sacramentorum* (New York, 1908).

(24) Thomas Cartwright, *A confutation of the Rhemists translation* (1618).

(25) 例外は、John Knewstub (1544-1624) らピューリタン聖職者たちが、「ファミリー・オヴ・ラヴ」の「異端」弾圧を政府に求めた一五七九年から八一年の時期であろう。一七世紀はじめには「ファミリー派」は性的放縦を連想させる好色なセクトとして舞台や娯楽パンフレット上のキャラクターとなり、真剣な神学的論駁の対象とはみなされなくなっていた。John Knewstubs, *A confutation of monstrous and horrible heresies, taught by H. N. and embraced of a number, who call themselves the Familie of Loue* (1579); William Wilkinson, *A confutation of certaine articles delivered unto the Familye of Love* (1579); Christopher Marsh, *The Family of Love in English society, 1550-1630* (Cambridge, 1994); Tamsyn Williams, '"Magnetic figures": polemical prints of the English Revolution', in L. Gent and N. Llewellyn (eds.), *Renaissance bodies* (London, 1990), pp. 86-110.

(26) ESTC (http://estc.bl.uk) 二〇一八年八月時点のデータを使用。ESTCと互換性の高い文献データベース Early English Books では、ページ画面のテキスト化が進行中で、このうちの公開データを用いたコーパス検索サイトも開設されている (https://corpus.byu.edu/eebo/)。しかし全文検索可能な文献が全体の一部に留まるため、現時点ではより網羅的なESTCによるタイトル検索のみを実施した。検索語には、単数・複数形のほか、同じ意味を持つと判断される限り、スペリングのヴァリエーションや造語、同語をラテン語表記したものも含めた。ただし同一カテゴリー内での重複は排除した。なお、カンタベリおよびロンドン主教の権威下で行われていた検閲制度が機能しなくなったことも影響して、長期議会召集後のイングランドの印刷出版物の数は爆発的に増加した。ジョード・レイモンドの統計によれば、一六三〇年から一六三九年までの出版件数は年平均六二四であったが、一六四〇年には八四八、一六四一年には二〇四二、一六四二年には革命期を通して最多の四〇三八に達している。Joad Raymond, *Pamphlets and pamphleteering in early modern Britain* (Cambridge, 2003), pp. 163-165.

(27) John Coffey, 'A ticklish business: defining heresy and orthodoxy in the Puritan revolution', in Loewenstein and Marshall (eds.), *Heresy, literature, and politics*, p. 110. Haller, *Liberty and reformation*, p. 233 における「パニック」の使用も見よ。

(28) Ann Hughes, *Gangraena and the struggle for the English revolution*(Oxford, 2004), pp. 22-31.

(29) Thomas Fuller, *The appeal of iniured innocence*(1659), p. 58; Benjamin Brook, *The lives of the puritans*, vol. 3(London, 1813), pp. 82-84.

(30) P. R. S. Baker, 'Edwards, Thomas(*c*.1599-1648)', *ODNB*; Hughes, *Gangraena*, pp. 28-29; William Prynne, *Canterburies doome* (1646), p. 373.

(31) *Gangaena I*, pp. 75-76.『スポーツの書 Book of Sports』は、日曜礼拝後の庶民の娯楽を認可した国王布告の通称。一六一八年のジェイムズ一世の布告を一六三三年にチャールズ一世が再発布した。ピューリタンの安息日厳守主義に対する挑発と受け止められた。

(32) Thomas Edwards, *Reasons against the independant government of particular congregations: as also against the toleration of such churches to be erected in this kingdome*(1641).

(33) トルミー『ピューリタン革命の担い手たち』、一七四―一七八頁; Avihu Zakai, 'Orthodoxy in England and New England: puritans and the issue of religious toleration, 1640-1650', *Proceedings of the American philosophical society*, vol. 135, no. 3(1991), pp. 401-441.

(34) Edwards, *Reasons*, sigs. *2r-v. 会衆教会主義の呼び名としての「独立主義 independency」は、エドワーズの造語である可能性がある。Ethan H. Shagan, 'Rethinking moderation in the English revolution: the case of *An Apologeticall Narration*', in S. Taylor and G. Tapsell(eds.), *The nature of the English revolution revisited*(Cambridge, 2013), p. 38.

(35) Edwards, *Reasons*, p. 33.

(36) トルミー『ピューリタン革命の担い手たち』、一七〇―一七一頁; Sharon Achinstein, 'Calamy, Edmund(1600-1666)', *ODNB*; Hughes, *Gangraena*, pp. 36-37.

(37)『反対する理由』に対する唯一の出版された反論は、エドワーズが期待した独立派ピューリタン聖職者からではなく、平信徒説教師のセクトに連なる女性信徒キャサリン・チドレーによる『キリストの独立教会の正しさ』であった。Katherine Chidley, *Ivstification of the independant chvrches of Christ*(1641); Hughes, *Gangraena*, pp. 52-53.

(38) Chad Van Dixhoorn(ed.), *Minutes and papers of the Westminster Assembly*(Oxford, 2012, 以下 *Minutes and papers* と略), vol.

2, pp. 182–183; John Lightfoot, *The whole works of the Rev. John Lightfoot, D.D.*, ed. J. R. Pitman, vol. 13 (London, 1824), pp. 56–57, 62–63; Robert Baillie, *Letters and journals of Robert Baillie*, ed. D. Laing, vol. 2 (Edinburgh, 1841), p. 111.

（39） Baillie, *Letters and journals*, vol. 2, p. 117. 和訳は上田惟一『ピューリタン革命史研究』（関西大学出版部、一九九八年）、二二八頁による。

（40） *An apologeticall narration, humbly submitted to the honourable houses of parliament* (1644), pp. 2–6, 24, 31. ‘tender conscience’は、良心の自由を求めた会衆派の論者がしばしば用いた表現で、長老派の「固さ」の反対語として柔軟性や慈愛を意味していたと考えられる。たとえば、John Goodwin, *Hagiomastix, or the scourge of the saints displayed in his colours of ignorance & blood* (1647), sig. bv.

（41） Thomas Edwards, *Antapologia, or, a full answer to the Apologeticall narration* (1644), p. 250.

（42） 議会に宛てられた献辞は、「再洗礼主義、ブラウン主義、反律法主義、そして良心の自由という口実による、セクトと分派の寛容……の危険から、神があなた方を守られるように、アーメン」という祈りで閉じられている。Edwards, *Antapologia*, sig. A[4]v, pp. 129, 139, 151, 221, 274, 275, 289, 292 and passim.

（43） Baillie, *Letters and journals*, vol. 2, pp. 190, 202, 215.

（44） クライスト・チャーチの牧師は、ロンドンの長老派聖職者ネットワークの中心的人物のひとり、William Jenkynであった。Valerie Pearl, ‘London puritans and Scotch fifth columnists: a mid-seventeenth-century phenomenon’, in A. E. J. Hollaender and W. Kellaway (eds.), *Studies in London history* (London, 1969), p. 237; Michael Braddick, *God’s fury, England’s fire* (London, 2008), p. 493; Tai Liu, *Puritan London* (London, 1986), pp. 66, 71.

（45） *Minutes and papers*, vol. 3, pp. 271–273; vol. 5, pp. 87–88; Baillie, *Letters and journals*, vol. 2, pp. 226, 230; トルミー『ピューリタン革命の担い手たち』、二三一—二三三頁；上田『ピューリタン革命史研究』、二四二—二四四頁。

（46） *Papers given in to the honorable committee of Lords and Commons and assembly of divines with the commissioners of Scotland, for accommodation 1644* (1648); George Yule, *Puritans in politics* (Oxford, 1981), p. 164; トルミー『ピューリタン革命の担い手たち』、二三七頁。

（47） 早くも一六四四年二月に、フィリップ・ナイは、長老制は世俗国家と相容れないと発言している。上田『ピューリタン革命史研究』、二三七頁；Baillie, *Letters and journals*, vol. 2, pp. 145–146; Lightfoot, *Works*, vol. 13, pp. 168–170.

(48) *Minutes and papers*, vol. 4, p. 72.

(49) *To the right honourable the Lords and Commons assembled in parliament, the humble petition of* [blank] (1645).

(50) *To the right worshipfull, the alderman, and common counsell-men of the ward of Farrington within* (1645); Hughes, *Gangraena*, pp. 336-337; トルミー『ピューリタン革命の担い手たち』、二四〇頁。

(51) *Minutes and papers*, vol. 3, p. 731; *A letter of the ministers of the City of London* (1646); Hughes, *Gangraena*, p. 162.

(52) *A true copy of a letter from divers ministers about Colchester* (1646); *Anti-toleration* (1646).

(53) [David Buchanan.] *An explanation of some truths, of the carriage of things about this great work* (1645), p. 54. 書籍商ジョージ・トマソンの書き込みによれば、発売は一六四六年一月と推測される。ブキャナンのロンドンでの出版活動をサポートしていたのはベイリであった。James K. Cameron, 'Buchanan, David (c.1595–1652)', *ODNB*.

(54) Coffey, 'Toleration controversy', p. 49. グッドウィンら独立派聖職者は、すべての宗教的信条に対する一般的な「寛容」は主張しなかった。

(55) Roger Williams, *The bloudy tenent of persecution* (1644); William Walwyn, *Tolleration iustified* (1646); Richard Overton, *Divine observations upon the London-ministers letter against toleration* (1646); Hughes, *Gangraena*, pp. 384–392.

(56) Edmund Calamy, *The great danger of covenant-refusing, and covenant-breaking* (1646). 引用は印刷出版された説教へのカラミの前書きから。sigs. A2r, A3r.

(57) *The humble petition of the Lord Mayor, aldermen, and commons of the city of London in common councell assembled* (1646); *Journal of the House of Commons* (以下*CJ*と略), vol. iv, pp. 407–408; *Journal of the House of Lords* (以下*LJ*と略), vol. viii, pp. 103–106; Hughes, *Gangraena*, p. 339–340.

(58) Thomas Juxon, *The journal of Thomas Juxon, 1644–1647*, ed. K. Lindley and D. Scott (Cambridge, 1999), p. 106.

(59) Baillie, *Letters and journals*, vol. 2, pp. 115, 180, 313, 327, 365, 378 and passim; Pearl, 'London puritans', pp. 313–331.

(60) 一六四四年五月頃、フランスに滞在していたデイヴィッド・ブキャナンへ。Baillie, *Letters and journals*, vol. 2, p. 180.

(61) 一六四六年四月二三日、ベイリの従兄弟でフェーレのスコットランド人教会牧師ウィリアム・スパンへ。Baillie, *Letters and journals*, vol. 2, p. 365. Willem Apollonius はミデルブルフの神学者、Frederick Spanheim は再洗礼派批判書で知られたドイツの神学者。他の例は Baillie, *Letters and journals*, vol. 2, pp. 115, 313, 327, 378 など。

(62) クランフォードはエドワーズの『ガングリーナ』にも熱心な推薦文を寄せている。彼とベイリの関係については Pearl, 'London Puritans', passim.

(63) Samuel Rutherford, *The divine right of church-government and excommunication*(1646); Alexander Forbes, *An anatomy of independency*(1644); Adam Steuart(Stewart), *Some observations and annotations upon the apologeticall narration*(1644); Idem, *The second part of the duply to M. S. alias two brethren*(1644); Robert Baillie, *A Dissuasive from the Errours of the Time*(1645).

(64) Hughes, *Gangraena*, pp. 31–41; トルミー『ピューリタン革命の担い手たち』、二四三頁。

(65) *Gangraena I*, p. 125. Seekers とは、どの地上の教会にも満足せず真の礼拝を求め続ける人々を指すが、組織化されたセクトではなかった。

(66) Hughes, *Gangraena*, ch. 4, esp. pp. 250–276.

(67) Jeremiah Burroughes, *A vindication of Mr Burroughes*(1646), p. 2.

(68) Goodwin, *Hagiomastix*, sig. b[v].

(69) *Gangraena I*, Appendix, pp. 120–121; *Gangraena II*, pp. 10–11; *Gangraena III*, pp. 25–27. cf. *Gangraena I*, p. 87.

(70) *Gangraena III*, sig.(*)r.

(71) 引用は順に *Gangraena II*, sig. A[4]r; *Gangraena I*, pp. 75, 66; *Gangraena II*, p. 176; *Gangraena I*, p. 65.

(72) David Harley, 'Spiritual physic, providence and English medicine, 1560–1640', in O. P. Grell and A. Cunningham(eds.), *Medicine and the reformation*(London and New York, 1993), pp. 101–117; Andrew Wear, 'Puritan perception of illness in seventeenth-century England', in R. Porter(ed.), *Patients and practitioners*(Cambridge, 1985), pp. 55–100.

(73) 那須敬「情念――プロテスタント殉教ナラティヴと身体」、伊藤剛史・後藤はる美(編)『痛みと感情のイギリス史』(東京外国語大学出版会、二〇一七年)、一〇五―一四〇頁。

(74) Obadiah Sedgwick, *The nature and danger of heresies*(1647), p. 16. セッジウィックは一六四四年一〇月二二日の庶民院の断食日説教でも、セクトと「寛容」を激しく批判している。Idem, *An arke against a deluge*(1644).

(75) James Cranford, *Hæreseo-machia*(1646), p. 35.

(76) 日本語訳は『舊新約聖書　文語訳』(日本聖書協会)を用いた。一六一一年の『欽定訳聖書 Authorized version』は「canker」の語に並べて「or gangrene」と注釈をつけている。*The holy Bible: ...the authorized version published in the year 1611*, facsimile

edition.(Oxford, 1985).

(77) Knewstubs, *confutation*, sig. **[1]r; William Watson, *A decacordon of ten quodlibeticall questions*(1602, facsimile edition, London, 1974), p. 41; Thomas James, *The Jesuits downefall*(Oxford, 1612), p. 47.

(78) Baillie, *Letters and journals*, vol. 2, p. 237; Johannes Cloppenburg[Cloppenburch], *Cancker van de leere der Weder-dooperen*(Amsterdam, 1625); Idem, *Gangræna theologiæ Anabapticæ*(Franeker, 1645). クロッペンバーグについては *Nieuw Nederlandsch Biografisch Woordenboek*(Leiden, 1911), p. 613. ブリティッシュ・ライブラリ所蔵の *Gangræna theologiæ* は、スパンハム(注61)の再洗礼派論駁書 *Diatribe historica de origine, progressu, sectis et nominibus anabaptistarum*(Franeker, 1645)と合冊されている。*Diatribe* は翌年、長老派系の書籍商ジョン・ベラミから英訳出版された。Frederick Spanheim, *Englands Warning by Germanies Woe*(1646).

(79) Cranford, *Hæreseo-machia*, p. 2.

(80) Pagitt, *Heresiography*, p. 45.

(81) Ephraim Pagitt, *The mysticall wolfe, set forth in a sermon*(1645), p. 29.

(82) Pagitt, *Heresiography*, sig. B[2]v.

(83) Cranford, *Hæreseo-machina*, p. 30.

(84) Pagitt, *Mysticall wolfe*, p. 29.

(85) George Wither, *An English Balme*(1646), p. 1.

(86) Baillie, *Dissuasive*, pp. 2, 92. 筆者による強調。

(87) David N. Harley, 'Medical metaphors in English moral theology, 1560–1660', *Journal of the history of medicine and allied sciences*, vol. 48, no. 4(1993), p. 406.「魂の医師」というフレーズは、William Haller, *The rise of puritanism*(1938)の第1章のタイトルでもあった。

(88) Frank Williams, 'Introduction' to *The Panarion of Epiphanius of Salamis*, vol. I, trans. by Frank Williams(Leiden, 1987); Pagitt, *Heresiography*, sig. A(4)r.

(89) *Gangraena III*, sig.(*)r. 異端の反駁を「解毒」に例えた他の出版物として、Richard Allen, *An antidote against heresy*(1648); *An antidote against the contagious air of independency*(1645)などがある。

(90) Baillie, *Letters and journals*, vol. 2, p. 352.

(91) Richard Vines, *The authours, nature, and danger of haeresie*(1647), sig. A2r, pp. 49–50.

(92) *Ibid.*, *Haeresie*, pp. 62–63, 70; sig. A2v. 一六四八年六月、チェシャーの長老派聖職者たちも、ロンドンの同僚に宛てられた書簡で「異端とは何なのか、どのような意見は異端的だと言えるのかについては、大きな疑問と、大きな議論、困難がある」と述べている。第5章1節を参照。*An attestation to the testimony of our reverend brethren of the province of London*(1648), p. 2.

(93) この時期の展開については、Kishlansky, *New Model Army*, ch. 7; R. Ashton, *Counter-revolution*(New Haven, 1994).

(94) *A just apologie for an abused armie*(1647); A. S. P. Woodhouse(ed.), *Puritanism and liberty*, 3rd edn. (London, 1986), p. 399; Hughes, *Gangraena*, pp. 390–392; トルミー『ピューリタン革命の担い手たち』、二七四―二七六頁。

(95) *CJ*, vol. v, pp. 160–162; Hughes, *Gangraena*, pp. 394–397.

(96) Hughes, *Gangraena*, p. 397.

(97) Gemeente Amsterdam Stadsarchief, MS 318-3, p. 181. 内戦期のアムステルダムのイングランド人教会についてはKeith L. Sprunger, *Dutch Puritanism*(Leiden, 1982), chs. 4, 14を参照。

第5章　異端をカタログする――『異端目録』と宗教複数主義

1　「何のセクトだ？　その主張は？　目録をよこせ」

一六四七年一二月、長老制イングランド国教会の最後のマニフェストとも呼びうるトラクト、『イエス・キリストの真実と、我々の厳粛な同盟と契約への誓約』が、ロンドン在住の聖職者五二人の連名で出版された。(1) 説教や出版を通して、また議会、ロンドン市議会、そしてウェストミンスター神学者会議への働きかけを通して、長老制にもとづく統一的な教会改革を求めてきた彼らは、現状に失望していた。三五ページのトラクト『誓約』の目的は、「厳粛な同盟と契約」への忠誠と、彼らが「耐え難い寛容《イントララブル・トラレーション》」と呼ぶ、複数主義的な宗教政策に対する徹底した抵抗を、全国の同志たちに呼びかけることだった。「異端、呪わしい冒瀆、不道徳と不信仰」が蔓延し、さらにこれらの悪弊に対する「寛容」が大胆にも提唱されている危険を訴えるために、流通している有害出版物のなかから「誤謬、異端、冒瀆」を犯している箇所を抜き出し、分類し箇条書きした、「カタログ」を作成したのである。異端者たちは、三位一体、洗礼、救済論など、彼らが違反した教義上のカテゴリーごとに分類された。アルミニウス主義を疑われた国王派聖職者ヘンリ・ハモンド、キリストの神性を否定したポール・ベスト、反律法主義者のトマス・ウェッブ、離婚論で有名になってしまったジョン・ミルトンなどが、著作物とともにリストされた。(2)

出版された『誓約』に対して、イングランド各地の聖職者たちは積極的な反応を示した。州ごとに賛同者の署名をまとめて作成された返信は、ロンドンに送られ印刷出版された。一二の州からの返信が現存しており、合計すると九〇〇を超える聖職者が賛同者として署名している。(3) 返信はいずれも、ロンドンの聖職者たちのペシミスティックな現状認識を共有していた。「イングランドはこの四年のあいだに、あらゆる誤謬とセクトのために多頭蛇《ハイドラ》の棲む巣窟、ため池となってしまいました」、とチェシャーの五九人の聖職者たちは嘆く。ランカシャーの聖職者たちも、「冒瀆と、忌まわしく恐ろしい教え」が流布していることに「身震いし、唖然としています」と相槌を打った。(4)

ただし、「すべての誤謬、異端、冒瀆」を洗い出しカタログを作成するという、『誓約』の採用した手法については、懸念も表明された。たとえばデヴォンの聖職者たちは、誤りの分類方法に注文をつけた。彼らの考えでは、誤謬の解説にはそれぞれ「悪質さと危険」の度合いを明記するべきであった。なぜなら「幼児洗礼のような外面的手続き」にかかわる軽度の誤りよりも、神格そのものに対する冒瀆のほうが、はるかに深刻だからである。彼らはまた、厳密には異端ではないが、劣らず教会を悩ませている信徒の道徳的腐敗を取り扱う「霊的邪悪 spiritual wickedness」という新しいカテゴリーの設定も提案した。もっとも、「熱心に酩酊を説き勧める説教や出版物」を探して引用することの困難さは認めたが。(5)

チェシャーの聖職者たちは、長い異端のリストが印刷され公開されたことへの違和感を告白している。「あなたがたの誤謬のカタログに、目を引くような事例を追加しようと思えば、……私たちにもできます。しかし、主の庭がいかに荒れるままにされてきたか知らしめるなら、一握りの雑草をもって足りるのです」。異端のカタログを作成することは、異端の抑制に本当に役立つのか。膨大な数と種類の宗教的意見を公にしたために、これを目にした無知な人間が道を誤るという、逆効果につながる恐れはないか。だから、素人が見ると合理的に思えてしまうような「はっきりしない誤謬は、反証のないままで公表されるべきではないと思います」(6)。ヨークシャーの聖職者たちがロンドンの同僚たちの労をねぎらいつつも言い当てたように、問題は、異端の事例をどれだけ多く集めて出版しても、「これらを制圧する効果的な手段は、私たちの政府にはない」ことだった。(7)

ロンドン聖職者の『誓約』とこれに対する反響は、地域をこえたピューリタン聖職者たちの連帯と、宗教的急進主義やセクトの増加に対する彼らの強い反発を示す興味深い史料であるが、同時に、キリスト教世界における多様性や分裂を公共圏において表象することに、まだ多くの者がためらいを感じていたことをも、物語っている。それにもかかわらず、特定の神学問題に議論を集中させずにセクトの名前や異端的教義をできるだけ多く列挙し、その多様性を強調する「カタログ」は、宗教的正統と逸脱の問題がさかんに論じられた革命期を通じて、人気を集めていた。実際、長老派聖職者による組織的な「反異端」運動が始まる以前から、「カタログ」形式は、国王派や国教会擁護派を含むさまざまな立場のパンフレット作家たちに利用されていたのである。

たとえば、一六四一年に出版された『ロンドンで二九のセクトを発見』の表紙には、タイトル通り二九のセクトの名前だけが並び、パンフレット全体の主旨を明らかにしている(**図1**)。本文では、「プロテスタント」を筆頭に「ピューリタン」「教皇派」「ブラウン派」「カルヴァン派」「ルター派」「ファミリー派」といったグループについての数行程度の短い説明がなされたあと、読者は最初の「プロテスタント」以外のすべてから遠ざかるように勧められるのである。(8) いっぽう、内戦勃発直前の一六四二年七月に出版された、『宗教のくじ引き』は、「この王国のなかにどれだけ多くの宗教が巣くっているか」を暴くべく一六のセクトを列挙するが、スコットランド教会を手本とする「ピューリタ

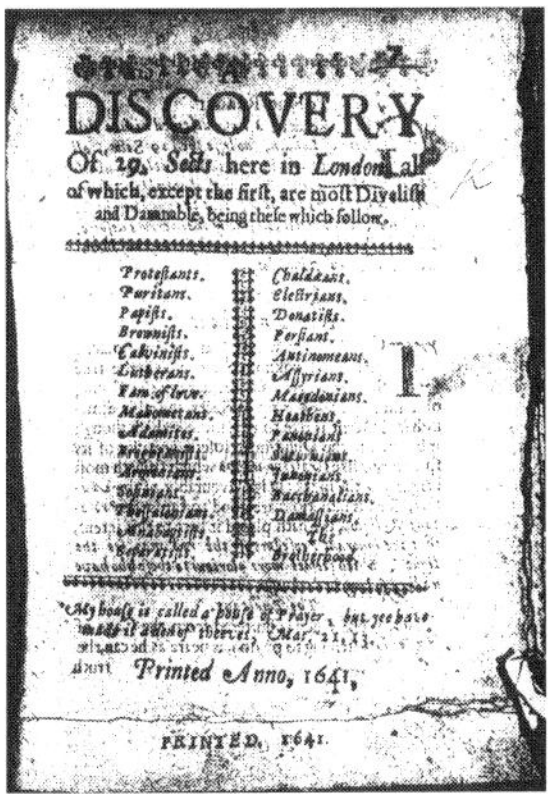

図1 『ロンドンで29のセクトを発見』(1641年) British Library

ン」だけを「もっとも推奨できる」セクトであるとして、「アルミニウス派」「ブラウン派」「分離派」「ラウンド・ヘッド」などから区別している。[9] 議会が異端根絶のために設けた一六四七年三月一〇日の国民断食日(本書第3章6節)にあわせて出版された『大混乱——蔓延する今日の誤謬、異端、冒瀆のカタログ』(一六四七年)は、読者が警戒すべき四二種類の誤謬をリストしている。[10] 上記三つのパンフレットの執筆者の立場はそれぞれ異なっているが、いずれもシンプルな四折判八ページの印刷物で、よく似た構成になっている。ロンドンの聖職者たちが『誓約』を出版した一六四七年末までに、このような「カタログ」文学は、おきまりの一ジャンルを構成していたと考えてよい。ジョン・ミルトンの風刺のなかでは、正統派を自称する聖職者が、聞き慣れない宗教的見解に接するときの最初の反応は、「何のセクトだ? その主張は? 目録をよこせ」[11]であった。次章の内容を先取りするならば、この形式の書物は一六五〇年代、さらに王政復古以降にも出版され続けた。

第4章では、トマス・エドワーズをはじめとする長老派聖職者たちの活動に焦点をあて、革命期に「異端学」が登場した政治的な文脈を考察した。本章では、長老派と独立派という短期的な対立軸から視点を移して、より長期的な影響力をもった宗教表象の形式としての「カタログ」と、その文化的な意味について考えたい。これらの「カタログ」出版物の中味は、多くの場合は固定化したイメージの使い回しであり、研究者にとって有意義な情報は少ない。[12] しかし、これらの印刷出版物の形式に注目するならば、近世ヨーロッパにおける知の分類と体系化という、より広い文化史的コンテクストのなかに異端論争を位置づけることも可能である。ピーター・バークが論ずるように、印刷技術の普及した一六世紀から一七世紀は、図書館や博物館、そして百科事典といった学術的な装置によって知識の整理方法が次々と刷新されていった時代でもあった。[13] したがってここでは、「異端のカタログ」を歴史的な連続性をもつひとつの出版物のジャンルとしてとらえ、その意味と役割について、このジャンルにおいてもっとも成功したと言える『異端目録 *Heresiography*』(初版一六四五年)と、これを編纂した国教会聖職者イフライム・パジット(Ephraim Pagitt. 1574-1646)の活動を通して、考察してみよう。

2 『異端目録』

革命期における宗教的異端の「カタログ」を、安価な大衆向け《ポピュラー》パンフレットと学術的な神学的論争書のふたつの領域にまたがる文学形式とするならば、パジットの『異端目録』は、その中心的著作として登場し、のちの類似出版物のモデルとなった作品である。「再洗礼派」を筆頭に、「ブラウン派」「疑似分離派」「独立派」「ファミリー派」「アダム派《アダマイト》」「反律法主義者」など、四十あまりのセクトをリストし、それぞれを簡潔に解説した、本文一三〇ページほどの『異端目録』は、宗教的教義や教会統治をめぐって多様化する意見を整理し、状況を見極めたいという時代の要請に応えたと言ってもよい。トマス・エドワーズは、「最近のどの著述家より多く〔のセクトについて〕解説している」と述べてパジットを推奨している[14]。

じじつ『異端目録』は、パンフレット作家ではなく学識を備えた聖職者による信頼性のある異端のリストとしては、革命期ロンドンの書籍商から入手可能な最初の出版物であった可能性がある。パジット自身が加筆をほどこした第二版(一六四五年)のあとも、『異端目録』は定期的に再版され、この時期を通じて宗教セクトについて同時代人にもっともよく名の知られた手引き書となった。一六四六年に大きな影響力をもったにもかかわらず一度も再版されることがなかった『ガングリーナ』と比較すると、『異端目録』の汎用性は、注目に値する。タイトル「ヘレシオグラフィー heresiography」はパジットの造語であるが、異端の研究者を指す「ヘレシオグラファー heresiographer」とともに、英単語として一般化している。

『異端目録』を、ダニエル・フィートリ、ロバート・ベイリ、サミュエル・ラザフォードやトマス・エドワーズなど他の保守的な神学者たちの手による反セクト・反異端論書と比べるときに際立つのは、その簡明な編集方法とフラットな叙述である。たとえば『ガングリーナ』には、性質も長短も異なるさまざまなテクストが無造作に詰め込まれており、その叙述のトーンはきわめて攻撃的であったが、対して『異端目録』は、平明な事実のリストとしてみずからを提示する。本文は、セクトの名前、名の由来、指導者、教義の特徴と歴史、関連する著作の紹介などで構成される比較的短いセクションのくりかえしであるが、セクション間に理論的なつながりはない。表紙に続く「セクトの名前」と題されたページは、四六のセクトの名称だけが、それぞれが解説されるページ番号とともに列挙された、目次の体裁をとっている（図2）。このページ上でセクトの配列はページ順にもアルファベット順にもなっていないが、読者は任意のセクトを扱うページに直行して、その情報だけを抜き読みすることができる。パジットの死後に出版された第四版（一六四七年）からは、すべてのセクト名をアルファベット順に並べ直した本格的な索引が追加された。現代人の目には当たり前にみえるであろう、このようなナビゲーションは、一七世紀においてはまだ新しいものであった。(15)

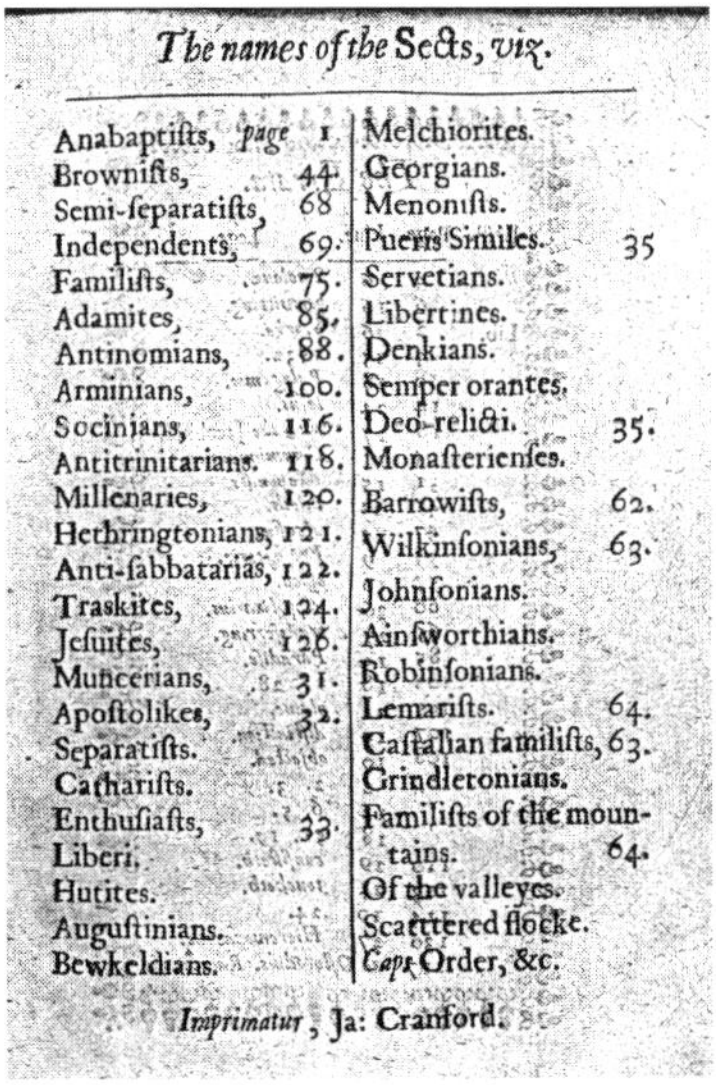

The names of the Sects, viz.

Anabaptists, *page* 1	Melchiorites.
Brownists, 44	Georgians.
Semi-separatists, 68	Menonists.
Independents, 69.	Pueris Similes. 35
Familists, 75.	Servetians.
Adamites, 85.	Libertines.
Antinomians, 88.	Denkians.
Arminians, 100.	Semper orantes.
Socinians, 116.	Deo-relicti. 35.
Antitrinitarians. 118.	Monasterienses.
Millenaries, 120.	Barrowists, 62.
Hethringtonians, 121.	Wilkinsonians, 63.
Anti-sabbatarians, 122.	Johnsonians.
Traskites, 124.	Ainsworthians.
Jesuites, 126.	Robinsonians.
Muncerians, 31.	Lemarists. 64.
Apostolikes, 32.	Castalian familists, 63.
Separatists.	Grindletonians.
Catharists.	Familists of the moun-
Enthusiasts, 33.	tains. 64.
Liberi.	Of the valleyes.
Hutites.	Scattered flocke.
Augustinians.	Caps Order, &c.
Bewkeldians.	

Imprimatur, Ja: Cranford.

図2　『異端目録』(1645年)目次
British Library

もちろん、『異端目録』で簡明な語りによる事典的な編纂方法が採用されたことは、パジットが学問的客観性や価値中立を追求したからではない。さまざまな種類の宗教的立場を列挙し体系的に解説する書物は、初期キリスト教会時代から教父たちによって編纂され、また引用されてきた。たとえば紀元四世紀に、三位一体説をめぐりオリゲネス（Origen, c.184-c.253）の教説を厳しく批判したサラミス司教エピファニウスは、著書『パナリオン』に八〇種類の異端をリストした[16]。パジットは読者へ宛てた前書きでエピファニウスに言及し、自分の仕事を『パナリオン』になぞらえている[17]。異端学者たちにとっては、異端のカタログを作成することじたいが、みずからの正統性の宣言であり、またその確立手段であった。非正統的な存在を可視化・可知化できる立ち位置にこそ、異端学者の権威は成立したのである。

パジットの『異端目録』はまた、一六四〇年代の急進主義の台頭を目撃したパジットの、一教区牧師としての苦悩の産物でもあった。七〇歳になった一六四四年、パジットは長年牧師を務めたロンドンのセント・エドマンド教区で「さまざまな邪悪なセクト」への警戒を呼びかけた説教を行い、『不審な狼』の題で出版している。「洗礼の秘蹟に嬰児は連れてこられず、大衆は聖餐を受けることを拒否する。共通祈禱書について語れば忌み嫌われ、使徒信条には欠陥があると言われ、多くの教会〔の壁〕からは十戒が消されている」。これらはみな、羊の皮を身にまとった狼すなわち「偽預言者」たちのしわざであった。「悲しいかな、我々の教会は偽預言者たちに苦しめられている。だが、頼みとなる教会統治制度はないのだ。神の国は燃えているのに、誰がその火を消してくれるのか？　異端の疫病が我々を取り囲んでいるのに、病人を隔離してくれる権威もない。森に居るはずの狼たちは、我々の羊囲いにまで入り込み、会衆の真中で吠え猛っている[18]」。

緊張は文字通りパジットの羊囲いのなかにあったようだ。パジットが『不審な狼』の献辞を宛てたふたりのロンドン市参事会員サー・ニコラス・レイトンとウィリアム・ギブスがセント・エドマンドの住人であったことや、『不審な狼』と『異端目録』の出版者ロバート・トロットの書店が同教区にあったことを考えれば、パジットと教区民たちとの関係が破綻していたとは考えにくい[19]。しかし一部の一般信徒の反聖職者感情は、この老牧師にも向けられていたようだ。パジットは自分の教会で聞いた信徒の祈りに驚き呆れる。「主よ、これまで私たちのあいだで真理が語られていなかったことを、あなたはご存じです」。「主よ、主よ、我ら会衆をこの無学で無力な、役立たずの男からお救いくださいませ」。「この男」とはパジットのことであった[20]。共通祈禱書に対する信徒の反発も、パジットは理解できなかった。日曜日の礼拝で、祈禱書が読まれているときには教会に入ろうとせず「戸口のまわりで立ったり座ったりしている」が、説教が始まると一斉に着席する人々を、パジットは『異端目録』のなかで「疑似分離派 semi-separatist」に分類している[21]。教区民へのこうした不満を活字にしたパジットは、そのためにさらに無遠慮な批判を受けた。「以来、私は口汚くののしられるようになった。通りを歩くときばかりでなく、自宅にいても悪口を浴びせられる」。さらに「私の教区の何人かのセクト主義者たち」は独自の集会を始め、十分の一税の支払いも拒否し始めた、とパジットは記している[22]。

しかし、一六四〇年代ロンドンの宗教秩序の動揺やパジットの個人的な疎外の経験だけで、『異端目録』と、ジャンルとしての異端のカタログの成功を説明することはできない。ここで『異端目録』の分析をあとにまわして、ふたたび内戦勃発前にさかのぼろう。実は、パジットが宗教的なカタログを編纂したのは『異端目録』がはじめてではなかった。カンタベリ大主教ロードのもとで国教会体制の強化が図られた、チャールズ一世の親政期にパジットが手がけた反カトリック論書『クリスチャン目録 *Christianographie*』(初版一六三五年)を検討することで、「異端のカタログ」の形成過程が浮かびあがるだろう。キリスト教世界を俯瞰するパジットのカタログは、正統と異端の確定だけでなく、イングランド国教会の自己規定にもかかわっていたのである。

3　『クリスチャン目録』

イフライム・パジットは一五七四年に、ノーサンプトン州に牧師の息子として生まれた。[23] エリザベス朝の典型的なピューリタン家庭で育ったと言ってよいだろう。父親は、序章で引用した教理問答書『聖書のはなし』(初版一六〇二年)の著者として知られるエウセビウス・パジットである。一七世紀を通じてのロング・セラーとなった『聖書のはなし』は、パジット家においてイフライムら子どもたちが「話すことを覚えたとき」から、毎日食卓で行われていた問答をまとめたものだった。[24] やがてオクスフォードに進学したイフライムは多くの外国語を学び、ある証言によれば二〇代半ばまでには「一五か一六」種類もの言語を操っていたという。[25] その後一六〇一年、セント・エドマンド教区に聖職禄を得て、七一歳で引退する一六四五年(または一六四六年)まで、教区牧師としてロンドンで過ごした。父エウセビウスが国教会の主教制や「共通祈禱書」、礼拝における儀式に対する批判的な言動のゆえに高等宗務官法廷で審問され、幾度となく職務停止の処分を受けたのとは対照的に、イフライムは国教会への忠誠心を惜しみなく表明した。[26] 一六三五年に出版された『クリスチャン目録、または世界の数多くの、またさまざまなキリスト教徒の解説』は、ロンドンの一教区牧師パジットが、国教会の代弁者として評価されるきっかけとなった。

『クリスチャン目録』は、ジェイムズ一世期にイングランドのプロテスタント神学者たちが動員された反ローマ・カトリック神学のなかに位置づけることができる。その概要は、「教皇に支配されていない世界のさまざまな種類のキリスト教徒の解説。彼らの一致について、また彼らとローマ教会の相違点において、彼らがいかに我々プロテスタントと調和しているか」という副題に端的にあらわれている。[27] 約二二〇ページの本文は、ヨーロッパをはじめアジアやアフリカ、新大陸に目を向けながら、さまざまなキリスト教会の歴史や教義、典礼を紹介し、その特徴だけでなく、相互の共通点を列挙する。いっぽうで、一貫性を欠き内部分裂を抱えるローマ・カトリック教会は、キリスト教世界の中心たり得ないことが明らかにされる。カトリックとプロテスタントという二項対立によってではなく、歴史的、地理的な広がりのなかで教会史をとらえ、カトリック側を少数派として描こうとした点に、パジットの仕事の特徴がある。

『クリスチャン目録』執筆の背景にあったのは、ローマ・カトリックと国教会擁護派の両サイドの神学者のあいだで続けられていた「真の教会の継承」をめぐる長い論争である。争点のひとつは、イングランド国教会がキリストの使徒によって建てられた「聖なる普遍教会《カトリック》」の継承者であることを証明しうるか否かであった。[28] イエズス会士ジョン・フィッシャー(本名パーシー、John Percy [Fisher], 1569-1641)の提題をめぐる討論はその代表である。一〇代でローマ・カトリックに改宗し大陸の神学校で学んだフィッシャーは、一五九〇年代にイングランドに帰国してからカトリック貴族の私邸で秘密裏に司祭を務め、偽名を用いて、イングランド国教会の正統性に疑義をとなえる出版活動を行っていた。亡命と逮捕を繰り返しながら次第にイエズス会の論客として知られるようになったフィッシャーは、一六二〇年代はじめには国王の寵臣バッキンガムの母親をカトリックに改宗させることに成功していた。事態の収拾をはかったジェイムズ一世は一六二二年、このときカーライル大聖堂の首席司祭であったフランシス・ホワイトと、セント・デイヴィッズ主教ウィリアム・ロードにフィッシャーとの討論を命じ、みずからも議論に加わった。討論会はロンドンで翌一六二三年にも、さらに多くの聴衆の前で行われた。二回目の公開討論では、カトリック側にはフィッシャーともうひとりのイエズス会士ジョン・スウィートが立ち、国教会側はホワイトに、カンタベリ大主教アボットのチャプレンであったダニエル・フィートリが加わった。[29] この時点で、カルヴァン派のフィートリと、アルミニウス派のホワイトやロードがともに動員されている点は興味深い。

カトリック論者によるイングランド国教会に対する批判は、その歴史的正統性の弱さに向けられていた。それはフィッシャーが偽名で出版した『信仰論』(一六〇五年)に示した、「ルター以前にあなたたちの教会はどこにあったのか?」という質問に要約される。カトリック側にとって、真の教会とはキリストの時代から世界の終末まで切れ目なく、「目に見える visible」形で存続しなければならないものであり、プロテスタント教会が一六世紀に突然誕生した「新しいもの novelty」である以上、これを真の教会と呼ぶことはできないのであった[30]。国教会神学者たちがこの批判に反論するためには、ローマ・カトリック教会の外《がい》部に真の教会の歴史を設定し、そのなかにみずからを位置づけなければならなかったのである。「いつの時代も、とくにルター以前にも、プロテスタント教会は目に見える地上の教会であったか。またそのような全時代のプロテスタント信徒の名前を、信頼できる文献から証明することができるか」。これが、一六二三年にロンドンで行われた公開討論の主題であった。フィートリが、名前が逐一記録されていないことだけでは信徒の実在を否定することはできない、と言うと、聴衆から「名前、名前、名前」と野次が飛んだという[31]。フィッシャーは一六一二年には「カトリックを信奉する、さまざまな目に見える信仰告白者たちのカタログ」と題した目録に歴代のローマ教皇や司教、主要な神学者たちの名をリストし、さらに国教会側に同様のカタログのプロテスタント版を用意するよう、要求していたのである[32]。

パジットが『クリスチャン目録』で、キリスト教世界の空間的な広がりに光を当てたのは、この挑戦に応えるためであった。ホワイトに宛てた献辞で、パジットはローマ・カトリック論者たちを批判する。「教会の可視性 visibility と権威 authority を自画自賛するのが、彼らのやり方です。そうやって多くの愚かで無学な者を騙し、ルター以前にはプロテスタントなどというものは存在しなかった、と信じ込ませようとしているのです。まるでルターがあらわれ

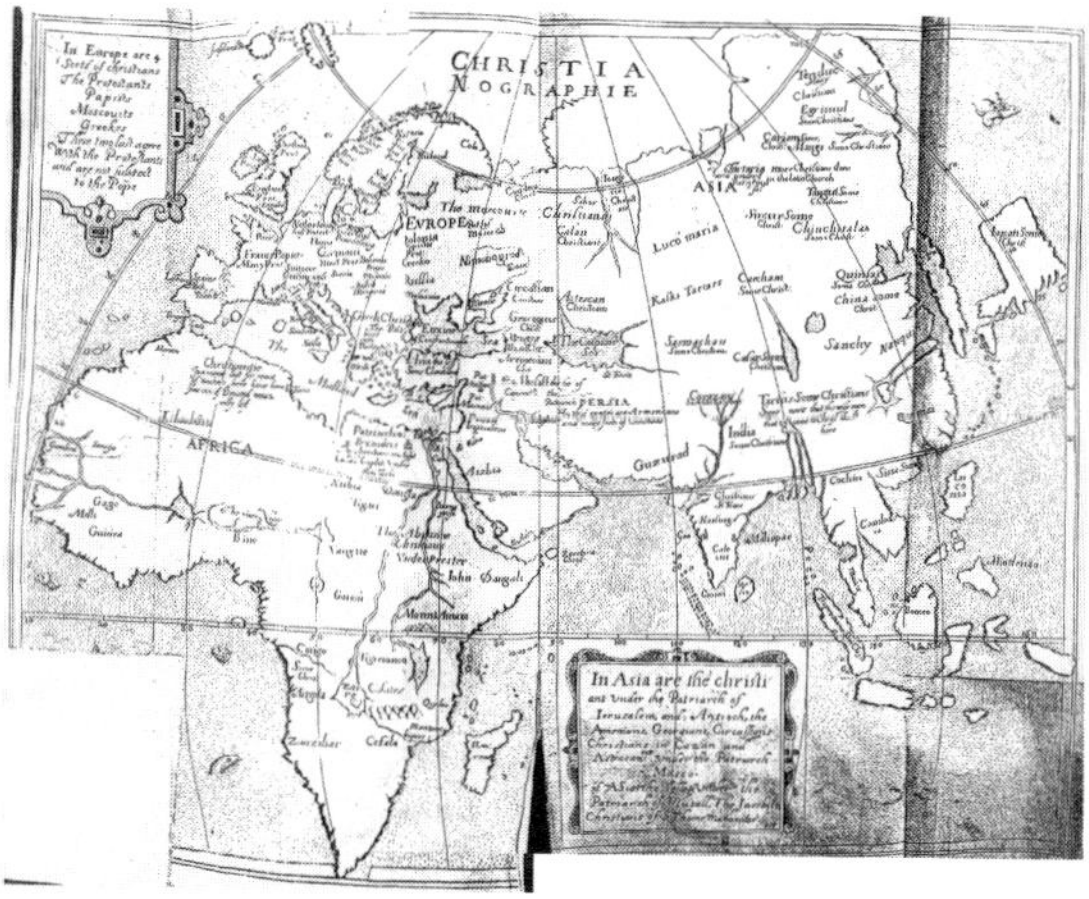

図3 『クリスチャン目録』(1635年)の世界地図 British Library

る前には、世界中の人々が彼ら〔ローマ・カトリック〕と同じ信仰を持っていたかのように[33]」。しかしパジットは、真の教会はその担い手の切れ目ない連続性によってのみ証明されるという考えを否定する。「自分の信仰上の祖先たちの名前のカタログを、キリストから始めてすべて明らかにできなければキリストの教会の一員ではない、などと言うのは、自分の自然の祖先たちの系図をノアやアダムから始めて説明できなければ人間ではない、と言うようなものです」。したがって、司教や教父の「名前のカタログの代わりに、私は教会のカタログをお目にかけよう[34]」、とパジットは提案する。

ここで注目すべきことは、キリスト教世界の多様性を積極的に受け入れ、差違を超えた共通性を求めようとする一種のエキュメニズムと、そのようにして設定した共通の枠組みから特定の教会〔ここではローマ教会〕を排除しようとする意志とが共存していることだろう。『クリスチャン目録』では、後者が前者を動機づけているのである。そのためパジットは、理想化された世界の諸教会の多様性を強調しながら、同時にその一致を誇らかに語る。まずイングランド、スコットランド、デンマーク、ノルウェー、スウェーデン、スイス、トランシルヴァニアなどにおけるプロテスタントの優勢が確認され、ドイツやフランス、ネーデルラント、ボヘミア、オーストリアなどにおいても「教皇主義者」に交じってプロテスタント信徒が存在していることが強調される。パジットによれば、アイルランドでさえプロテスタント勢力の「成長」の指標なのであり、「心のなか」でプロテスタント信仰を持つスペイン人の数は、イングランドに住むローマ・カトリック教徒よりも多いのである。(35)

また、パジットが「クリスチャン」と呼ぶ、プロテスタントではないがローマ・カトリックでもないキリスト教徒たちも、ローマ教会から断絶しているという点において、高く評価される。エドワード・ブレアウッド(Edward Brerewood, 1565–1613)やサミュエル・パーチャス(Samuel Purchas, 1577–1626)らによる世界地理書を引用しながら、パジットの考察はヨーロッパを越えて、小アジア、メソポタミア、アフリカなどに点在するキリスト教徒へ向けられる。(36) トルコのアルメニア教徒やエジプトのコプト教徒がローマ教会司教の支配を受け入れず、煉獄の存在や化体説を信じないこと、またプロテスタントと同様パンとワインの両種による聖餐を行うこと、礼拝を母国語で行うこと、聖職者の結婚を認めていることなどをパジットは得意げに解説する。(37) エチオピアのキリスト教徒たちについても、イングランドのプロテスタントとのこれらの共通点を考慮するならば、彼らが水だけでなく焼いた鉄で幼児に「洗礼」を授けていることなどは、小さな相違に過ぎないのだった。(38) パジットによれば「カッパドキア人」「カルデア人」「インド人」ら「東洋人《オリエンタルズ》」が異教徒であるという考えは間違いで、彼らは「ほとんどがクリスチャン」だという。(39)

『クリスチャン目録』には、「クリスチャン」たちの種類と所在地を示す数枚の世界地図が附録されている点も興味深い(**図3**)。たとえば北東ロシアの「タタール」の地には「ラテン教会よりも多くのクリスチャン」がいる、と書き込まれている。同じ地図上ではパジットが本文では言及していない中国や日本にも「いくらかのクリスチャン」が存在することになっているが、これがイエズス会の宣教の成果であることは、言及されないのである。(40)

4　パジットとロード体制

このように『クリスチャン目録』は、パジットが配列した世界の諸教会のコンセンサスのなかにイングランド国教会を位置づけて、ローマ・カトリック教会を「正統」から排除することを意図した書物であった。しかし、一六三〇年代にパジットの「教会のカタログ」が貢献したのは、反カトリック主義だけではなかった。『クリスチャン目録』は、国教会をカルヴァン主義の伝統から引き離し、イングランド宗教改革の歴史を上書きしようとする、ウィリアム・ロードらアルミニウス派主教たちの構想にかなう作品でもあったのである。話はやや複雑で長くなるが、本書第1章にもかかわる重要な問題なのでもう少しだけ回り道をしてから、『異端目録』の検討に戻ることにしよう。

『クリスチャン目録』に収録された非プロテスタント諸教会のなかでもっとも高く評価されているのは、初代教会時代から千年以上の歴史をもつ東方教会である。イングランド国教会と東方教会との連携は、ジェイムズ一世期から模索されていた。一六一〇年代にはカンタベリ大主教アボットがアレクサンドリア総主教キリル(キュリロス)・ルカリス(Cyril Lucaris, 1572-1638)と頻繁に文通し、キリルはオクスフォードに留学生も派遣している。(41) 教会史家リチャード・フィールドは一六〇六年の著作で、ブリテン島にキリスト教を伝えたのはローマ教会ではなくギリシア教会の宣教師たちであったとさえ論じた。(42) パジットはこうした動向を的確に把握していたようだ。『クリスチャン目録』は、一六一六年にキリルとアボットのあいだで交わされた書簡を収録しているし、一六二二年に行われたフィッシャーとの討論でロードがギリシア教会を擁護していたことにも言及している。(43)『クリスチャン目録』出版後、パジットは持ち前の語学力によって、東方教会に対するイングランド側の窓口役を買って出たようだ。キリルをはじめ、アレキサンドリア、アンティオキア、エルサレム、モスクワなど東方教会の主教座への親善の書簡をしたため、自分の『クリスチャン目録』のラテン語訳と、ギリシア語に訳された「共通祈禱書」、そしてフィッシャーとロードの討論記録を合わせて送付している。[44]

キリストが設置した真の教会の継承者としてイングランド国教会を位置づけることが、イングランドのプロテスタント神学者たちにとって重要な課題であったことは既に確認したが、東方教会をイングランド国教会の姉妹とみなすパジットやロードの活動は、この「継承」の解釈にかかわる、微妙だが重要な変化を物語っていた。アンソニー・ミルトンの研究によれば、エリザベス朝イングランドのプロテスタント神学者たちは、フス派やヴァルド派といった大陸の教会批判運動や、ウィクリフの影響を受けたイングランドのロラード派といった、プロト・プロテスタントとも呼ぶべき中世の異端的キリスト教徒たちを、「ルター以前」のみずからの原型と考えていた。この歴史観を強く印象づけたのがジョン・フォクスの有名な『殉教者列伝』(英語初版一五六三年)である。フォクスは、「目に見えない invisible」、「救われし残りの者 saving remnant」たちの系譜を、ローマ教会に迫害された殉教者たちのなかに見出し、その延長線上にイングランドのプロテスタンティズムを位置づけた。この枠組みにおいては、「目に見える」制度に支えられた強大な「反キリスト」勢力に虐げられた小さな者たちこそが、真のキリスト信徒であり、真の教会なのである。[45]

しかしこのフォクス的な歴史解釈は次第に影を潜め、国教会の歴史像はリチャード・フッカー(本書第2章3節)やリチャード・モンタギュー(本書第1章3節)ら反カルヴァン派ないしアルミニウス派の神学者たちによって書き換えられていった。ピューリタンの国教会批判に対抗する目的で筆を執った彼らは、カルヴァン神学にもとづく「選ばれた者」の集合体としての教会理解からも、またイングランド国教会の正統性が「目に見えない」教会の歴史に依拠するという考えからも距離をとった。新たに強調されたのは、真の教会は地下に潜伏せず、「目に見える」教会として使徒時代から制度的に連続している、という考えである。主教制や祭服、儀式、祈禱書などをローマ的であると批判し、過去との決別を訴えたピューリタンの見解とは異なり、この新しい歴史観によれば、これらの諸制度や様式が存続していることこそが、国教会が真の教会の継承者である証なのであった。ローマ教会は、その信仰告白において途中で誤りに陥ったが、しかし制度的には正しい(もしくは正しかった)教会ということになる。歴史修正主義とも言えるこの枠組みのなかでは、イングランド国教会は、目に見える「聖なる普遍教会《カトリック》」の「改革された存続 reformed continuation」の体現に他ならないのであった。(46) 第2章でみたように、アルミニウス派聖職者たちが祭壇やオルガンといった「伝統」を喚起させる礼拝様式にこだわったことも、教会の正統性の拠り所を制度的連続性に求める彼らの思想と整合する。

したがって、『クリスチャン目録』がしたように東方教会を高く評価することは、反ローマ・カトリックの立場を保ちつつも、「目に見えない」キリスト信徒たちやカルヴァン派プロテスタント諸教会は迂回して、みずからを「カトリック」な教会史のなかに位置づけることを国教会の擁護者たちに可能にさせたのである。カンタベリ大主教となったロードがパジットの仕事を評価し、国教会の弁護者として彼に期待をかけたのは、当然であった。

一六四〇年にロードの後援で出版された『クリスチャン目録』第三版では、主教制と聖職者特権の擁護に力が注がれている。主教たちによる教会支配は、「我らの魂の偉大なる主教であられる主ご自身が制定された」のであり、どのキリスト教会も古来これを守っている、とパジットは論ずる。(47) 第三版には新たに「世界のキリスト教徒たちがその主教たちに与えた名誉と崇敬について」と題された章が書き加えられた。これによると、主教による教会統治のしくみは、キリスト教世界はもちろん、「マホメット主義者や異教徒の暴君たち」のあいだでさえ常に大切にされてきた、という[48]。「バビロニア人」「メディア人」「ペルシア人」らもその司祭たちを尊敬するし、トルコの大帝も、領土内のキリスト教会主教たちの権威を否定していないのである[49]。

ロード体制へのパジットの傾倒は、『クリスチャン目録』におけるプロテスタント諸教会の扱い方の変化にも確認できる。一六三五年の初版ではイングランド国教会と「一致」しているとされた他のプロテスタント諸教会は、いまや主教制の有無によって評価を改められた。一六四〇年の第三版では、主教制を廃止したプロテスタント教会、とくにカルヴァン派諸教会への批判が強まる。パジットはカルヴァンに対する直接的な批判は控えるものの、ジュネーヴの宗教改革が主教職を廃止したために聖職者が困窮したと嘆く。「主教たちへのこの誤った仕打ちも、彼らの職権を奪ったことも、すべて改革のためという口実で行われたが、全能なる神の名は汚され、宗教は辱められたのだ[50]」。

パジットによるスコットランド宗教改革の評価を一六三五年版と一六四〇年版で比べると、変化はさらに顕著である。初版で強調されていたのはプロテスタントの共同戦線に対するスコットランド教会の貢献だった。「正統的な諸教会は、その信仰告白において一致している。……聖餐におけるキリストの臨在について用いることばづかいや形式において違いがあるものの、教義や秘蹟の本質にかかわる問題ではない[51]」。しかしチャールズ一世が導入を試みた新しい祈禱書への反発をきっかけに勃発したスコットランド反乱（一六三七―一六三八年）に、パジットは深い失望をあらわし、一六四〇年版ではスコットランドの「契約派」を激しく非難している。パジットの目には一連の運動は、「宗教改革を口実にして、信仰熱心という仮面をかぶった」「不信心者」たちが行った、教会破壊と映ったのだ[52]。

5　異端学の百科事典主義

ローマ・カトリック教会に対抗して編纂されたパジットの「教会のカタログ」が、ロードの国教会体制を擁護し反カルヴァン主義言説を担う書物として増補された経緯を考えれば、『クリスチャン目録』と、一六四〇年代の長老派ピューリタン聖職者たちに評価された『異端目録』のあいだには、イデオロギー上の齟齬があるようにも見える。この問題について明解な説明を可能にしてくれる史料は少ない。このため、一八―一九世紀の歴史家は、内戦勃発に際してパジットが国王と国教会を支持し続けた理由で教区を追われ、失意のうちに死亡したと説明してきた。(53)

しかし、説教『不審な狼』や『異端目録』の献辞を見る限り、長期議会召集後のパジットは、ロンドンの多くの聖職者や有力市民らと同様に、長老制にもとづく教会改革を議会に求めてゆく道を選んだようである。ロンドン市長トマス・アトキンズへ宛てた『異端目録』の献辞からは、彼が「厳粛な同盟と契約」(一六四三年)の宣誓に加わったことが分かる。(54)その数年前の『クリスチャン目録』第三版で主教制を称揚し、スコットランド契約派を手厳しく批判したパジットの主張は、ひっそりと撤回されたようだ。一六四四年三月に始まったロードの弾劾裁判では、パジットのいたセント・エドマンド教区にロードが寄贈したという「迷信的な目的のため」の建物(詳細は不明)が問題になっている。ロードはパジットの証言を望んだが、パジットは出廷しなかった。(55)一六四五年一一月一九日、陪餐停止の権限を長老会に残すよう議会に請願した七〇人以上のロンドン聖職者たちにも、パジットは加わった。(56)『異端目録』の査読と出版許可を行ったのは、長老派聖職者ネットワークの中枢にいたジェイムズ・クランフォード(本書第4章4節)であった。(57)

ただし、パジットが、トマス・エドワーズやロバート・ベイリのように、独立派に対する闘争の手段として「異端」に着目したとは考えにくい。たしかに『異端目録』は「独立派」をひとつのセクトとしてカタログに加えているが、その解説文に強い敵対意識は見られない[58]。そればかりか、パジットは会衆教会主義を提唱する独立派聖職者たちに共感さえ示している。教区聖職者の貧困を考えれば、各教会の会衆が牧師を雇うという提案を「はじめて聞いたときに、悪いと思えなかった」という[59]。パジットは、長老派聖職者たちが本格的な攻撃を独立派に向けた一六四六年にはテムズ南岸のデットフォードに引退し、まもなく七二歳で息をひきとった。議会に「反異端」「反寛容」政策を要求するという一六四六年以降の長老派の運動にとって、絶好のタイミングで『異端目録』が出版されたことは間違いないが、パジット自身は、エドワーズやベイリの目標を共有していなかったのである。

むしろ、「昨今の異端とセクトの解説」と副題の付された『異端目録』は、そのタイトル通り、『クリスチャン目録』の「続編」として構想されていた。「この王国にあったかつての幸福と、そこに突然起きた異変を思うと、繁栄の絶頂から、不幸のどん底につき落とされたかのようだ」、とパジットは述べる。「このような悲しい思いから、私は『クリスチャン目録』を離れ、今日の異端者や分離主義者たちを扱うために『異端目録』を書くことにしたのである」[60]。両者をつないでいたのは、さまざまな宗教集団をできる限り多く集め、分類し、地図上に位置づけ、解説することで正統と非正統のあいだに境界線を引き、イングランド国教会を擁護したいというパジットの意志であった。彼が依拠したのは、正統なるキリスト教徒の一致とコンセンサス、そして誤った教会の分裂と無秩序という対概念である。「私がこの本〔『異端目録』〕を完成させるのは、神の誉れと教会の栄えのため、そして、我々が世界の聖なる諸教会と一致し、調和しているのを見た人々が、良心を確立するためである」、とパジットは述べる[61]。

地理的・歴史的な知識と、真理の一致の原理によってセクトの誤りを立証する方法は、『異端目録』が再洗礼派を解説する最初のセクションに顕著である。パジットは、幼児洗礼の儀式は「教皇と悪魔に由来する」として排除する再洗礼派の主張を、「無知」ゆえの誤りであると切り捨てる。ギリシア、ロシア、エジプトほかの諸教会における幼児洗礼の実態を紹介することで、イングランド国教会の慣習を擁護する手法は、『クリスチャン目録』とよく似ている。(62) パジットは洗礼の秘蹟についての神学的考察には踏み込まず、大陸の再洗礼派の系譜という歴史的「事実」を提示することで、論駁に代える。(63)

いっぽうで、書物全体の構成に着目すると、『異端目録』と『クリスチャン目録』の違いも明らかになる。一六四〇年の第三版では三五〇ページを超える大著に膨れあがっていた『クリスチャン目録』に対して、『異端目録』が一気にコンパクトになったという、量における変化だけではない。『異端目録』は神学論書よりも百科事典としての性格を強めているのである。事典的な編纂方法の効果がとくに際立っているのは、各項目をさらに分類するサブカテゴリー（下位項目）の使用である。『異端目録』は、再洗礼派に二一の、ブラウン派とファミリー派にはそれぞれ六つの「種目 sorts」を提示する。ブラウン派の「種目」とされる「ジョンソン派」「エインズワース派」「ロビンソン派」は、一六世紀末にアムステルダムに亡命した分離派ピューリタン指導者の名前をセクト化したものだが、「フッタイト（フッター派）」「メノナイト」といった再洗礼派の分派に関する情報はすべて大陸の神学者の著作からの借用であり、イングランドのバプテストとは何の関係もない。(64) ここで重要なのは、個々の項目における叙述の真実らしさや項目間の整合性ではなく、セクトの驚くべき分裂状態なのである。キリストの使徒に倣って放浪を続けるという「使徒派《アポストライク》」や、神学的な問いかけに沈黙で答える、とだけ説明される「沈黙派《シレンテ》」といった、イングランドにおいては実体を持たない集団名は、並列されたときに、彼らの上位概念としての「再洗礼派」を説明する限りにおいて、意味をなす。そしてこの原理こそ、「再洗礼派」が「ファミリー派」や「アダム派」ほか無数の諸セクトとともに並列されたときに、その上位概念としての「異端」を説明するのと、同じ原理なのである。

パジットが、再洗礼派の「種目」の一部を、一六世紀ドイツに生まれたカルヴァン派知識人でルネサンス百科事典主義の父とも言われるヨハン・ハインリヒ・アルシュテート（Johann Heinrich Alsted, 1588-1638）の著作から借用していることは、近世ヨーロッパの知の文化史のなかで『異端目録』を理解する助けとなるだろう。アルシュテートはハーナウで出版した『神学大要 *Compendium theologicum*』（一六二四年）に、「無神論者、冒瀆者、異端者、分派、セクト、奇想」をアルファベット順にリストした四〇ページにわたる目録を収録しているが、このなかに示された再洗礼派の一四種類のサブカテゴリーを、パジットは『異端目録』で使っているのである[65]。

アルシュテートは、一六世紀の学術世界に多大な影響を与えたフランスの人文主義者ペトルス・ラムス（Petrus Ramus, 1515-1572）による学問改革の後継者であった。事物や概念を複数のトピックないし項目に分解して説明する、ラムス主義の知識整理術で求められるのは、ウォルター・オングによれば、「その語りじたいに注意を引き寄せる修辞的な語り」ではなく、「ごく普通の、簡明で平凡な、事物の報告者」としての弁証的な語りである[66]。個々の事物は他の事物と混ざり合ってはならず、明瞭に識別可能な形で提示されなければならない。こうして個別化された事物をひとつの総体にまとめあげる技術を具現化したのが、アルシュテートが取り組み、一六三〇年代に完成した『百科事典《エンサイクロペディア》』であった[67]。パジットの『異端目録』は、異端をめぐる言説に、当時はまだ斬新であった百科事典主義を導入していたと言うことができるだろう[68]。

他方、数々の異端を収集・分類・列挙するというパジットの採用した方法こそが、異端の増加という主題に現実味を与えていたことも事実である。パジットは再洗礼派について、彼らの「相互に矛盾した意見をすべて収録するのは、不可能である」と言う。「ほとんど全員が、頭のなかに何かしらの奇妙な思いつきや作りごとをもっていて、そのせ

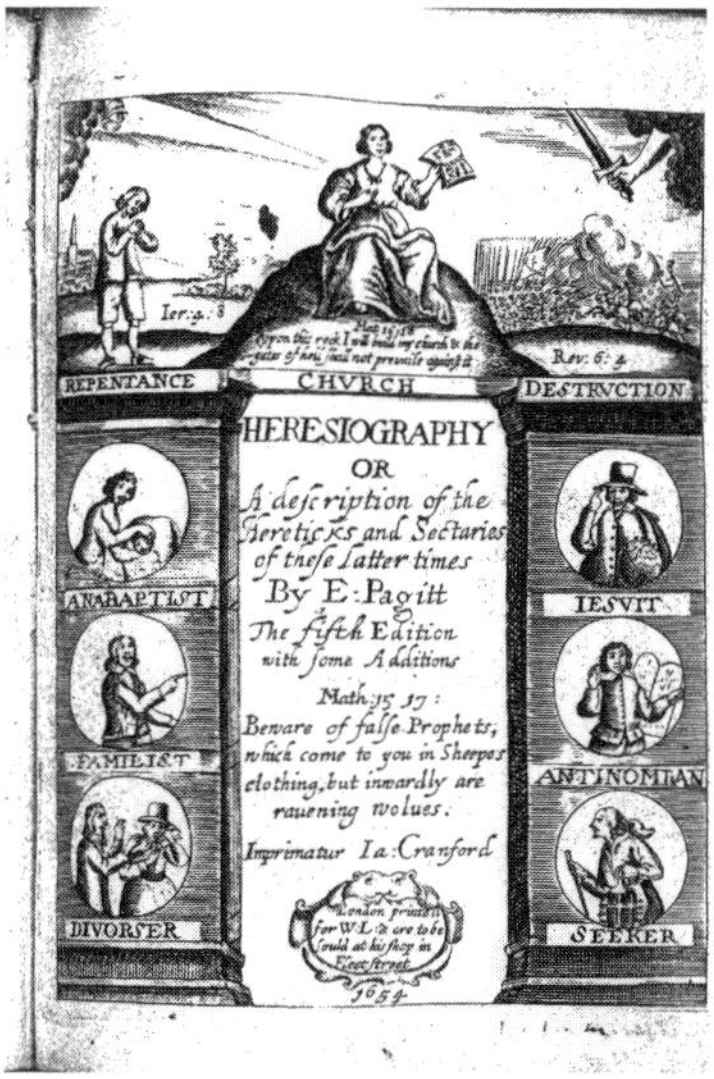

図4　『異端目録』第五版(1654年)口絵　British Library

いで互いに反目し、追放し合っているからだ」(69)。ここでは、セクトの不一致が、彼らの誤りを証明している。

宗教の単一性がその正統性を担保していた近世ヨーロッパにおいて、これは理不尽な議論ではない。哲学史家ピーター・ハリソンに従うならば、社会の分裂と多様化を人類の原罪の結果と考えるのが、一七世紀では一般的であった(70)。ロバート・バートンは『憂鬱の解剖』で、「さまざまな奇怪な矛盾、新奇な教義、虚栄からくる思い込み」は、「異端者、分派、偽預言者、詐欺師、その司祭たち」に特有の症状だと述べている(71)。パジットの考えも同じであった。「これらのセクトの種目は無数にある。きまぐれな思いつきや意見が毎日どこかから沸いてくる。いちど真理から離れたあと、誤りから誤りへとさまよい歩く異端者たちも同様だ(72)」。パジットが、ドイツの急進派神学者トマス・ミュンツァーを信奉する「ミュンツァー派」から、いっさいの衣服を罪のしるしと考え拒絶するという「アダム派」までカタログに含めたように(73)、ジャンルとしての「異端のカタログ」がときに現実描写を超えて虚実の混在した全体を構成したのは、単に読者の好奇心を満足させるためだけではない。項目の数が多く、カタログが網羅的であればある程、カタログじたいの存在意義は強まり、その信頼性は高まる、という考えが、このジャンル全体を支えていたのである。

そうであれば、『異端目録』の再版のたびに新たな項目が加えられていったことに、不思議はない。第二版(一六四五年)にはパジット自身の手によって六つの「セクト」が追加されている。たとえば「霊魂睡眠派《ソウル・スリーパー》」は、霊魂必滅論をとなえたリチャード・オーヴァートンの『魂の必滅 *Mans mortalitie*』(一六四四年)の、「離婚推奨派《ディヴォーサー》」は、ミルトンの『離婚の教理と規律』(一六四三年、第二版一六四四年)の信奉者に与えられた名前であった[74]。内戦期イングランドの宗教論争の動向を、パジットは晩年まで真面目に追い続けていたのである。パジットの死後も、『異端目録』はこのジャンルの代表作としての地位を保ち、第三版が一六四六年、第四版が一六四七年、第五版が一六五四年、第六版が一六六一年と一六六二年に出版された。第三版以降の発行者となったロンドンの書籍商ウィリアム・リーは、第五版に「クェーカー」と「ランターズ」のセクションを加えている。

リーが第三版以降に加えた銅版画の口絵を見てみよう(**図4**)。上部中央には、岩の上に座る女性として擬人化された「教会」が描かれ、その両脇では祈る男性信徒が「悔悛」を、集団戦闘の場面が「破壊」をあらわしている。その下に左右に配置されたコラムには、あわせて六つの異なるセクトが視覚的に表現されている。「再洗礼派」「ファミリー派」「離婚推奨派」「イエズス会」「反律法主義者」「シーカー」である。裸の再洗礼派は仲間の頭を水に浸し、離婚推奨派は妻を家から追い出し、シーカーは杖とランタンを持って真理を求《シーク》める旅に出る。このような異端的身体の同時表象は、百科事典的な異端のカタログの目的に適うものである。描かれた男たちはそれぞれ誤りを犯しているだけでなく、驚異的なほどに互いに異なっており、それゆえに並置可能なのである。ルネサンス期に流行した「珍奇物《キュリオシティー》の陳列室」の標本のごとく名づけられ、アイコン化され、同

図5 『水没した浸礼派』(1645年)

図6　『異端目録』第六版(1661年)「アダマイト」(左),「ペラギウス」(中央),「ジェイムズ・ネイラー」(右), British Library

じ大きさの「箱」に収められた諸セクトは、みずからの特徴を、そして彼らが集合的に表象する上位概念としての「異端」を、説明しているのである。

こうした絵入りのカタログは、一六四〇年代の出版文化で人気のあるフォーマットであった。ダニエル・フィートリの『水没した浸礼派』(一六四五年)の口絵でも、野外での(再)洗礼式の様子を描いた中央の画を囲むように、再洗礼派の一五の「種目」が描かれている(**図5**)。一二のセクトを視覚化したブロードサイド、『イングランドその他の国々における種々のセクトや信条のカタログ』(一六四七年)も同様である(本書第4章1節、**図1**)[75]。

一六六一年にリーが発行した『異端目録』第六版には、口絵とは別に、本文中に新旧の異端の主謀者の(想像で描かれた)肖像画が挿入されている。アリウス、ネストリウス、ペラギウスといった古代の異端者たちに、一六世紀ミュンスター再洗礼派の指導者「ライデンのジョン」や、一六五六年に冒瀆罪で処罰されたクェーカーのジェイムズ・ネイラー(James Nayler, 1618-1660)、あるいは裸の「アダマイト(アダム派)」といった具合である(**図6**)。アダマイトは実在する個人名でさえないが、これをペラギウスやネイラーと並列することに編集者は不都合を感じなかったのだろう。一六六一年一月、「第五王国派 Fifth Monarchy Men」による武装蜂起が失敗に終わると、リーはただちに、増補した『異端目録』に指導者トマス・ヴェナー（Thomas Venner, 1608/9-1661）の肖像画を加えたのだった（本書第6章5節、図3）[76]。

6　一〇〇の誤謬か、ひとりの改心か

パジットの『異端目録』は、「異端」を百科事典的な分類学の対象とすることで、革命期イングランドの宗教的混乱を説明する方法を世に示したと言うことができるだろう。ここで、はじめの問題に戻ろう。異端のカタログは、異端の抑制に貢献するかという問題である。

一六四六年、ウィリアム・リーは『異端目録』の短縮版とも言える『パジット氏の異端目録の簡潔な抄録』を発行している。『異端目録』から二〇のセクトを抜き出して二四ページにまとめたもので、パンフレットというよりは、『異端目録』販売のための広告に近い印刷物であった。リーは、さらに詳しい情報を求める読者に「エドワーズ氏とパジット氏」の書物を紹介するが、同時に異端のカタログの売り手としては矛盾した感情も覗かせる。「怒りにまかせて」その名を反復するだけでは、誤謬は減らない、と言うのである。「より少ない誤謬を、確実に、そして愛の精神をもって反証して見せることのほうが、一〇〇の誤謬を公開して何もせず、ただ憤りと憎悪をもって非難するよりも有益であろう。神とイエス・キリストに喜ばれるのは、ひとりの人間をひとつの罪から立ち返らせることであって、彼のために一〇〇種類の誤りを明るみに出すことではないのである」[77]。

こうした批判は、一六四六年に『ガングリーナ』の第一部を準備していたトマス・エドワーズも想定していた。異

端や誤謬のカタログを出版することは、「我々の無防備さや弱点をさらすことにならないか」。これに対しエドワーズは、ベイリ、フィートリ、そしてパジットらの名を挙げて、みずからの活動を弁護する。「私は、これら〔の誤謬〕を一望できるように一箇所にまとめているだけである。……我々の敵たちのことは、すでに長いあいだ知られていたのだから、現代の誤謬について記述して、私が責められる理由はない。……あまりにも多くの誤謬や奇怪な主張があらゆる場所で語られているのだから、隠れているべきものを公開してしまった、と咎めることはできない」[78]。

結局のところ、この問題に解決はなかった。なぜなら、エドワーズも認めるように、宗教分裂はすでに現実となっていたからである。ほんとうの問題は、この事実をどのようにして受け入れるかであった。正統たる教会を擁護し、またこれを脅かすセクトを糾弾する目的で編纂されたパジットの「異端のカタログ」がしたことは、あいまいさのつきまとう「異端」概念の具体化を助けたことだけではなかった。異端の百科事典は、宗教的誤謬の増加と多様性を強調するほど信憑性が高まるというその形式ゆえに、ただひとつしかなかったはずの宗教の解体という、新しい現実を表象する役割をも、引き受けていたのである。次章では、革命後期から王政復古期にかけて、異端学の継承者たちが宗教複数主義にどのように向きあったかを検討しよう。

（1） *A testimony to the trueth of Jesus Christ, and to our Solemn League and Covenant; as also against the errours, heresies and blasphemies of these times, and the toleration of them* (1647). 署名者のうち本書において注目すべきは、エドマンド・カラミ、ジェイムズ・クランフォード、そしてクリストファー・ラヴである。一三人は、ウェストミンスター神学者会議のメンバーでもあったが、独立派メンバーたちの名前はない。

（2） 誤謬のリストに挙げられた Henry Hammond, *A practical catechisme* (1st edn., 1645) は、初版以来人気を博し、よく流通していた教理問答書であった。ハモンドによる『誓約』への反論は、Idem, *A brief vindication of three passages in the practical cate-*

chisme, from the censures affixt on them by the ministers of London, in a book entitled, a testimony to the truth of Jesus Christ, etc. (1648).

（3）チェシャー、デヴォン、エセックス、グロスター、ランカシャー、ノーサンプトン、シュロップシャー、サマセット、スタッフォード、ウォリック、ウィルトシャー、ヨークシャー、さらにヨークシャーのウェスト・ライディング地区の聖職者からの返信が印刷出版されている。すべてロンドンで印刷出版され、このうち四つが、ロンドン聖職者の『誓約』と同じトマス・アンダーヒルによって出版されている。加えて、ロンドン市民からの賛同の声明文がロンドンとエジンバラで出版された。Kei Nasu, 'Heresiography and the idea of "heresy" in mid-seventeenth-century English religious culture', unpublished D. Phil. thesis, University of York (2000), pp. 43-44, 73-76; Ann Hughes, *Gangraena and the struggle for the English revolution* (Oxford, 2004), pp. 373-379. 記名宣誓した聖職者数の概算はヒューズの計算による。

（4）*An attestation to the testimony of our reverend brethren of the province of London* (1648), p. 19; *The harmonious consent of the ministers of the province within the county palatine of Lancaster* (1648), p. 7.

（5）*The joint-testimonie of the ministers of Devon* (1648), pp. 24-25.

（6）*An attestation to the testimony*, pp. 6, 35.

（7）*Vindiciae veritatis, or an unanimous attestation to Gods blessed truth revealed in his word* (1648), p. 7.

（8）*A discovery of 29 sects here in London* (1641).

（9）*Religions lotterie, or the churches amazement* (1642).「ラウンド・ヘッド」は内戦期の議会派の呼称となったが、ここでは祈禱書の使用を拒否する強硬派カルヴァン主義者を指している。

（10）*Hell broke loose: or, a catalogue of many of the spreading errors, heresies and blasphemies of these times, for which we are to be humbled* (1647).

（11）John Milton, *The reason of church-government* (1642), in John Milton, *Complete prose works of John Milton*, ed. D. M. Wolfe, vol. 1 (1953), pp. 786-787.

（12）ヒルは、「プロの異端狩り」による敵意に満ちた記録のうちで、史料として利用価値のあるのはエドワーズの『ガングリーナ』だけであると述べている。Christopher Hill, 'Irreligion in the "puritan" revolution', in J. F. McGregor and B. Reay (eds.), *Radical religion in the English revolution* (Oxford, 1984), p. 206.

(13) ピーター・バーク『知識の社会史』井山弘幸・城戸淳訳(新曜社、二〇〇四年)、第五、第八章。

(14) Thomas Edwards, *Gangraena: or a catalogue and discovery of many of the errours, heresies, blasphemies and pernicious practices of the sectaries of this time*(1646), p. 3.

(15) アン・ブレア『情報爆発——初期近代ヨーロッパの情報管理術』住本規子・廣田篤彦・正岡和恵訳(中央公論新社、二〇一八年)、第三章。

(16) *The Panarion of Epiphanius of Salamis*, 2 vols., trans. by Frank Williams(Leiden, 1987-1994).

(17) Ephraim Pagitt, *Heresiography: or, a description of the heretickes and sectaries of these latter times*, 1st edn.(1645), sig. B2v.

(18) Idem, *The mysticall wolfe*(1645?), pp. 2, 8. 一六四五年三月に出版されたと考えられる *The tryall of trueth: or, a discovery of false prophets*(1645)はタイトルの異なる同一書。

(19) Pagitt, *Mysticall wolfe*, sigs. A2r-v; T. C. Dale(ed.), *The inhabitants of London in 1638*(London, 1931), pp. 53-54; Tai Liu, *Puritan London*(London, 1986), p. 137; Valerie Pearl, *London and the outbreak of the puritan revolution*(Oxford, 1961), pp. 304-307, 320.

(20) Pagitt, *Heresiography*, 1st edn., pp. 45, 60.

(21) *Ibid*., p. 69.

(22) Ephraim Pagitt, *Heresiography*, 2nd edn. (1645), pp. 154-156.

(23) パジットの経歴については、Nasu, 'Heresiography and the idea of "heresy", ch. 5, esp. pp. 136, 141-146; Simon Charles Dyton, 'Fabricating radicalism: Ephraim Pagitt and seventeenth-century heresiology', Unpublished D.Phil. thesis, University of Cambridge(2001); Idem, 'Pagett[Pagit], Ephraim(1574-1646)', *ODNB*.

(24) Eusebius Pagit, *The history of the Bible*(1602), sig. A2r.

(25) William Lee, preface to Ephraim Pagitt, *Heresiography*, 6th edn. (1661), sig.(a)[1]v.

(26) Richard L. Greaves, 'Pagit, Eusebius(1546/7-1617)', *ODNB*.

(27) Ephraim Pagitt, *Christianographie, or the description of the multitude and sundry sorts of Christians in the world not subject to the Pope*, 1st edn.(London, 1635). 第二版は一六三六年に、第三版は一六四〇年に出版され一六七四年に再版されている。

(28) Anthony Milton, *Catholic and reformed*(Cambridge, 1995), esp. ch. 6; Michael C. Questier, *Conversion, politics and religion in*

England, 1580–1625(Cambridge, 1996), esp. ch. 2.

(29) Timothy Wadkins, 'Percy[alias Fisher], John', *ODNB*.

(30) John Fisher[Percy], *The treatise of faith*(1605), p. 47 and passim.

(31) Daniel Featley, *The Romish Fisher caught and held in his owne net*(1624), pp. 12, 14.

(32) John Fisher[Percy], *A reply made unto Mr. Anthony Wotton and Mr. Iohn White ministers*(1612), pp. 253–262. 「カトリックを信奉する……信仰告白者たちのカタログ」は一六一四年には一五ページのトラクトとして単独で出版されている。John Fisher[Percy], *A catalogue of diuers visible professors of the Catholike faith*(1614).

(33) Pagitt, *Christianographie*, 1st edn., sigs. A3r–v.

(34) *Ibid.*, sigs. a2r–a3r.

(35) Pagitt, *Christianographie*, 1st edn., pp. 9–17, 21.

(36) Edward Brerewood, *Enquiries touching the diuersity of languages, and religions through the cheife parts of the world*(1614); Samuel Purchas, *Purchas his pilgrimage: or relations of the world and the religions observed in all ages*(1613); Idem, *Purchas his pilgrimes: in five bookes*(1625).

(37) Pagitt, *Christianographie*, 1st edn., pp. 33–34, 43–44, 90–92, 102–106 and passim.

(38) *Ibid.*, pp. 111–113.

(39) *Ibid.*, pp. 8–9.

(40) Margaret T. Hodgen, *Early anthropology in the sixteenth and seventeenth centuries*(Philadelphia, 1964), pp. 218–221も参照。

(41) のちにコンスタンティノポリス総主教となるキリルは、ローマ・カトリック教会による東方教会への干渉に対抗するべく、ヨーロッパのプロテスタント諸教会との連合を模索していた。W. B. Patterson, *King James VI and I and the reunion of Christendom*(Cambridge, 1997), ch. 6; Idem, 'Cyril Lukaris, George Abbot, James VI and I, and the beginning of Orthodox-Anglican relations', in Peter M. Doll(ed.), *Anglicanism and orthodoxy: 300 years after the 'Greek College' in Oxford*(Oxford, 2006), pp. 39–55; Hugh Trevor-Roper, 'The Church of England and the Greek church in the time of Charles I', in: Trevor-Roper, *From Counter-Reformation to Glorious Revolution*(London, 1992), pp. 90–94.

(42) Richard Field, *Of the church*(1606); Milton, *Catholic and reformed*, p. 380. フィールドの書は一六一〇年、一六二八年、一六三

五年にも版を重ねている。

(43) Pagitt, *Christianographie*, 1st edn. sigs. Gg[4]r-Ii3v, p. 119; William Laud, *A relation of the conference betweene William Lawd... and Mr. Fisher the Jesuite* (1639), pp. 23-26.

(44) British Library, Harley MS 825 fols. 40r-41r.『クリスチャン目録』ラテン語版の下訳は British Library, Harley MSS 823, 824.

(45) Anthony Milton, 'The Church of England, Rome, and the true church: the demise of a Jacobean consensus', in Kenneth Fincham (ed.), *The early Stuart church, 1603-1642* (Basingstoke, 1993), p. 187; Idem, *Catholic and reformed*, ch. 6.

(46) Milton, 'The Church of England, Rome and the true church', pp. 198-205; Charles W. A. Prior, *Defining the Jacobean church* (Cambridge, 2005), pp. 4-5. 主教制の連続性を根拠にイングランド国教会を「カトリック」とみなす考え方は一七世紀後半から一八世紀にかけても存続した。その上で王政復古体制下の国教会をプロテスタント同盟の主軸とする思想については、西川杉子「イングランド国教会はカトリックである——一七・一八世紀のプロテスタント・インタナショナルと寛容問題」、深沢克己・高山博(編)『信仰と他者——寛容と不寛容のヨーロッパ宗教社会史』(東京大学出版会、二〇〇六年)、一四五—一八二頁を参照。

(47) Pagitt, *Christianographie*. 3rd edn., sig. A3r.

(48) *Ibid.*, pp. 4, 177.

(49) *Ibid.*, pp. 188-191.

(50) *Ibid.*, pp. 206-207.

(51) Pagitt, *Christianographie*, 1st edn., p. 128.

(52) Pagitt, *Christianographie*, 3rd edn., pp. 185-188.

(53) Anthony Wood, *Athenæ Oxonienses*, 2nd edn. (London, 1721), p. 103; Benjamin Brook, *The lives of the puritans*, vol. 3 (London, 1813), p. 63; John Walker, *An attempt towards recovering an account of the numbers and sufferings of the clergy of the Church of England* (London, 1714), p. 174.

(54) Pagitt, *Heresiography*, 1st edn., sig. A[5]v.

(55) William Laud, *The works of William Laud*, ed. W. Scott and J. Bliss, vol. 4 (Oxford, 1854), pp. 125-126.

(56) Bodleian Library, Nalson MS 22, fol. 98; *Journal of the House of Lords*, vol. vii, pp. 717-718; Zachary Grey, *An impartial examination of the third volume of Mr. Daniel Neal's history of the puritans* (London, 1737), Appendix, pp. 87-89.

（57） Valerie Pearl, 'London puritans and Scotch fifth columnists: a mid-seventeenth-century phenomenon', in A. E. J. Hollaender and W. Kellaway (eds.), *Studies in London history* (London, 1969), pp. 320, 327.

（58） 独立派についてパジットは、「この本を書き始めたときには、そのような名前は聞いたことがなかった」と告白している。独立派についての彼の知識は、エドワーズの『反弁明』（一六四四年、本書第4章3節）から得たものであった可能性がある。Pagitt, *Heresiography*, 1st edn., p. 69. ただし、パジットは一六四四年一一月以前に行ったとされる説教『不審な狼』でも「独立派」に言及している。Pagitt, *Mysticall wolfe*, p. 7.

（59） Pagitt, *Heresiography*, 1st edn., pp. 69–71.

（60） *Ibid.*, sigs. A[4]r-v.

（61） *Ibid.*, sig. A2r.

（62） *Ibid.*, pp. 11–18.

（63） *Ibid.*, pp. 41–43.

（64） *Ibid.*, pp. 30–35, 62–65; Michael Watts, *The dissenters*, vol. 1 (Oxford, 1978), pp. 37–50.

（65） Pagitt, *Heresiography*, 1st edn., pp. 31–35; Johann Heinrich Alsted, *Compendium theologicum* (Hanau, 1624), pp. 564–565; Howard Hotson, *Johann Heinrich Alsted 1588–1638* (Oxford, 2000), p. 124. 一六四二年にロンドンのバプテスト派リーダーたちと討論を行ったダニエル・フィートリは、アルシュテートによる一四のサブカテゴリーを紹介した上で、明確に識別できる再洗礼派の種類はそれほど多くないと記している。Daniel Featley, *The dippers dipt* (1645), pp. 23–24.

（66） W. J. Ong, *Ramus, method and the decay of dialogue* (Cambridge, Mass. and London, 1983, first published 1958), p. 129; W・J・オング「ラムス主義」佐々木力訳、『西洋思想大事典』第四巻（平凡社、一九九〇年）、四九三—四九六頁；バーク『知識の社会史』、一四三—一五一頁。

（67） Howard Hotson, 'Philosophical pedagogy in reformed central Europe between Ramus and Comenius: a survey of the continental background of the "Three Foreigners", in M. Greengrass, M. Leslie and T. Raylor (eds.), *Samuel Hartlib and universal reformation* (Cambridge, 1994), pp. 39, 42–46.

（68） ロンドン聖職者による『誓約』注（1）では、アルシュテートの作成した異端の年代順目録が言及されている。*A testimony to the trueth of Jesus Christ, and to our Solemn League and Covenant*, p. 3; Johann Heinrich Alsted, *Thesaurus chronologiae*, 2nd edn.

(Herborn, 1628), pp. 377-391.

(69) Pagitt, *Heresiography*, 1st edn., p. 34.

(70) Peter Harrison, *'Religion' and the religions in the English enlightenment*(Cambridge, 1990), pp. 100-105.

(71) Robert Burton, *The anatomy of melanchoy*, ed. T. C. Faulkner, N. K. Kiessling and R. L. Blair, vol. 3(Oxford, 1994), pp. 381-382.

(72) Pagitt, *Heresiography*, 1st edn., p. 62.

(73) *Ibid.*, pp. 31, 33.

(74) Richard Overton, *Mans mortalitie*(1644); John Milton, *The doctrine and discipline of divorce*(1643); Idem, *The doctrine & discipline of divorce*(1644). ミルトンの離婚論に対する批判については、本書第4章1節を参照。

(75) *A catalogue of the severall sects and opinions in England and other nations: with a briefe rehearsall of their false and dangerous tenents*(1647). よく似た *A Discovery of the most dangerovs and damnable tenets*(London, 1647)も参照。

(76) Pagitt, *Heresiogarphy*, revised 6th edn. (1662), p. 280.

(77) *A brief collection out of master Pagitts book called Heresiography*(1646), p. 20. 巻末には、一六四六年を通して議会が検討していた異端抑止条例の法案が掲載されている。二〇のセクトのなかに独立派は含まれていない。異なる出版者によるほぼ同じ内容のパンフレットは、*A relation of severall heresies: discovering the originall ring-leaders, and the time when they began to spread, as also their dangerous opinions and tenets*(1646).

(78) Edwards, *Gangraena*, pp. 10-12.

第6章　宗教を再定義する——『世界宗教大全』の時代

1　他宗教へのまなざし

クルアーン(コーラン)の英語訳がはじめて出版されたのは、チャールズ一世が処刑されて間もない一六四九年春のロンドンにおいてであった[1](図1)。『マホメットのアルコラン *The Alcoran of Mahomet*』と題された四〇〇ページ強のこの書物は、歴史家サミュエル・ガードナーが「たったひとりのイングランド人の宗教観も変えなかった」と評したように、イギリス革命史研究において、まったくと言ってよいほど顧みられることがなかった[2]。しかし本章では、この翻訳出版を手がけたアレクサンダー・ロス(Alexander Ross, 1591-1654)の活動を通して、国王処刑から王政復古期にいたるイングランドにおける、宗教理解の変化について考えてみたい。

第5章では、イフライム・パジットの『異端目録』に着目し、非正統的な宗教を名づけ、分類し、列挙する百科事典的な手法が革命期の「異端」論争においてもった役割を考察した。本書で取り上げるロスは、この「異端のカタログ」をさらに発展させ、イングランドだけでなく世界各地の諸宗教を収集した『世界宗教大全 *Pansebeia*』(一六五三年[3])を出版したが、この作品には、本書がこれまでに考察してきた異端学者たちにはない、宗教に対する新しいまなざしが見てとれる。『世界宗教大全』はまた、長期議会による宗教政策がすべて白紙撤回された王政復古以降も読み続けられたため、革命期に形成された異端をめぐる言説の長期的な変遷について、そして一七世紀イングランドの

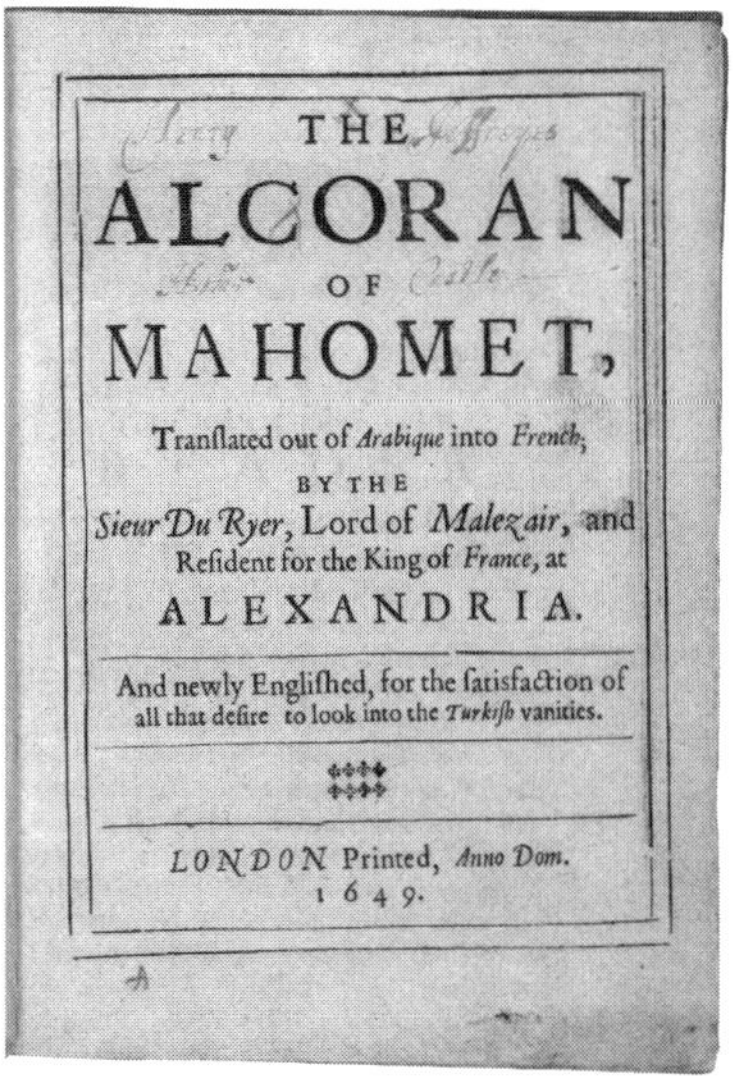

図1 『マホメットのアルコラン』(1649年)
Folger Shakespeare Library

宗教文化の連続と断絶について考える上で、有効である。

近年の科学史家たちによるルネサンス文化の読み直し作業の成果のひとつは、特定の哲学思想やその思想史的発展だけでなく、知の成立条件となる諸形式に光が当てられたことであろう。研究者たちが「情報過多《インフォメーション・オーヴァーロード》」の時代と呼ぶヨーロッパ近世は、印刷技術の普及に伴い、ラムス主義や百科事典主義のような知識の分類法や、脚注や索引といった情報整理技術の急速な発達を見た。こうした変化は、ヨーロッパ世界を越えて世界各地から集められた珍奇物への情熱が促した、自然誌《ナチュラル・ヒストリー》研究の刷新とも連動している[4]。前章で確認したように、一七世紀イングランドで流行した「異端のカタログ」は、このようなルネサンス学術文化の産物としての百科事典主義と密接につながっていた。もし、百科事典的な自然誌叙述の形式が自然に対する新しいまなざしを産み出したと言えるならば、異端のカタログは、そして「宗教」のカタログは、宗教一般に対するまなざしの変化と、どのような関係にあっただろうか。保守派聖職者として国教会体制を支持したにもかかわらず、多様化する宗教の記述にも熱意を注いだロスの目を通して、変動の時代における宗教の行方を追ってみよう。

2 ロスと『マホメットのアルコラン』

国教会聖職者および文筆家として知られるアレクサンダー・ロスの生涯は変化に富んでおり、その評価には再検討の余地がある。(5) 一五九一年にスコットランドのアバディーンに生まれ、アバディーン大学で教育を受けたが、(6) 一六一六年にイングランドのサウサンプトンに移住した。長老制スコットランド教会から距離をおき、主教制下のイングランドに安住の地を求めたのかもしれない。はじめはグラマー・スクールの校長として、のちにオール・セインツ教区牧師としてサウサンプトンに落ちついたロスは、やがて宮廷と教会の庇護を意識した文筆活動を展開する。国王や皇太子に捧げたラテン語の詩作を出版し、(7) 遅くとも一六二二年までには王室付きチャプレンの肩書を与えられ、一六三四年にはカンタベリ大主教ロードの助けによりワイト島カリスブルックに代牧師禄を得ている。(8)

チャールズ一世下の体制派聖職者として地歩を固めていったロスは、一六四〇年代に入ると、議会支持に傾くサウサンプトン市民との対立を経験する。(9) 一六四二年春に行った説教『神の家、祈りの家』で、ロスは教区民から「教皇主義者」のそしりを受けながらも、共通祈禱書と教会の「外面的な美しさ」を擁護し、信徒の不服従を激しく非難した。ロスがアルミニウス派の儀式至上主義（本書第2章3節）の影響を強く受けていたことを窺わせる内容である。しかし間もなくロスは、反国王派感情の高まるサウサンプトンを離れることを余儀なくされた。聖職禄を保持していたカリスブルックへ移動するが、一六四五年頃までにはここでも罷免されたため、ロンドンに移り、個人教師をしながら執筆活動を始めたと考えられる。(10) ロスの著作が世に知られるようになるのは、この頃からである。

文筆家としてのロスへの言及では、サミュエル・バトラーが風刺詩『ヒューディブラス』（第一部、一六六三年）で皮肉る「アレクサンダー・ロスの著作をすべて読んだ……年老いた哲人」が有名であろう。(11) じじつ、聖職を離れたのちのロスは詩・哲学・論理学・歴史・神学・自然哲学など数々の分野において驚くべきペースで執筆・出版を続けた。にもかかわらず、文学史においても思想史においても彼の作品はほとんど評価の対象にされていない。これは彼が他の著名な文筆家や哲学者たちに挑んだ数々の不毛な論戦、あるいは「他人の著作の訂正者や改善者として見られたがるという特殊な欲求」[12]のためであった。伝統的なアリストテレス哲学に絶大な信頼をおいていたロスは「地球の不動」を高らかに主張してコペルニクスやジョン・ウィルキンズの地動説を冷評し[13]、サー・ウォルター・ローリの『世界の歴史』に「修正」さらには「加筆」を施し[14]、フランシス・ベーコン、ウィリアム・ハーヴェイなど自然哲学者たちの「間違い」を高圧的な論調で指摘して見せた[15]。サー・トマス・ブラウンを「無神論者」としていち早く攻撃したのもロスである[16]。『リヴァイアサン』(一六五一年)の出版直後、ロスに熱烈な異端宣告を突きつけられたトマス・ホッブズも、猛犬のように「優れた学者たちの著作に絶え間なくほえ続ける」ロスに閉口している[17]。機をとらえては揚げ足を取り攻撃するその様は、食べるためだけに書く三文文筆家と大差なし、という当時の評判[18]は、したがってごく近年まで研究者たちにも受け継がれてきた。中世的なスコラ学から一歩も踏み出そうとしないロスの議論は創造性と柔軟性に欠け、すべての論争において彼自身の無能力をさらけ出す結果に終わった、というのが科学史家たちの結論である[19]。

このようにロスについては、保守的・反動的な性格ばかりが強調されてきたが、進歩史観を排して、彼の思想の同時代的な意味を再評価する研究もある。エイドリアン・ジョーンズは「科学革命」時代の知識人のアイデンティティ形成過程に注目し、経験主義や実験哲学に対抗しうる学識者として「衒学 pedantry」を自任するロスを、ウィルキンズとの論争に見る。いっぽうデイヴィッド・アランは、国王派スコットランド人にして伝統的スコラ学の擁護者であるロスが、革命の進行に伴う敗北感からみずからを救済するために内省的な新ストア主義思想に沈潜していく過程に着目する[20]。しかし両者においても考察されていないのは、『マホメットのアルコラン』翻訳や『世界宗教大全』編纂に見られる、異なる宗教とその多様性に対するロスの関心の高さである。この点において、ロスの活動は保守的ではなかったばかりか、きわめて斬新であり、急進的でさえあったと言えるのである。

一六四九年の『アルコラン』出版の背景は複雑である。レヴァント貿易の成長によりオスマン・トルコへの関心が高まるなか、一七世紀イングランドでは一部の知識人や聖職者たちのあいだでアラブ学の必要性が論じられていた。しかしその基盤は脆弱であった。大陸の諸大学に遅れてようやくケンブリッジ、オクスフォード両大学にアラブ学教授職が設置されたのは一六三〇年代のことである。その後もアラビア語学と文献学の研究は遅れ、内戦の勃発がこれをさらに困難にした。オクスフォードのアラブ関連蔵書の充実に尽力した大主教ロードは失脚し、アラブ学教授エドワード・ポーコック(Edward Pococke, 1604-1691)は、議会によって国王支持の嫌疑をかけられた。「クルアーン」に関しては、翻訳もアラビア語出版も進行しなかった。一六四七年にはケンブリッジのアブラハム・ウィーロックがラテン語、ギリシア語翻訳出版を試み、サミュエル・ハートリブらロンドンの有力者に資金援助を求めたが、失敗している。(21)

このような状況下、アンドレ・デュ・リエ(André Du Ryer, ?-1672)によるフランス語訳クルアーンが一六四七年にパリで出版された。(22)ロスはこれをそのまま重訳したのである。(23)ロスの英訳『アルコラン』は一六四九年に二回印刷され、一六八八年にも再版された。クェーカーのジョージ・フォクスからニュー・イングランドのピューリタン牧師コットン・マザーにいたるまで、さまざまな読者を獲得した形跡が残っている。(24)もっとも、アラブ学に関心をもつ知識人たちから学術的な価値を認められることはなかったようだ。中世に流通していたラテン語の部分訳を除けば、デュ・リエ版クルアーンがヨーロッパ俗語へのはじめての翻訳であったことに違いはないが、ロスにはアラビア語の知識はなかった。知識人の多くはハートリブのようにこれを無視するか、ヘンリ・スタッブのようにその不正確さを批判した。(25)なお、アラビア語から英語への直接の翻訳は、ジョージ・セイルによる一七三四年版を待たなければならない。(26)

しかし、翻訳の精度やテクストの信頼性だけが問題ではなかった。革命の混乱のなか、印刷物を通して異教がイングランドに入り込む危険もまた、敏感に察知されたのである。一六四九年三月一九日、「貴族院廃止法」を制定したまさにその直後に、「トルコのアルコラン」の出版が準備されているという通報を受けた議会は、印刷所に兵士を送り、製本直前であった印刷物の押収と印刷工の逮捕を命じている。国務会議は出版禁止の必要について検討したのち、書籍商ら関係者を、三一日にはロスを召喚した。「今後この手の問題にはかかわりを持たないこと」との警告を受けロスが釈放されたのは四月四日であった。[27]『アルコラン』は約一ヶ月後に改めて日の目をみたが、[28]「異教の聖書」への不信、またそれが流布することに対する警戒心は依然として強かった。あるパンフレットの著者は、「異端の教科書とも言うべきトルコのアルコラン」は、「幸いなるエリザベス女王、ジェイムズ王そしてチャールズ王の治世であったならば」翻訳はおろか所持するだけでも「大逆罪」であったはず、と糾弾している。[29]ロス自身、出版の目的はイスラムの布教ではなく、「トルコ人の虚栄について詳しく知りたい人々の要望に答える」ためであると、その標題に記さなければならなかった。

近世ヨーロッパにおけるイスラム史を研究するナビール・マターは、ロスの『アルコラン』出版を近世イングランドにおけるイスラム「受容」の一エピソードとして紹介する。マターは、一七世紀イングランド社会に「マホメタニズム」に対する根強い偏見が存続したことを認めつつ、英訳『アルコラン』の登場は排他的な共和政府に対する政治的批判を意味し、同時にイスラムの文明に対する畏敬の念を人々に抱かせた、と言う。[30]

しかし問題はそれほど単純ではない。ロスの活動を理解するためには、以下のふたつの要素を勘案しなければならないだろう。いっぽうでは、非正統的とされる宗教的知識の扱いは高い政治性を帯びた問題であり、その無制限の流布は強く警戒されていたこと。他方では、多様な宗教的カテゴリーに対する興味関心が知識人のあいだのみならず一般的にも広まっており、それが伝統的な宗教理解の相対化を促していたことである。非寛容と知識欲。ロスの活動は、一見矛盾するこのふたつの文化の接点上に位置していたと言うことができる。異教に対する寛大さのあらわれではなく、むしろ制度教会の弱体化に対する危機意識から生まれた、非寛容の言説としての異端学とその普及に、ロスはかかわっていた。その異端学が宗教の複数性を表象する、というパラドクシカルな構造を考察する上で、ロスの『世界宗教大全』は重要なテクストなのである。

3　異端学としての『世界宗教大全』

『世界宗教大全』はロスの晩年の著作であり、彼の数多くの出版物のなかでもっとも成功した作品と言える。「パンセベイア（すべての礼拝）」というギリシア語の表題からも分かるように、歴史上のあらゆるキリスト教の諸宗派、加えてアジア・アフリカ・アメリカ大陸を含む世界の諸宗教の網羅的記述を試みた、野心的な百科事典である（図２）。一二折判約六〇〇ページの初版（一六五三年）に、ロス自身により加筆され死後に出版された第二版（八折判、一六五五年）が続いた。こののちも一七世紀後半にくりかえし再版され、一八世紀末まで読者を得ている。[31] 一六六〇年代にはオランダ語、フランス語、ドイツ語に翻訳されていることも注目に値する。[32] 非ヨーロッパ世界のさまざまな風習を叙述した地誌《トポグラフィ》は当時一定の人気を得たジャンルであった。サミュエル・パーチャス（Samuel Purchas, 1577?–1626）によるフォリオ判の旅行記群[33]に規模においてこそ劣るものの、ロスの『大全』は簡便なレファレンス文献として教育のある一般読者たちのあいだに広く普及したと考えられる。

一問一答方式で書かれた『大全』は、地域と時代に分けられた一五の節（セクション）によって構成されている。項

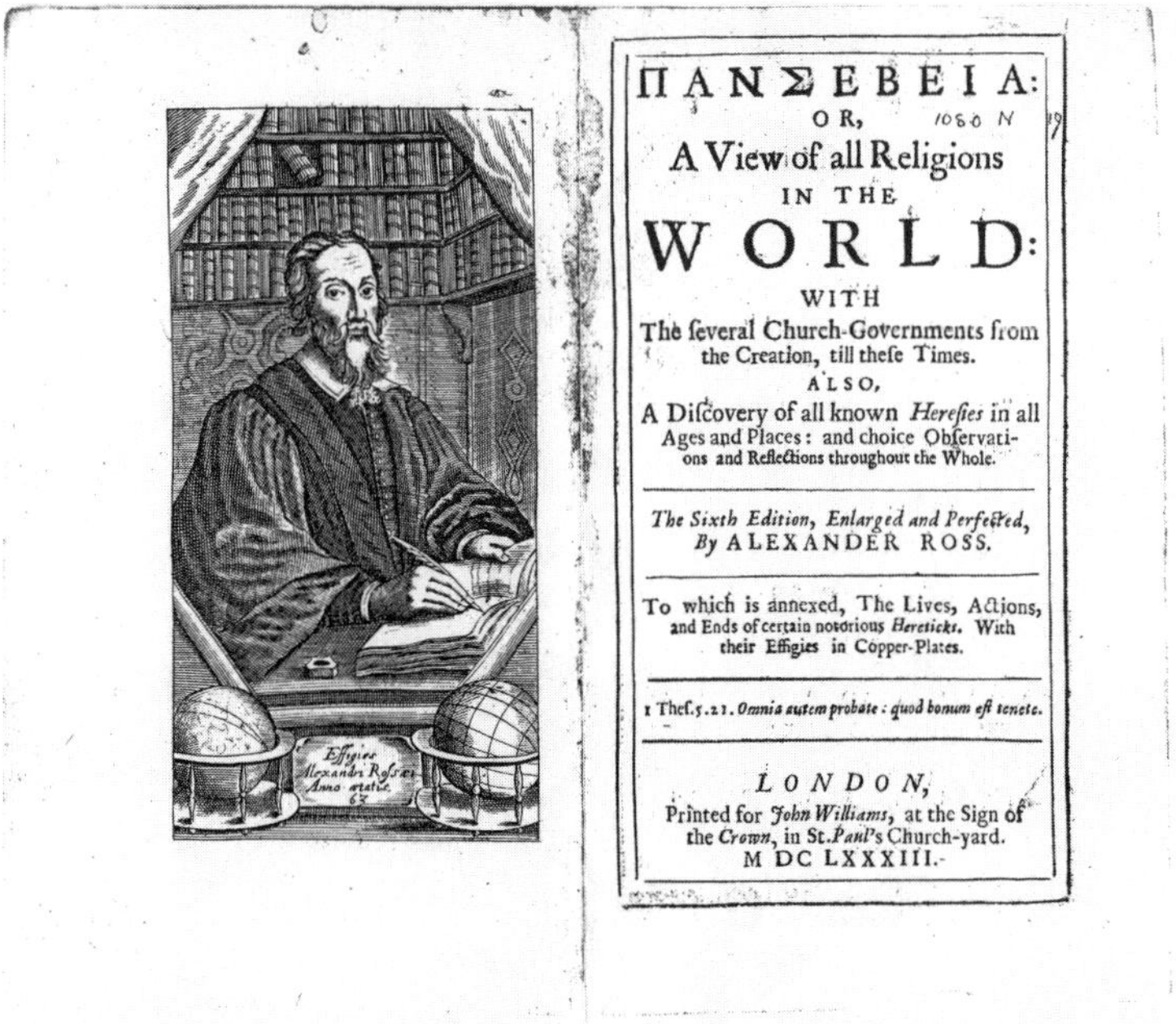

ΠΑΝΣΕΒΕΙΑ:
OR,
A View of all Religions
IN THE
WORLD:
WITH
The several Church-Governments from the Creation, till these Times.
ALSO,
A Discovery of all known *Heresies* in all Ages and Places: and choice Observations and Reflections throughout the Whole.

The Sixth Edition, Enlarged and Perfected,
By ALEXANDER ROSS.

To which is annexed, The Lives, Actions, and Ends of certain notorious *Hereticks*. With their Effigies in Copper-Plates.

1 Thes.5.21. *Omnia autem probate: quod bonum est tenete.*

LONDON,
Printed for *John Williams*, at the Sign of the *Crown*, in St.*Paul's* Church-yard.
M DC LXXXIII.

図2 アレクサンダー・ロス(左),『世界宗教大全』(1683年版)扉　British Library

目の整理法は不統一で、ユダヤおよびキリスト教諸派は時間軸に沿った年代記のスタイルをとるのに対し、非ヨーロッパ世界の宗教は地域別に紹介されている。しかしロスの宗教の分類法には、一七世紀に典型的であった四区分法(キリスト教、ユダヤ教、イスラム教、偶像崇拝)に満足せず、カテゴリーをさらに細分化した上で集大成しようとする姿勢が見られる。[34]

全体の構成は以下の通りである。第一節は旧約聖書に始まるユダヤ教の歴史。第二、第三節はアジア、エジプト、アフリカそしてアメリカの諸宗教。第四、第五節ではギリシア・ローマの多神教や、古代ブリテン島のドルイド教などを含む、キリスト教以前のヨーロッパの宗教。第六節は「マホメタニズム」すなわちイスラム教の解説。「その他にヨーロッパで信仰されている、主な宗教は何ですか?」という唐突な問いで始まる第七節ではじめて、キリスト教が登場する。[35] しかしここでロスは基本教義の解説をごく簡単に済ませ、すぐに非正統派を含むキリスト教諸セクトの記述にとりかかる。「真の教会」の系譜ではなく、一六世紀間にわたってあらわれまた消えた異端の網羅的記述に徹するところが、『大全』が伝統的な教会史と異なる点である。第七、第八節で初期キリスト教の異端から宗教改革以後の諸派(ルター、カルヴァンを含む)までを紹介したあと、第九から第一一節では諸修道会の歴史が扱われる。ローマ・カトリック教会は独立して第一三節で論じられ、続く第一四節は東方教会とその諸セクトを解説。同時代すなわち一七世紀のプロテスタント諸セクトは第一二節に収められている。最後の第一五節が総論である。

キリスト教の非正統諸派と世界の異教を集成して共和政時代に出版され、広く読まれた『世界宗教大全』は、本書第4、第5章で考察した、内戦期の異端学出版物群の延長線上に位置づけることができる。その大半は、一六四〇年代半ばに長老制国教会樹立のために急進的諸セクトを抑制する必要のあった長老派を支持する聖職者たちによって著された。教会問題に関する彼らの主導権は、ロスが『大全』を出版した一六五三年には既に失われていたが、「独立派」「再洗礼派」「反律法主義者」「ブラウン派」「ファミリー派」といったさまざまなセクトを集め解説した『大全』の第一二節は、一六四〇年代に流行した異端学書を忠実に再現している。

内戦開始直後に国教会の聖職を追われたあとのロスの宗教的立場については不明な点が多いが、イフライム・パジットがそうであったように、ロード体制が崩壊した状況における現実的な選択肢として長老派を支持した可能性が高い。一六四六年にロスはピューリタン読者を意識したような『予定についての宗教的瞑想』を出版し[36]、『大全』でも多くのページを長老制の解説に割いている。その論調は好意的だ。「教会の平和、分派と異端の抑圧、聖職者の尊厳をとるならば長老制よりも主教制のほうが適している。しかし長老制は主教制よりも高慢や暴政の悪影響を受けにくい。この世においては、どのような教会制度も腐敗から完全に免れるということはないのである」[37]。ロスはまた、教会の分裂と聖職権の失墜に対する危機感や、セクトの活動に歯止めをかける必要があるという考えを、当時の多くの異端学者たちと共有していた。サウサンプトンの「成り上がりのセクト主義者」「異端的な盗人集団」に向かって吐き捨てるようにロスが残した一六四二年の説教には、急進主義と反聖職者感情に沸き立つ平信徒と直面した彼の困惑と嫌悪がはっきりと表明されている。(38) それは同時代の多くの国教会聖職者たちが抱いた反セクト感情そのものであった。

しかし、『世界宗教大全』が革命期の異端学から継承した要素として、反セクト主義よりも重要なのは、多種多様な宗教的カテゴリーを収集・分類する百科事典主義である。『異端目録』でのパジットと同様、ロスも『大全』に収録する諸宗派やセクトを積極的に論駁せず、それらの教義や歴史について、冷静で客観的な解説を施すにとどめている。一六四〇年代に長老派聖職者たちが主導した「異端」論争が影をひそめたあと、異端のカタログは一般的なレファレンス出版物としてのジャンルを確立していた。パジットの『異端目録』も、版を重ねるごとに項目数を増やし、百科事典的な性格を強めている。『大全』は明らかにこのような出版物の需要に応える形で製作されたと見てよい。ロスが『大全』を出版した時点でパジットの『異端目録』は既に四版を重ねており、第五版が出版された一六五四年、ロスは『大全』第二版の増補に励んでいる。保守的な哲学者というロスの一般的な評価に反して、『大全』は決して「古い知識」の寄せ集めではなかった。ロスは同時代の宗教事情に敏感に反応し、たえず『大全』の内容を最新の状態に保とうとしていたのである。一六五五年に出版された第二版でロスは「ランターズ」「クェーカー」「マグルトン派 Muggletonians」、アルンヘムやニュー・イングランドの「独立派」などの解説を加え、さらに内戦による教会体制の崩壊以降にあらわれたという、一〇六の「誤謬」をリストしている。(39) これらの情報は、最初の本格的な英語辞書と目されるトマス・ブラント『グロソグラフィア』(一六五六年)の「異端」の項目にも反映された。(40)

4　異教を知る必要

このように、ロスの『世界宗教大全』は、拡大版の異端学と呼ぶべき著作であった。しかし、『大全』には、パジットの『異端目録』にも見られない特徴がある。それは、キリスト教以外のさまざまな宗教の研究に向かうロスの積極的な姿勢である。

際限なく拡大してゆく異端のカタログまたは百科事典に対して、その効用よりも悪影響を指摘する声があることを、ロスは認識していた。第5章の冒頭でみたように、一六四〇年代後半には、セクトに批判的な聖職者たちにも、異端学書の出版によって宗教的立場の多様性を公にすることへのためらいがあった。危険な思想は出版するのではなく隠蔽するべきではないか。教会の分裂よりも、一致を強調するべきではないか。カタログが誤用され、本気で異端を信仰する者があらわれたら、逆効果にならないか[41]。異端学者たちが編纂する異端のカタログの項目数の増大は、現実のイングランド社会における非国教主義の広まりと連動するものとして受け止められたのだ。

一六四九年の『マホメットのアルコラン』出版をとりまいていたのは、まさにこの問題であったと考えてよい。このときのロスの弁明は興味深い。『アルコラン』の附録として同時出版された、『コーランを読むことの効用と、それが危険であるかについて知りたい方へ、必要な注意と勧告』と題された小論で、出版反対者の声を意識しながらも、ロスは注意深く批判を退ける。キリスト教世界にも既に無数の異端がはびこっているのだから、イスラムというもうひとつの異端を知ることを恐れる理由はない。むしろ、彼らの誤りを知ることは、キリスト者にとってみずからの正しい信仰を確認するためにも必要である、と[42]。ここで擁護されるのは、『アルコラン』やイスラム教ではなく、『アルコラン』やイスラム教について知ることなのである。
『世界宗教大全』の前書きでも、同じ議論が展開される。

何ゆえにこれらの、宗教についての異なる考えに光が当てられなければならないのか。それは、我々がそうした考えを喜んで受け入れるためではなく、むしろそれらの欠陥を認め、避けるためである。……世界があまりに多くのセクトや異端で満ちあふれているから我々はそのことに触れるべきではない、と言うのは、まるで、天国はあまりに多くの盗人に取り囲まれているから我々はそれに気づくべきではない、と言うことと同じだ。しかし、もし隠されていたらどうやって避けることができようか。世界があまりにも多くの宗教で覆われていることは確かだ。そしてそれが数多いほど残念なことである。しかし、この本が彼らをつくったのではない。彼らがこの本をつくったのだ(43)。

ロスにとって宗教の複数性とは、記述と無関係に存在する客観的な現実であり、所与の条件であった。
ロスの抗弁は、商業的成功のための作家の自己正当化ではない。彼の関心の対象は、キリスト教の枠組みを超えて人類に普遍的に観察することのできる現象としての「宗教」であった。個別宗教の多様性を受け入れることは、それらを包摂している概念として「宗教」そのものを新たに定義することと不可分だったのである。『大全』の総論にあたる第一五節で、ロスの議論は従来の神学者たちのそれから大きく離れた方向へ進む。「神などいないと心のなかでつぶやく愚か者を除けば、どれほど野蛮で獣のような民であろうとも、神格 Deity を礼拝することを教える何らかの宗教をもたないことはない。宗教とは、すべての国家がその上に成立する支柱だからである(44)」。ここでロスは、プロテスタンティズムはおろか、キリスト教の歴史にも規定されることのない、より抽象的な上位概念としての「宗教」を語っている。あらゆる人間社会において「宗教」が果たしている役割こそを評価すべきであって、その「宗教」がキリスト教ではない社会の存在は、「残念」ではあっても、無神論(無宗教)の「愚かさ」と比べれば、喜ぶべきことなのである。それどころか、「誤った宗教」も人に従順を教える限りにおいては「有用」であり、その存在じたいが「人類の幸福」への神の配慮のあらわれなのである、とロスは言う。[45] ロスは、特定のプロテスタント神学の正統性を証明するために他のすべての教派を異端としてリストするという従来の異端学の目的から離れ、抽象的な「宗教」の必要性を証明するために、すべての個別の宗教をリストしたのである。

ロスはキリスト教が世界のさまざまな宗教のなかで「もっとも優れた宗教」であると、自信をもって結論する。しかしそれはキリスト教が、ロスの言う「宗教」の理想型に「もっとも近い」からであった。[46] それ以前の異端学者たちが、みずからが属する教派を決して相対化することがなかったことに鑑みると、『大全』のキリスト教へのまなざしには驚くべきものがある。では、キリスト教の次にもっとも自然な理性 natural reason に合致した宗教は何か、とロスは自分に問い、それは異教徒たちによる太陽崇拝であると答える。「人間の知覚できる実在において、その輝き、明るさ、運動、力、美しさ、効力において太陽に比較しうるものはない」ので、異邦人たちが「太陽こそが世界の唯一の神格であると判断」したことは、間違ってはいない、と言うのである。[47]

この発想は、いったいどこから来たのだろうか。ピューリタン聖職者たちによる異端学を継承しながらも、個別宗教の多様性を受け入れ、キリスト教を相対化したロスの思想を理解するためには、一六六〇年の王政復古以降のイングランドの宗教文化という新しいコンテクストのなかで考える必要がある。本章後半では、宗教的異端をめぐる言説が革命期から王政復古期にかけてどのように変化したかを概観することで、本書全体の総括を試みたい。

5 「狂信」と「無神論」のあいだ

本書が考察してきた革命期の異端論争と、王政復古時代の保守的な宗教言説のあいだには、連続性と断絶との両方を指摘することができる。連続性の観点からまず言えることは、宗教セクトを国家と教会の秩序に対する脅威とみなす認識が、王政復古体制の中核をになったイングランド国教会擁護派の言説に受け継がれたということである。チャールズ二世(Charles II, 在位 1660–1685)は、父チャールズ一世の死刑判決にかかわった国王弑逆者《レジサイド》らを除き、革命期の議会派に大赦を与え、宗教的にも寛容な国教会体制を希望した。しかし、かつての厳格な国教会体制の復活を望む主教派聖職者たちと、共和政時代に主導権は失ったが、信仰の自由を享受していたピューリタン聖職者たちとの溝は埋まらなかった。復活した国教会の典礼をめぐる主教派と長老派の調停を試みた一六六一年のサヴォイ会談は失敗に終わった。王政復古議会では、貴族院に議席を回復した主教たちに保守的な世俗議員たちも加わって、革命の混乱の責任をピューリタンに負わせた。一六六一年の「自治体法」は公職につく者に国教会礼拝への帰順と、「厳粛な同盟と契約」の否認を求め、一六六二年の「礼拝統一法」は、再制定された共通祈禱書(一六六二年)の使用をすべての聖職者に義務づけた。新しい国教会体制への帰順を拒否して聖職禄を失った聖職者は二〇〇〇人以上にのぼった。教区外での彼らの説教活動は、さらに「秘密礼拝集会禁止法」(一六六四年)、「五マイル法」(一六六五年)によって規制された。こうして長老派は、非国教徒に格下げされ、かつて彼らが敵対視した会衆派諸教会やバプテスト、クェーカーたちと同じカテゴリーに加えられたのである。(48)

プロテスタント非国教徒に対する敵意と嫌悪感は、王政復古体制を特徴づけることになった。内戦期に登場したさまざまなセクトは、王政と国教会の転覆を企てた「狂信者phanatics」あるいは「熱狂者enthusiasts」と呼ばれ、いまや「教皇主義」とともに、公敵とされたのである。[49] 国教会の復活を「黙示録」に預言された反キリスト到来のしるしと受け止めたトマス・ヴェナー率いる「第五王国派」の武装蜂起はすぐに鎮圧され(一六六一年一月)、正気を失った危険な反社会的集団という非国教徒のステレオタイプをかえって強化した。ヴェナーの反乱鎮圧直後に逮捕されたクェーカーの数は四二〇〇を超えたという。[50] 一六六二年春に書籍商ウィリアム・リーによって増補されたパジットの『異端目録』第六版には、白目をむいて鉾槍をかかげるヴェナーの滑稽な姿が、次の句とともに描かれている(図3)。

この鉄兜は神の啓示の王冠
この鉾槍は民を治める王笏
第五王国人に栄誉あれ
ヴェナー王に並ぶは、ライデンのジョンだけ[51]

図3 『異端目録』増補第六版(1662年)「トマス・ヴェナー」University of Illinois at Urbana-Champaign

一六六一年三月に出版された国王派パンフレット『センペル・イーデム』は、過去二〇年間をふり返り、「我々の経験した恐ろしい叛乱と、無政府状態による混乱」のすべての原因は、セクトの「狂信的な霊(精神)phanatic Spirit」にあったと結論する。著者によれば、この「狂信」こそ、ウィクリフ派のような中世の異端的集団から受け継がれ、現在のイングランドでも「再洗礼派、第五王国派、レヴェラーズ、クェーカー」のなかに生きている、諸悪の根源なのであった。「現代の狂信者たちの最悪の連中が、いま行ったり企んだりしていることの大半」は、過去の異端者たちの「模倣《コピー》」なのである。セクトとは、いつも「異端的な自惚れに……陶酔し、興奮で我を忘れている」のであって、昔も今も「常に同じ《センペル・イーデム》」なのだ。(52)

ただし、宗教セクトの危険を説明する言語に注目するならば、状況は「常に同じ」であったとは言い難い。「狂信」は、クェーカーやバプテストだけでなく、非国教徒全般を体制教会の敵として他者化するために新たにつくられた、王政復古に特徴的な概念であった。クェーカーのエドワード・バロウは『告発された迫害』(一六六一年)で、「二年ほど前までは、狂信者ということばはほとんど、あるいはまったく使われていなかった」と指摘して、『センペル・イーデム』に反論している。バロウによれば、クロムウェルの護国卿体制が崩壊し、「いわゆるセクト主義者たちがその地位を追われた」ときに、ふたたび勢力を取り戻した「長老派とその支持者たちが、再洗礼派たちや、自分たちと考えや習慣の異なる者たちに怒りと憤りを向けて、狂信者と呼び始めたのだ」。しかし、長老派の反撃は長くは続かなかった。「社会《パブリック》が一般的に長老派であったときには、彼らに従わず異をとなえる者は「狂信者」と呼ばれた。そして、社会が主教制となったいま、長老派たちでさえも、体制と異なる、また体制に従うことのできないその他すべての者とともに、「狂信者」という蔑称によって非難されているのである」。(53)『初期英語刊行本書名目録(ESTC)』(本書第4章2節)を見るかぎり、バロウの主張が正しい。「狂信」の語をタイトルにもつ出版物の数は、王政復古以前の半世紀間に合わせて七つであった(うち二件は一六五九年)が、一六六〇年には四三に急増している。(54)

プロテスタント非国教徒が経験した抑圧の度合いは、地域や時期によって差があったが、セクトに対するバッシングは、王位継承をめぐる政治闘争が宗教対立と結びついた一六八〇年代にふたたび強まった。王権のローマ・カトリックへの接近を危惧したホイッグ派が反カトリック言論を展開したのに対し、トーリー派は、チャールズ二世の

図4　『委員会』(1680年)挿絵

弟でカトリックである皇太子ジェイムズの王位継承に異議をとなえるホイッグ派を、一六四〇年代の「内乱」におけるピューリタン・セクトに重ねて中傷したのである。[55] たとえば、チャールズ二世のもとで検閲官を務め、みずからもトーリー派のプロパガンダ作家として影響力をふるったサー・ロジャー・レストレインジ（Sir Roger L'Estrange, 1616-1704）の手がけたブロードサイド『委員会 *The committee*』（一六八〇年）の挿絵では、さまざまなセクトが、かつての国王殺しの共犯者として一堂に会し、ローマ教皇の助けのもと、教会と国家のさらなる破壊を企てている（**図4**）。壁に「厳粛な同盟と契約」が貼られ、チャールズ一世の胸像が床に転がった部屋でテーブルを囲むのは、マグルトン派、ランター、クエーカー、再洗礼派、独立派、第五王国派、（クエーカーの）ジェイムズ・ネイラー、（裸の）アダム派、そして議長を務める長老派である。[56] 一六四〇年代の「異端のカタログ」は、国王派によって見事に領有されているのである。

しかし、長老派も含むピューリタン非国教徒たちの疎外だけが、革命の終焉がもたらした結果ではなかった。また、彼らだけが、王政復古体制が危険視した存在でもなかった。セクトが「狂信者」と呼ばれ、失笑とともに周縁化されてゆくにつれて、一六四〇年代に議会やロンドン市エリート、ピューリタン聖職者たちが熱心にその弾圧を求めた「異端」は、宗教を脅かす存在としての重要性を失っていく。「異端」の恐怖にかわって、哲学的・学問的な懐疑主義すなわち「無神論 atheism」が、伝統的なキリスト教に対する新たな脅威と目されるようになったのである。革命期と王政復古期の大きなへだたりは、ここにある。

第4章では、一六四〇年代における「異端」が明確な歴史的実在を反映した概念ではなかったことを確認したが、王政復古期における「無神論」は、「異端」以上にあいまいで、複雑な含意をもつことばである。科学史家マイケル・ハンターによれば、一六五〇年代から王政復古期にかけて目立ち始めた「無神論」をめぐる議論が反映していたのは、神の存在を真正面から否定する確信的な無神論者の登場ではなく、伝統的なキリスト教神学から距離をとりながら人間や自然、社会秩序を論ずるさまざまな知的・学術的な傾向に対する、漠然とした不安であった。たとえば霊魂不滅の教義に対する懐疑は、革命期にはリチャード・オーヴァートン（本書第5章5節）ら急進派の「異端」として、異端のカタログに収録されていたが、王政復古期にはアイザック・ニュートンやロバート・ボイルなど、王立協会に集う自然哲学者たちの思想となっていた。機械論《メカニカル・フィロソフィー》や原子論《アトミズム》といった唯物論的な諸理論に対する哲学者たちの関心は、世界にたえず働きかける神の「摂理《プロヴィデンス》」という、広くカルヴァン主義神学に浸透した考えも掘り崩しかねなかった。王政復古期の上流社会における享楽主義や、コーヒーハウスに集う「機知者《ウィット》」たちの世俗的な会話でさえ、聖書の権威を脅かしていると見られたのである。[57] こうした新しい種類の脅威と比べれば、保守的文筆家たちが好んでけなしたクェーカーのような「狂信的」非国教徒セクトは、宗教的混乱の分かりやすいイメージをパンフレット作家たちに提供していただけで、真剣な論駁を必要とする課題ではなかった。非国教徒セクトを公的空間から追放し処罰することでは、王政復古体制の宗教的安定は回復できなかったのである。

6　ホッブズと異端論争の終わり

一七世紀後半に、宗教的秩序を脅かす危険がセクトの「異端」から哲学的な「無神論」へ移行していったことは、トマス・ホッブズの『リヴァイアサン』をめぐる王政復古期の論争からも読み取ることができる。古物収集家ジョン・オーブリのホッブズ伝によれば、「国王が帰還されてそれほど経たないころ、議会の何人かの主教たちが、このお方〔ホッブズ〕を異端者として火刑にすべしと発議した」という。具体的にこれがいつ起きたのか、また主教たちによるこの提案が議会の貴族院においてか、あるいは聖職議会においてであったかは不明である。だが、教会統治における主権者の絶対的な優越を説き、教権主義をはっきりと批判した『リヴァイアサン』に、復帰を果たした国教会主教たちが不満を抱いていたことは確かである。(58)ホッブズは世俗議員たちにも危険視されていた。ロンドン大火直後の一六六六年一〇月、「無神論と不敬 atheism and profaneness」を取り締まる法案を検討した庶民院の委員会は、『リヴァイアサン』を槍玉にあげた。神の三位格、摂理と主権、聖書の権威などを発言や出版によって否定する者を処罰対象としたこの法案は、一六六七年はじめに庶民院を通過し貴族院に送られ、さらに霊魂の不滅や地獄の業火の否定も取り締まり対象に追加した。霊魂の不滅、そして地獄での永劫の苦しみは、ホッブズが『リヴァイアサン』で聖書的根拠に乏しいと論じていた教義であった。(59)

晩年のホッブズが、『リヴァイアサン』の弁明と、聖職者主導による宗教的弾圧に対する批判に力を注いでいたことは、多くの研究者たちが認めるところである。ホッブズは一六六八年に出版した『リヴァイアサン』ラテン語訳に、異端の処罰を不当とする小論を載せ、さらに英語で、『異端についての歴史的考察 *An historical narration concerning heresie*』を執筆した。後者は、生前から手稿の状態で回覧されていたが、一八ページの小本として出版されたのはホッブズが没した翌年の一六八〇年であった(60)。

『異端についての歴史的考察』でホッブズは、『リヴァイアサン』には「国教会に反対するとか、主教の誰かに反対するとか、教会の公式教義に反対するとかのことばは何もなかった」と弁明する。しかし『歴史的考察』の中心をなすのは、特定の思想信条を異端であると認定する客観的根拠はないという主張である。ホッブズによれば、「ヘレシー」のもとのギリシア語本来の意味は、「なにかをとること、とくにひとつの意見をとること」であり、「個人の私的な意見……にすぎず、真偽にかかわるものではなかった」。ホッブズにとっては、ニケア公会議(三二五年)によってキリスト教の正統的信仰が確立されたのは、あくまでも為政者による帝国の「平和」維持のためであった。ある社会で何が異端と呼ばれるかは、統治上の問題であって、宗教的な真偽や善悪とは無関係なのである。ホッブズは、「平和」の失われた革命期に「誰でも好きな宗教の教義を説教したり書いたり」していた事実は認めている(61)。しかし彼は、一六四〇年代に長老派聖職者やスコットランド契約派が熱心に取り組んだ「異端」論争の経緯には関心を示さないし、個々の信徒の「良心の自由」を擁護する寛容論者たちの議論からも距離をとっている。J・チャンピオンが指摘するように、異端を歴史的構築物と考え、教会を国家に従属させるホッブズの議論の核心にあったのは、彼の強い反教権主義と、宗教的真実そのものの存在に対する深い懐疑心であった(62)。

一七世紀後半、イングランドの王政復古体制が阻止しなければならないと考えた「無神論」とは、まさにこのような態度であった。一六五〇年代に登場したクェーカーや第五王国派が「狂信」ないし「熱狂」者を代表したとすれば、ホッブズの『リヴァイアサン』は、「無神論」の代表であった。ハンターのことばを借りれば、「ホッブズは、保守的な作家たちにとって申し分のない存在であった。なぜなら彼は、……当時ありふれてはいたが、他の著作のなかから抜き出すのが苛立たしいほど難しい類の思想を、端的に表現してくれたからである」[63]。

一六五〇年代以降、神学者や知識人たちは、こうした新しい哲学的傾向に対抗するために、宗教の本質的な部分だけを抽出し、「理性 reason」にもとづいてキリスト教信仰を証明しようと試み始めた。これは、(本書がこれまでに考察してきた)特定の神学的立場や教会制度の正統性を「異端」や「誤謬」から擁護することとはまったく異なる、新しい課題であった[64]。彼らは、神から啓示を受けたと言うクェーカーを「熱狂」にかられているだけだと退けつつも、その批判原理を敷衍してゆけば、キリスト教は非合理的であると批判する「無神論」者の懐疑主義と同じものになってしまうことに、気がついていたのである。「無神論と熱狂は、一見まったく正反対の関係にあるようだが、神と宗教についての真の知識に対する陰謀であるという点で……一致している」と述べた、信仰深き哲学者ヘンリ・モア(Henry More, 1614-1687)が頼むべき柱としたのは、「理性」であった[65]。

キリスト教と理性の関係をめぐって、ケンブリッジ・プラトニスト(モア、ラルフ・カドワース)、グレート・テュー・サークル(ウィリアム・チリングワース)、広教主義者(ジョン・ウィルキンズ)など、さまざまな知識人サークルが思考実験に加わった。彼らは統一した神学体系を提示することはなかったが、宗教的知識の正統性を担保するためには伝統的な神学体系では不十分であるという認識は共有していた[66]。哲学史家リチャード・ポプキンは、革命期のハートリブ・サークルに代表される学問刷新運動や、「ユダヤ人の改宗」への千年王国主義的な期待の高まりも、一七世紀の「懐疑的危機」に対処する必要から生まれたと論じている[67]。

キリスト教をこえて、人類に普遍的な「自然宗教 natural religion」を探求する議論も、宗教的真理を再構築する試みの一環であった。すでに一七世紀前半にネーデルラントのフォシウス(Gerardus Johannes Vossius, 1577-1649)は、

『異邦人の神学について *De theologia gentili*』(一六四一年)で、世界のさまざまな多神教の分類と解説を行ったし、イングランド理神論の父とも呼ばれるエドワード・ハーバート(Edward Herbert of Cherbury, 1582?-1648)は、『真理について *De veritate*』(初版一六二四年)や、これを発展させ死後出版された『異邦人の宗教について *De religione gentilium*』(一六六三年)で、全人類に共通する「宗教」の定義を論じた。(68)

宗教の再定義を試みるこうした新しい潮流のなかに、『世界宗教大全』におけるアレクサンダー・ロスの比較宗教論は位置づけることができるのである。「すべての人は、天的な事柄を知ったり思い描いたりすることに自ずと喜びを感ずる、霊的で理性的で天的な魂を持っていることを知っている」、とロスは述べる。「自然と人間性をかなぐり捨てない限り、人は宗教をまったく拒絶することなどできないのである」。(69)ここでロスが論じているのは、自然宗教に他ならない。宗教的真理の客観的実在に対するホッブズの懐疑主義を『リヴァイアサン』にいちはやく見出していたロスが、みずから編纂した世界の諸宗教の百科事典によって自然宗教を追求していたことに、不思議はない。(70)旧約聖書のモーセから同時代のクェーカーにいたるまで、時間と空間を横断しさまざまな宗教的カテゴリーを精力的に収集し続けたのは、ロスがそのような学問が正当性を持つと信じていたからだけではなく、この営みによって明らかになる事実が、普遍的な「宗教」を帰納的に証明すると考えたからだ。イスラム教や太陽崇拝は急進セクトとともに、異端の危険性についての警告ではなく、人類学的な真理を支える事例となったのである。さまざまな非正統的な宗教に対するロスの強い関心、また「神格」崇拝についての彼の相対主義的とも言える理解は、ホッブズとその批判者たちがそのなかで宗教的真理のありかを論じ合った知的変動の一部を、構成していたのである。

革命期に生まれた異端学の目的がセクト批判から、無神論に対する「宗教」の擁護へと移行したことは、王政復古後に増補改訂されたパジットの『異端目録』第六版(一六六二年)にも見てとれる。(71)リーによって巻末に加えられたセクション「国王陛下の崩御について」では、チャールズ一世処刑における長老派聖職者たちの無実を七ページにわたって釈明するいっぽう、続く「三王国の国教会の現状について」では、空位期の教会改革を取り仕切った「若干名の誤った改革者たち」を批判し、ジェイムズ一世の格言「主教なくして国王なし」まで引用して、主教制国教会の復活をことほぐ(72)。しかし巻末に追加されたセクション「平和を勧める結論」がもっとも強く訴えるのは、特定の教会制度でも神学的立場でもなく、社会秩序の要としての「宗教」の重要性である。「分派と冒瀆的な強欲」に悩まされてきた宗教を、帰還した国王が「癒し、修復」している。いまや『異端目録』は、聖職者たちのセクトに対する闘いではなく、宗教がその「初期状態に復元された」ことの記念碑となった。テクストに加えられた銅版画は、「結論」全体のエンブレム画となっている（**図5**）。「平和」をあらわす女性像が、天からの光に照らされて、麦の束の横でオリーヴの枝を右手に立っている。彼女の左腕は、会衆に説教する聖職者の姿が刻まれた石碑の上におかれている。挿絵の下の詩句が主旨をまとめる。

平和と豊潤は固く結ばれ
平和は良き知識を精錬する。
だが平和を守るのは宗教
戦争は無神論をふたたびもたらす(73)。

図5　『異端目録』増補第六版（1662年）「平和」　British Library

「異端」とは何か、また、「異端」には何種類あるか、といった問題は、ここでは異端のカタログの中心的メッセージではない。異端学は、「戦争」と「無神論」の反対概念としての「平和」と「宗教」を表象する役割を与えられたのである。

7　変容する宗教

宗教改革の一六世紀に「異端」の概念を支えていたのは、正しい宗教はひとつしかないという確信だった。歴史家ジョン・ボシーやピーター・ハリソンが論じているように、Religionという名詞の複数形は中世には概念として存在しなかった。[74]しかし一七世紀の異端学の目的は、宗教の唯一性という確信の上に異端を定義することから、人類の無限の多様性という現実の上に宗教を(再)定義することへと変化した。内部から論ずべき救済の体系としてではなく、外部から記述したり比較したりすることが可能なものとして、宗教は集合的に扱われるようになったのである。カナダの宗教学者W・C・スミスは一九六二年の著作『宗教の意味と目的』で、複数形の「s」のついた、すなわち数えることのできる「宗教 religions」とは、ヨーロッパの歴史のなかで人為的につくられた概念であり、それは宗教を「意識的にひとつのモノ a thing にすること、客観的に実在するひとつの体系として考えること」によってはじめて可能になった、と論じた。[75]ロスの『世界宗教大全 *a view of all religions in the world*』のタイトルにおいて「宗教」に複数形が使われていることは示唆的である。「この本が彼らをつくったのではない。彼らがこの本をつくったのだ」、とロスは釈明する。果たしてそうだろうか。

たしかにロスが当時の知識人共同体に対して持ち得た影響力は、ホッブズに比べれば取るに足りないものであった。彼の『アルコラン』は当時のアラブ学の伝統を無視したものであったし、自身の根強いアリストテレス主義のゆえに、彼は実験哲学者たちの新しい学問を信用することができなかった。しかし、信仰的確信と教会の政治的基盤が揺らぐ時代にあって、宗教の多様性を正面から取り上げることの必要をロスは直感していたのかもしれない。その手法は、宗教的寛容に強く反対した異端学から引き継いだものであった。だがその結果としての『世界宗教大全』は、伝統的な宗教観を相対化し、宗教に対する新しいまなざしを構築する一翼を担ったと言えないだろうか。教会の分裂という危機に際して「宗教」を数えられる名詞として再定義したロスの著作は、イングランド社会における宗教的立場の複数化という現実とも、「懐疑的危機」からの出口を求める思想家たちのさまざまな模索とも連動していたし、またそのような変化を具現し確かなものとする役目をも、引き受けていたのである。

さて、一七世紀半ばの内戦と革命のあと、イングランドの宗教はどのように変化したと言えるだろうか。政治的・社会的・文化的な変動の複数性、またそれらの複雑さを考えれば、安易な一般化には慎重にならなければならない。本書で正面から取り扱わなかった、クェーカーをはじめとする急進派諸集団、イングランド国内外におけるローマ・カトリックの存在、ユダヤ人や亡命プロテスタントを含む外国人の宗教的コミュニティ、そして一般民衆の信仰実践なども視野に入れた検証を、さらに続ける必要がある。革命の経験と記憶は、スコットランドでもアイルランドでも、イングランドとは大きく異なっていたことにも注意しなければならない[76]。残された課題を念頭におきつつ、一七世紀後半以降のイングランドの宗教がたどった変化の特徴をおおまかにまとめるならば、以下のようになる。

第一に、宗教の複数性が決定的になった。王政復古体制は、チャールズ一世時代のような強固な国教会体制を回復しようと試みたが、宗教における一致は見せかけのものであった。イングランド総人口の五パーセントにも満たなかったとはいえ、プロテスタント非国教徒の存在を抹消することはできなかったのである[77]。いっぽう、王室とローマ・

カトリック教会の接近は、政局をふたたび不安定化させた。王政復古期の政治的指導者たちは、そもそも何をもって国家の一致とするのか、すなわち国内のカトリック弾圧を緩めてでも国王大権を優先するのか、それとも国王とふたたび対立する危険を冒してでもプロテスタントの大義を優先するのかをめぐって、論争し続けたのである。ジェイムズ二世(James II, 在位 1685-1688)のカトリック優遇政策が明らかになったとき、イングランド議会は後者の立場を選び、名誉革命が起こった。しかし直後に制定された「宗教寛容法 Toleration Act」(一六八九年)によって、プロテスタント非国教徒の存在が合法化され、全国民を包括する唯一普遍の国教会という構想は放棄された。名誉革命で、イングランドがカトリックの国王を戴くことは回避されたが、教会の一体性という理念も、永久に失われたのである。

第二に、政治における宗教論争の重要性が低下していった。たしかに、イングランド・スコットランド合同(一七〇七年)後のイギリスは、プロテスタント=反カトリックを共通項として、長い対フランス戦争における国民統合を進めた(78)。また、一八世紀イングランド内政において、トーリー党とホイッグ党の宗教的支持基盤は、前者は主教制を支柱とした伝統的な宗教秩序を重んずる国教会の高教会派《ハイ・チャーチ》、後者は非国教徒も含むプロテスタント諸派の共存と寛容を善しとする低教会派《ロー・チャーチ》であった。両者の対立構造は、議会政治の枠にとどまらず、民衆文化や労働者の騒擾のかたちにも影響を与えた(79)。こうして見ると、宗教は以前と同様に、あるいは以前にもまして、政治性を強めたように見えるかもしれない。しかし、宗教的差異を主義や党派の違いに回収することは、選択を許すことであり、正統と異端の判定を放棄することでもあった。大学進学や官職に就く道は国教徒の男性に限られていたし、非国教徒に対する社会的な差別や反カトリック感情も、一九世紀まで尾を引いた。しかし教会の一致に頼らずとも国政が成り立つことが明らかになるにつれて、宗教をめぐる議論は政治の中心から遠ざけられていった。

第三に、宗教の私事化が進行した。非国教徒たちの「狂信」から距離をとりつつ、キリスト教信仰の「合理性」を大切にした上流階層や知識人たちは、信仰を私的な領域に限定しようと努めるようになったのである。名誉革命にかかわった政治家、ハリファクス侯ジョージ・サヴィル（George Savile, Marquess of Halifax, 1633–1695）は、晩年に出版され、一八世紀を通して広く読まれた『淑女のための新年の贈り物――娘への勧め』で、宗教の重要性を説きながらも、それは「教会で大声で叫んだり、信仰深さのあまり痙攣を起こしたり、異様なやり方でお祈りすることとは、何の関係もない」、と諭している。

おまえの熱心な思いは、隠れたところに保っていなさい。自分ひとりで全能なる神を思いなさい。他の人のいる場では、静かに落ち着いていなさい。……宗教とは楽しい《チアフル》ものであって、よい気性と結びつくことはあっても、決して対立することはない。宗教に不快なことなど、いっさい伴わないのだよ。……宗教とは、高められた理性であって、……人間の精神を暗くさせる雲やかすみのほとんどない、高次の場所に属するのだから。[80]

理性的で洗練された市民性に最適化された「楽しい」キリスト教は、当然のことながら下層民衆に対する訴求力を次第に弱めていった。一八世紀イギリス宗教史のハイライトとも言える福音主義運動《イヴァンジェリカリズム》と、メソジスト教会の誕生は、このような信仰の紳士化に対する反動であったと言える。福音主義者たちは一八世紀後半から一九世紀には奴隷制度廃止運動や各種チャリティ、海外宣教に熱心に取り組んでゆく。その社会的影響力を過小評価することはできない。とはいえ、彼らは単一の宗教秩序の回復による社会統合を目指したのではなかった。福音主義の根幹にあったのは、信仰とはまず個人の内面世界において確立すべきもの、という確信であった。

本書では、一七世紀イングランドにおける宗教の変容を、特定の神学体系や政治思想、時代性に還元するのではなく、できるかぎり内戦・革命期の論争の過程を通して描き出すことを試みた。論争の対象が教会音楽であれ異端の弾圧であれ、議論に加わった政治的指導者や聖職者、文筆家たちは、国家と社会の全体を包括する統一秩序としての宗教の護持を目標にしていた点において、イギリス革命は宗教改革戦争と呼びうる出来事であった。しかし、革命の実験が終わったとき、イングランド人がそのために戦った宗教は、もはや彼らをひとつに結びあわせるものではなくなっていたのである。

（1）［Alexander Ross,］*The Alcoran of Mahomet, translated out of Arabique into French; by the sieur Du Ryer, Lord of Malezair, and resident for the king of France, at Alexandria. And newly Englished, for the satisfaction of all that desire to look into the Turkish vanities*(1649).

（2）S. R. Gardiner, *History of the Commonwealth and Protectorate 1649–1656*, vol. 1(London, 1903), p. 56.

（3）Alexander Ross, ***Πανσεβεια***［*Pansebeia*］*: or, a view of all religions in the world*(London, 1653). 本章では副題を訳して『世界宗教大全』とし、以下の注では表題の英語表記 *Pansebeia* を用いる。

（4）*Journal of the history of ideas*, vol. 64, no. 1(2003)特集より。以下はこの分野における無数の研究成果のごく一例である。アン・ブレア『情報爆発――初期近代ヨーロッパの情報管理術』住本規子・廣田篤彦・正岡和恵訳（中央公論新社、二〇一八年）；ポーラ・フィンドレン『自然の占有――ミュージアム、蒐集、そして初期近代イタリアの科学文化』伊藤博明・石井朗訳（ありな書房、二〇〇五年）；Anthony Grafton, *The footnote*(London, 1997); N. Jardine, J. A. Secord and E. C. Spary(eds.), *Cultures of natural history*(Cambridge, 1996).

（5）J. R. Glenn, 'Introduction' to Alexander Ross, *A critical edition of Alexander Ross's 1647 'Mystagogus poeticus, or the muses interpreter'*, ed. J. R. Glenn(New York and London, 1987), pp. 1–59; Adrian Johns, 'Prudence and pedantry in early modern cosmology: the trade of Al Ross', *History of Science*, vol. 36, no. 1(1998), pp. 23–59; David Allan, *Philosophy and politics in Later Stuart Scotland*(East Linton, 2000), esp. pp. 151–166; Idem, '"An ancient sage philosopher": Alexander Ross and the defence of philosophy', *The seventeenth century*, vol. 16, no. 1(2001), pp. 68–94; Idem., 'Ross, Alexander(1591–1654)', *ODNB*; M. J. Biggs,

'Alexander Ross (1590-1654): "anachronistic reactionary" or "realist"?', Unpublished Ph.D. thesis, University of Hertfordshire (2001).

（6）ロスの受けた大学教育については、主教主義とスコラ学の色濃いキングズ・カレッジで学んだとするアランやビッグス他の見解に対し、カルヴァン主義とラムス学の名残を残すマーシャル・カレッジで学んだとするジョーンズの立場がある。ＯＤＮＢでアランはどちらの可能性も否定していない。Allan, 'Alexander Ross', pp. 69-70; Biggs, 'Alexander Ross', p. 19; Johns, 'Prudence and pedantry', p. 29.

（7）Alexander Ross, *Rerum Iudaicarum memorabiliorum* (1617-1632); Idem, *Virgilius evangelisans* (1634); Idem, *Virgilii evangelisantis Christiados* (1638). ロスは、地動説への反駁書 Idem, *Commentum de terrae motu circulari* (1634) をロードに献呈している。

（8）この時点でロスが宮廷と何らかの関係を持っていたことの根拠とされるのは、彼が王室付きチャプレンを名乗る Ross, *The first booke of questions and answers upon genesis* だが、この著作には一六二〇年版と一六二二年版が存在する。

（9）一六四〇年一一月、ウィリアム・プリンとヘンリ・バートンがチャネル諸島での流刑を解かれ熱烈な歓迎をうけて上陸したのはサウサンプトンであった。G. N. Godwin, *The civil war in Hampshire, 1642-45: and the Story of Basing House* (Southampton, 1904), ch. 1.

（10）ロスがオール・セインツ教会で行った二月二四日と三月一七日の説教がロンドンで出版されている。Alexander Ross, *Gods house, or the house of prayer, vindicated from prophanenesse and sacriledge* (1642); Idem, *Gods house made a den of theeves* (1642). このあと間もなくロスはサウサンプトンを離れたと考えられる。サウサンプトンでは国王支持と議会支持とに勢力が分かれたが、一六四二年夏までには一部の市民のあいだで議会支持の気運が高まり、周辺地域を制圧しつつあった議会軍の統制下に入った。Godwin, *Civil war in Hampshire*, pp. 4-6, 29-30, 96-99; A. G. Matthew (ed.), *Walker revised* (Oxford, 1948), p. 189; *Two petitions* (1642); *Good newes from South-Hampton, and Basingstoke, in Hampshire* (1642); *Mercurius Aulicus* [August 12] (Oxford, 1643), pp. 435-437.

（11）Samuel Butler, *Hudibras, written in the time of the late wars*, part 1, canto 2 (London, 1663), 1st pt., p. 71.

（12）James Bruce, *Lives of eminent men of Aberdeen* (Aberdeen, 1861), p. 229, quoted in Allan, 'Alexander Ross', p. 74.

（13）Alexander Ross, *The new planet no planet* (1646); Johns, 'Prudence and pedantry', passim; Grant McColley, 'The Ross-Wilkins controversy', *Annals of science*, vol. 3, no. 2 (1938), pp. 153-189.

（14）Alexander Ross, *Som animadversions and observations upon Sr Walter Raleigh's historie of the world* (1650); Idem, *The histo-*

ry of the world: the second part(1652). 前者を一六五三年出版とする説については、Allan, *Philosophy and politics*, p. 175n128.

(15) Alexander Ross, *Medicus medicatus*(1645); Idem, *Arcana microcosmi*(1651).

(16) James N. Wise, *Sir Thomas Browne's Religio Medici and two seventeenth-century critics*(Columbia, 1973), ch. 4 and passim; Peter Green, *Sir Thomas Browne*(London, 1959), p. 37.

(17) Alexander Ross, *Leviathan drawn out with a hook*(London, 1653); Thomas Hobbes, *Of liberty and necessity*(1654), in Thomas Hobbes, *The English works of Thomas Hobbes*, ed. W. M. Bart(Aalen, 1962), vol. 4, p. 237. See also Jon Parkin, *Taming the Leviathan*(Cambridge, 2007), pp. 120-128.

(18) Richard Whitlock, *ZΩotomia, or Observations on the Present Manners of the English*(1654), p. 232.

(19) たとえば、R・S・ウェストフォール『近代科学の形成』渡辺正雄、小川真里子訳(みすず書房、一九八〇年)一七三頁; Francis R. Johnson, *Astronomical thought in renaissance England*(New York, 1968), pp. 277-282; Geoffrey Keynes, *The life of William Harvey*(Oxford, 1966), pp. 358-359; Joan Bennett, *Sir Thomas Browne*(Cambridge, 1962), p. 171 and passim.

(20) 注(5)を参照。

(21) G. J. Toomer, *Eastern wisedome and learning*(Oxford, 1996), pp. 89-91, 147-160 and passim; Nabil Matar, *Islam in Britain 1558-1685*(Cambridge, 1998), pp. 73-76. See also Alastair Hamilton, *William Bedwell, the arabist 1563-1632*(Leiden, 1985); G. A. Russell(ed.), *The 'Arabick' interest of the natural philosophers in seventeenth-century England*(Leiden, 1994).

(22) *L'Alcoran de Mahomet, translaté d'Arabe en François, par le sieur Du Ryer, sieur de la Garde Malezair*(Paris, 1647). アンドレ・デュ・リエはフランスのエジプト副領事を務め、のちに在イスタンブール仏大使の通訳、秘書および顧問官となったアラブ学者。A. Hamilton and F. Richard, *André Du Ryer and oriental studies in seventeenth-century France*(Oxford, 2004); A. Hamilton, 'André Du Ryer', in D. Thomas and J. Chesworth(eds.), *Christian-Muslim relations: a bibliographical history*, vol. 9(Leiden and London, 2017), pp. 453-465.

(23) *Alcoran of Mahomet* ではロスは注釈者として名乗っており、本文をみずから翻訳したとは明言していないが、ロスの翻訳であることはほぼ確実とされている。

(24) Nabil Matar, 'Alexander Ross and the first English translation of the Qur'an', *The muslim world*, vol. 88(1998), pp. 81-92; Idem, 'Islam in Interregnum and Restoration England', *The seventeenth century*, vol. 6, no. 1(1991), pp. 57-71.

(25) Henry Stubbe, *An account of the rise and progress of Mahometanism*, ed. H. M. K. Shairani (London, 1911), p. 159; Matar, 'Alexander Ross', pp. 88-89.

(26) George Sale, *The Koran, commonly called the Alcoran of Mohammed* (London, 1734).

(27) *Journal of the House of Commons*, vol. vi, pp. 168, 170; National Archives, SP 25/87, ff. 29, 30; SP 25/62, ff. 139, 149. 国務議会議事録にある「トマス・ロス」は、アレクサンダー・ロスの誤りであろう。三月から四月にかけては、反政府的な出版・集会の取り締まりに議会と国務会議がとくに警戒していた時期でもある。新体制を批判するレヴェラーズのトラクト『イングランドの新しい鎖・第二部 *The Second Part of England's New Chains Discovered*』が三月二四日に出版され、二八日に主著者ジョン・リルバーンら四人が逮捕された。レヴェラーズと比較して『アルコラン』の危険は小さいと政府が判断し、取り締まりを中断した可能性がある。*Journal of the House of Commons*, vol. vi, pp. 174-175.

(28) 書籍商ジョージ・トマソンが表紙に記した入手日は五月七日。cf. G. E. B. Eyre and C. R. Rivington (eds.), *A transcript of the registers of the company of stationers of London: 1640-1708 A.D.*, reprinted edn., vol. 1 (Gloucester, Mass, 1967), p. 317.

(29) Richard Holdsworth, *An answer without a question, or, the late schismatical petition for a diabolicall toleration of seuerall religions expovnded* (1649), p. 5.

(30) Matar, 'Alexander Ross', pp. 84-6; Idem, 'Islam in Interregnum', passim.

(31) 注(3)を参照。続版は以下の通り。第三版：一六五八年、第四版：一六六四・一六七二年、第五版：一六七三・一六七五年、第六版：一六八三・一六九六年。第六版に手を加えた一八世紀の再版には一七七五・一七八〇年版が存在する。

(32) Alexander Ross, *'s Weerelds Gods-Diensten* (Amsterdam, 1663, 1665, 1666, 1671); Idem, *Les Religions du Monde, ou demonstration de toutes les religions* (Amsterdam, 1666, 1669); Idem, *Alexander Rossen Unterschiedliche Gottesdienste in der gantzen Welt* (Heidelberg, 1668). ハミルトンとリチャードによると、「クルアーン」のドイツ語訳(一七〇三年)を出版した David Nerreter は『大全』のイスラム教の記述に依拠している。Hamilton and Richard, *André Du Ryer*, p. 117.

(33) Samuel Purchas, *Purchas his pilgrimage: or, relations of the world and the religions observed in all ages* (London, 1613); Idem, *Purchas his pilgrimes: in five bookes* (London, 1625).

(34) 一七世紀前半における宗教の四区分法の例として、以下を参照。Edward Brerewood, *Enquiries touching the diversity of languages and religions through the chief parts of the world* (1613), p. 79; Robert Burton, *The anatomy of melancholy*, ed. T. C.

Faulkner and others, vol. 3(Oxford, 1994), pp. 337-343; Peter Harrison, *'Religion' and the religions in the English enlightenment* (Cambridge, 1990), pp. 39, 191n86-192n88.

（35） Ross, *Pansebeia*, p. 164. 傍点は筆者。『世界宗教大全』における日本の取り扱いについては、指昭博「近世イングランドにおける日本像――ピーター・ヘイリンを中心に」『神戸市外国語大学外国学研究』八五巻（二〇一三年）、五一―六頁。

（36） Alexanderl Ross, *A centurie of divine meditations upon predestination* (London, 1646). 予定説の核心に近づくとやや歯切れが悪くなるこの書は、それでも長老派聖職者ジョン・ダウナムにより出版許可を受け、同じく長老派のパンフレットを多く出版しているジェイムズ・ヤングによって印刷されている。ヤングは『世界宗教大全』の初版も手がけている。

（37） Ross, *Pansebeia*, pp. 436-437.

（38） Ross, *House of prayer*, sig. A2r; Idem, *Den of Theeves*, pp. 13-14.

（39） Ross, *Pansebeia*[...] *the second edition, enlarged and perfected* (1655), pp. 369-391, 422-427. 発行者ジョン・セイウェルが述べるように、第二版の追加部分はロス自身の手によるものと考えてよい。sig. A3r. マグルトン派は、一六五一年ごろロドウィック・マグルトンらふたりの預言者によって始められたセクト。三位一体の教義を否定し、クェーカーなど他のセクトとも対立しながら、一九世紀まで存続した。なお、第二版以降の『大全』にはロスの手によるものとは別の異端のカタログ、*Apocalypsis: or, the revelation of certain notorious advancers of heresie* が合冊されている。ラテン語の異端学書 *Apocalypsis insignium aliquot haeresiarcharvm* (Leiden, 1608) の英訳で、主に一六世紀の大陸の再洗礼派指導者の生涯を銅版の肖像画つきで解説している。合冊は発行者セイウェルによるものでロスの意図ではないが、この組み合わせに対するセイウェルの自信からも(sig. A3v.)、項目数の増加が歓迎される百科事典的なジャンルとして異端学書が確立していたことが伺える。原著は Hendrick Lodevik van Haestens, *Growelen der vornemsten hooft-ketteren* (Leiden, 1607) とされる。ESTC; Glenn, 'Introduction' to *Mystagogus poeticus*, p. 55n110.

（40） Thomas Blount, *Glossographia: or a dictionary, interpreting all such hard words* (London, 1656).

（41） 本書第5章1、6節を参照。

（42） Alexander Ross, *A needful caveat or admonition for them who desire to know what use may be made of, or if there be danger in reading the Alcoran* (1649), passim.

（43） Ross, *Pansebeia*, sigs. A5r-A[6]r.

（44） *Ibid.*, p. 518.

（45） *Ibid.*, pp. 533–534.

（46） *Ibid.*, pp. 569–575.

（47） *Ibid.*, p. 539. 太陽崇拝に関するエドワード・ハーバートおよびジョージ・フォクスの見解については Edward Herbert, *The antient religion of the gentiles and causes of their errors consider'd*, trans. by William Lewis（London, 1705）, ch. 4; William C. Braithwaite, *The second period of Quakerism*（London, 1919）, p. 19 を参照。

（48） John Spurr, *The post-reformation 1603–1714*（Harlow, 2006）, ch. 6.

（49） Tim Harris, *London crowds in the reign of Charles II*（Cambridge, 1987）, pp. 36–61; Barry Reay, 'The Quakers, 1659, and the restoration of the monarchy', *History*, vol. 63, issue 208（1978）, pp. 193–213.

（50） Richard L. Greaves, *Deliver us from evil*（Oxford, 1986）, pp. 50–58; P. G. Rogers, *The fifth monarchy men*（Oxford, 1966）, pp. 110–122; Bernard Capp, *The Fifth Monarchy Men*（London, 1972）, pp. 195–200.

（51） Pagitt, *Heresiogarphy*, revised 6th edn.（1662）, p. 280.「ライデンのジョン」は、ミュンスター再洗礼派の指導者。本書一九〇頁を参照。

（52） *Semper iidem : or a parallel betwixt the ancient and modern phanaticks*（1661）, sigs. A2r–v, p. 14.

（53） Edward Burrough, *Persecution impeached*（1661）, pp. 9–11.

（54） ESTCと調査方法については、本書第4章2節を参照。

（55） Harris, *London crowds*, pp. 130–155.

（56） Roger L'Estrange, *The committee; or popery in masquerade*（1680）; Harris, *London crowds*, pp. 137, 139–40. 小野功生『ミルトンと十七世紀イギリスの言説圏』（彩流社、二〇〇九年）、三八一―四〇〇頁も参照。

（57） マイケル・ハンター『イギリス科学革命』大野誠訳（南窓社、一九九九年）、第七章；Michael Hunter, 'The problem of 'atheism' in early modern England', *Transactions of the Royal Historical Society*, fifth series, vol. 35（1985）, pp. 135–157; Idem, 'Science and heterodoxy : an early modern problem reconsidered', in D. C. Lindberg and R. S. Westman（eds.）, *Reappraisals of the scientific revolution*（Cambridge, 1990）, pp. 437–460; Norman T. Burns, *Christian mortalism from Tyndale to Milton*（Cambridge, Mass., 1972）; Alexandra Walsham, *Providence in early modern England*（Oxford, 2001）, pp. 333–334.

（58） Philip Milton, 'Hobbes, heresy and Lord Arlington', *History of political thought*, vol. 14, no. 4（Oxford, 1993）, pp. 510–511; John

Aubrey, *Brief lives, chiefly of contemporaries, set down by John Aubrey, between the years 1669 and 1696*, ed. A. Clark(1898), vol. 1, p. 339. オーブリによる同内容の言及は *Ibid*., p. 394.

(59) 法案の審議は一六六八年に停止し、一六七四年と一六七五年に再開したのが最後となった。Milton, 'Hobbes, heresy and Lord Arlington', pp. 515-521; Thomas Hobbes, *Leviathan*, ed. Richard Tuck(Cambridge, 1996), pp. 314-315, 430-434.

(60) Richard Tuck, 'The "Christian atheism" of Thomas Hobbes', in M. Hunter and D. Wootton(eds.), *Atheism from the reformation to the enlightenment*(Oxford, 1992), p. 127; Samuel I. Mintz, 'Hobbes on the law of heresy: a new manuscript', *Journal of the history of ideas*, vol. 29, no. 3(1968), pp. 409-414; Robert Willman, 'Hobbes on the law of heresy', *Journal of the history of ideas*, vol. 31, no. 4(1970), pp. 607-613; A. P. Martinich, *Hobbes: a biography*(Cambridge, 1999), pp. 319-322.

(61) Thomas Hobbes, *An historical narration concerning heresie, and the punishment thereof*(1680). 翻訳はトマス・ホッブズ『ホッブズの弁明／異端』水田洋編訳(未來社、二〇一一年)、五九、七九―八〇、八六頁に従った。ほぼ同じ議論は『リヴァイアサン』でも展開する。Hobbes, *Leviathan*, pp. 50, 351, 399. 以下も参照。Patricia Springborg, 'Hobbes on religion' in Tom Sorell(ed.), *The Cambridge companion to Hobbes*(Cambridge, 1996), pp. 346-380.

(62) Justin Champion, '*An historical narration concerning heresie*: Thomas Hobbes, Thomas Barlow, and the Restoration debate over "heresy"', in D. Loewenstein and J. Marshall(eds.), *Heresy, literature, and politics in early modern English culture*(Cambridge, 2006), pp. 224-225.

(63) Hunter, 'Science and heterodoxy', pp. 450-451. See also Samuel I. Mintz, *The hunting of Leviathan*(Cambridge, 1962), ch. 3; Quentin Skinner, 'The ideological context of Hobbes's political thought', *The historical journal*, vol. 9, no. 3(1966), pp. 286-317.

(64) Barbara J. Shapiro, *Probability and certainty in seventeenth-century England*(Princeton, 1983), ch. 3; Hugh Trevor-Roper, 'The religious origins of the Enlightenment', in Idem, *Religion, the reformation and social change*(London, 1984), pp. 193-236.

(65) Henry More, *An antidote against atheisme*(1653), sig. A[1]r. cf. Idem, *Enthusiasmus triumphatus*(1656), p. 61.

(66) Richard H. Popkin, 'The crisis of polytheism and the answers of Vossius, Cudworth, and Newton', in J. E. Force and R. H. Popkin(eds.), *Essays on the context, nature, and influence of Isaac Newton's theology*(Dordrecht and Boston, 1990), pp. 9-25; Idem, 'The Deist challenge', in O. P. Grell, J. I. Israel and N. Tyacke(eds.), *From persecution to toleration*(Oxford, 1991), pp. 195-215; Justin A. I. Champion, *The pillars of priestcraft shaken*(Cambridge, 1992), ch. 5. 注(64)文献も参照。

(67) Richard H. Popkin, 'The religious background of seventeenth-century philosophy', in D. Garber and M. Ayers (eds.), *The Cambridge history of seventeenth-century philosophy*, vol. 1 (Cambridge, 1998), pp. 393–422; Idem, *The third force in seventeenth-century thought* (Leiden, 1992), pp. 91–119.

(68) Herbert, *Antient religion of the gentiles*, pp. 1–4; Popkin, 'Deist challenge', pp. 204–205.

(69) Ross, *Pansebeia*, p. 522.

(70) ロスの死後出版された『世界宗教大全』第二版（一六五五年）の、出版者ジョン・セイウェルによる序文も、「ホッブズ派」と「無神論者」とを結びつけている。Alexander Ross, *Pansebeia*, 2nd edn. (1655), sigs. A3r–A3v.

(71) Pagitt, *Heresiography*, revised 6th edn. (1662). 一六四五年の初版でロンドン市長に宛てたパジットの献辞の前に、国王派の歴史家ジェイムズ・ヒースによる新しい献辞が挿入されている。巻末の追加部分がヒースによるものである可能性は高い。「平和を勧める結論」には、「一六六二年三月」と記されている。

(72) *Ibid.*, pp. 295–303, 303–307.

(73) *Ibid.*, pp. 308–309.

(74) John Bossy, 'Some elementary forms of Durkheim', *Past and present*, vol. 95, no. 1 (1982), pp. 3–18; Peter Biller, 'Words and the medieval notion of "religion"', *The journal of Ecclesiastical History*, vol. 36, no. 3 (1985), pp. 351–369; Harrison, *'Religion' and the religions*.

(75) Wilfred Cantwell Smith, *The meaning and end of religion* (New York, 1962), pp. 50–51. See also C. John Sommerville, *The secularization of early modern England* (Oxford, 1992), pp. 4–6.

(76) ジェニー・ウァーモールド（編）『オックスフォード　ブリテン諸島の歴史7――一七世紀　一六〇三―一六八八年』西川杉子監訳（慶應義塾大学出版会、二〇一五年）、第三、第四章を参照。

(77) Michael Watts, *The dissenters* (Oxford, 1978), p. 492.

(78) リンダ・コリー『イギリス国民の誕生』川北稔訳（名古屋大学出版会、二〇〇〇年）。

(79) 一八世紀の政治文化におけるプロテスタント非国教徒のイメージと、民衆文化におけるその領有ついては、近藤和彦『民のモラル』（山川出版社、一九九三年、筑摩書房、二〇一四年改訂増補）を参照。

(80) George Savile, *The lady's new-years gift, or, advice to a daughter* (1688), pp. 9–10, 15–16.

あとがき

歴史研究者は誰しも、自分の選んだ時代こそ、考察に値する決定的で重要な変化が起きた時代であったと考えている、あるいは考えたことがあるのではないだろうか。それ以外の時代は重要性が低いとか、変化に乏しかったなどとは口に出さなくとも。この幸せな思い込みは、少なくとも、一七世紀イギリス史に魅せられたわたし自身の経験であった。

漠然と、民衆文化と宗教運動の関係について勉強したいと考えていた大学生のわたしが出会ったのが、イギリス革命期のプロテスタント諸セクトの歴史だった。学部卒業論文のために手に取ったクリストファー・ヒルやその後継者たちの仕事は、教会史や神学思想史をこえて、宗教をめぐる微妙なずれや対立が激しい政治闘争に組み込まれていく様相をいきいきと描いていた。他方、単純な近代化論を拒む文化史研究の自由さ、奥深さにも深い感銘を受けた。当時邦訳されたばかりであったキース・トマスの『宗教と魔術の衰退』（荒木正純訳、法政大学出版局、一九九三年）からは、宗教改革と啓蒙主義とにはさまれた一七世紀を通して、身体から天体、自然世界から超自然的な力までをイングランドの人々に理解させていた意味の体系が、ゆっくりとしかし不可逆的に変化してゆく大きなうねりを感じ、ただ圧倒されたことを覚えている。

中世の終わりにして近代のはじまり、といった簡単なフレーズでは表現しきれない魅力をもつ一七世紀イギリス史と向き合ってから、気がつけばそれなりの年月が経った。いまだに道半ばではあるが、これまでの自分の問いかけと、暫定的ではあれ得られた答えを、ひとつの書にまとめることができたことを嬉しく思っている。

本書の議論のおよそ半分は、二〇〇〇年にイギリス・ヨーク大学に提出した博士論文を土台としている。それは、革命期における宗教セクトをめぐる論争のなかで、誰によって、なぜ、どのように「異端」の概念が用いられたのかを、さまざまな「異端学」出版物から分析し、またこの概念が近世イングランドの宗教文化の変化にどのように関係したかを論ずるものであった。その後に継続した調査の成果も加えられているが、博士論文の基本的な問題関心は、本書の後半部に反映されている。

博士課程を終えたあとのわたしの関心は、いっぽうでは革命期の宗教政策におけるイングランド議会、ウェストミンスター神学者会議そしてスコットランド契約派の役割の検討に、他方では教会音楽をめぐる論争と、長期議会によるオルガン破壊の研究に向かった。とくに後者は革命史をこえてイングランド宗教改革史全体の理解にかかわる問題であるが、感情や感覚の歴史のなかで、今後も追求してゆきたいテーマである。二〇一六年の『思想』(岩波書店)の特集「音と声の歴史学」(第一一一二号)のために、オルガン破壊史研究の最初のまとめを行ったあとで、本書の企画が持ち上がった。「異端学」出版の世界と、礼拝音楽の改革を含む長期議会の宗教政策とをひとつの大きな流れのなかで論じるために、革命に先立つ一六二〇年代まで補助線を引き、イングランド議会とイングランド国教会の関係を反教権主義を軸に論じながら構成したのが、本書前半部である。

異端論争という特殊な現象の分析からはじまったわたしの研究は、こうしてイギリス革命そのものを再考する作業につながることになった。言うまでもなく、内戦・革命期の国政、社会変動、宗教実践、政治思想などに関する歴史研究の蓄積は膨大であり、本書では考察の射程にさえ含めることができなかったさまざまな問題と無数の先行研究があることは認識している。それでも、宗教秩序をめぐる論争の推移を通して一七世紀イングランド文化の変化を考察する本書の試みが、近世イギリス史理解に少しでも寄与するものになれば、幸いである。

これまでに公開した論文で、本書をまとめるにあたって依拠したものを発表順にリストする。ただし、収録に際しては大幅な書き換えと再構成を行っている。

「病としての異端――十七世紀内戦期イングランドにおける神学と医学」、石塚久郎・鈴木晃仁(編)『身体医文化論――感覚と欲望』(慶應義塾大学出版会、二〇〇二年)、六七―九〇頁。【第4章の一部】

「一七世紀イングランドの異端学と宗教の複数性――A・ロスの英語訳『コーラン』と『世界宗教大全』」、『西洋史学』第二一九号(二〇〇五年)。【第6章の一部】

「反寛容の構築――イングランド革命期の異端論争を再考する」、『歴史学研究』第八〇九号(二〇〇五年)。【第3、第4章の一部】

「宗教と文化――変化する信仰と近世イングランド」、井野瀬久美惠(編)『イギリス文化史』(昭和堂、二〇一〇年)、一七―三四頁。【序章の一部】

「「クリスチャン」と「異端」のあいだ――十七世紀イングランド教会とイフライム・パジット」、深沢克己(編)『ユーラシア諸宗教の関係史論――他者の受容、他者の排除』(勉誠出版、二〇一〇年)、二八一―三〇〇頁。【第5章の一部】

「宗教統一を夢みた革命?――内戦期イングランドの宗教政策とスコットランド」、岩井淳(編)『複合国家イギリスの宗教と社会――ブリテン国家の創出』(ミネルヴァ書房、二〇一二年)、五三―八一頁。【第3章】

「革命期イングランドのオルガン破壊」、『思想』第一一一一号(二〇一六年)。【第2章】

また、本書執筆にあたって、以下の研究助成を受けた。

ＪＳＰＳ科学研究費助成事業（基盤研究Ｃ）：25370871（二〇一三―二〇一六年度）、18K01042（二〇一八年度）

これまでの研究生活では、数え切れないほど多くの先生方や同僚たちから助けを受けた。とくに、国際基督教大学歴史学デパートメントで長く教鞭を執られた高澤紀恵先生は、学部生時代の指導教官として、異端というラベルそのものの歴史性に目を向けるべきことに気付かせてくださった。先生の着眼の確かさが本書の出発点となったと言っても、過言ではない。先生はまた二〇〇一年以降は同じ職場の先輩として、研究と教育の両面においてわたしに手本を示し続け、数々の貴重な助言をくださった。心からの感謝を申し上げる。同歴史学デパートメントの同僚たちの友情と協力にも感謝したい。ヨーク大学のマーク・ジェナー博士は、約六年にわたる大学院での学びのあいだ、忍耐強く研究の指導をしてくださった。本書のバックボーンを構成しているわたしの博士論文は、ジェナー博士との対話の結晶である。彼の鋭い思考と温かいユーモアは、いまもわたしを刺激し励まし続けている。また、研究者としてのわたしを鍛えてくれた存在として、わたしの授業やゼミに参加してくれた国際基督教大学歴史学専攻の学生たちにも礼を述べたい。教職に就いて以来、彼らとの対話からわたしが学び発見したことは数多く、そのなかには本書の重要な論点も含まれている。実に、教えることとは、教え手にとって最大の教育であった。

本書の執筆は二〇一七年から二〇一八年にかけて行われた。企画から刊行までの道のりは、岩波書店編集局の渕上皓一朗氏が丁寧に導いてくださった。氏は、当初教会音楽やオルガンを中心に執筆しようと考えていたわたしに、むしろ革命期の宗教問題全体を俯瞰し、長期的な文化変容を論ずることを勧めてくださった。氏の熱心なサポートを受けられたことは、わたしにとってまことに幸運であった。後藤はる美氏、山本信太郎氏には本書第1章の草稿に目を通してもらい、有益なコメントをいただいた。また槙野翔・芳賀太弦両氏には、脱稿前の細かなデータ確認や史料撮影などの作業で協力いただいた。以上、各氏に感謝申し上げる。妻の那須まどりは、わたしの研究活動の頼もしい理解者として、すべての原稿に目を通して的確に助言し、わたしが新しい着想に意気込むときも、議論の行き詰まりに頭をかかえるときも、相談に乗ってくれた。彼女の助けなしには本書は完成しなかっただろう。特別に感謝する。

この本は、宗教と社会というわたしの研究テーマが成立するすべての条件を与えてくれた、両親に捧げたい。

二〇一九年一月

那須　敬

那須 敬

1971年生まれ．国際基督教大学教養学部歴史学デパートメント上級准教授．イギリス・ヨーク大学(Ph.D)．専門は近世イングランド史，宗教文化史．

共著に『痛みと感情のイギリス史』(伊東剛史・後藤はるみ編，東京外国語大学出版会，2017年)，論文に「言語論的転回と近世イングランド・ピューリタン史研究」(『史学雑誌』第117編第7号，2008年)などがある．

イギリス革命と変容する〈宗教〉
——異端論争の政治文化史

2019年3月26日　第1刷発行

著　者　那《な》須《す》敬《けい》

発行者　岡本　厚

発行所　株式会社 岩波書店
〒101-8002 東京都千代田区一ツ橋2-5-5
電話案内 03-5210-4000
http://www.iwanami.co.jp/

印刷・精興社　製本・牧製本

ISBN 978-4-00-061326-2　　Printed in Japan

索　引

ア 行

カ 行

サ 行

タ・ナ行

ハ 行

マ・ヤ行

ラ 行

用語集

イングランド国教会，非国教会

主教制 episcopacy
本文 10 頁ほかを参照．慣例に従って本書では bishop の語を，国教会は主教，ローマ・カトリック教会は司教と訳した．

大聖堂 cathedral
主教座聖堂がより正確な訳．各**主教区** diocese の中心．大聖堂における礼拝と建物・財産の管理は，**首席司祭** dean と**聖堂参事会聖職者** prebendaries/canons からなる**聖堂参事会** chapter に任される．

寺院 collegiate church
共住聖職者教会とも訳す．**大聖堂**(主教座聖堂)と同様，**聖堂参事会**によって管理されているが，主教座ではない教会．ロンドンのウェストミンスター寺院が代表例．

聖職議会 Convocations of Canterbury and York
カンタベリおよびヨーク大主教が各々の大主教管区の聖職者を集めて行う聖職者会議．上下二院に分かれ，上院に主教が，下院に大執事や主教座**聖堂参事会**の代表らが出席した．通常，**イングランド議会**の会期中に同時開催され，**教会法** canons の制定や教会財産への課税承認が主な審議事項であったが，革命期に機能停止し，王政復古以降は自律性を失い形式化した．

高等宗務官法廷 Court of High Commission
本文 42-43 頁を参照．

聖餐 Eucharist/Holy Communion
キリストの身体をあらわす聖体(パンとワイン)を信徒が受ける教会の儀式．聖体の解釈(キリストの実体を伴うか，象徴か)や司式方法の違いは，ローマ・カトリックの「ミサ Mass」とプロテスタントの聖餐をいちおう区別する指標となったが，宗教改革後も論争は続いた．

長老制 presbyterianism
本文 94 頁ほかを参照．

会衆制 congregationalism
会衆教会主義とも．主教制下にある**教区** parish(本文 10-11 頁)に規定されない，信徒の自発的な集合を教会の基礎とし，個別教会の自治を重んずる．なお初期マサチューセッツ湾植民地のイングランド人教会のように，会衆制にたちつつも総体としてのイングランド国教会に帰属すると主張する立場を，**非分離会衆教会主義** non-separatist congregationalism と呼ぶ．

クェーカー Quakers/Society of Friends
ジョージ・フォクス(George Fox, 1624-1691)を指導者として 1650 年代に急速に成長した非国教セクト．信者の「内なる光」による神との交流を説き，伝統的な礼拝様式や教会制度を批判した．大胆な布教活動と女性信徒の活躍のため危険視され，王政復古期には厳しい弾圧を経験した．

レヴェラーズ Levellers
ウィリアム・ウォルウィンやジョン・リルバーンらが中心となった宗教的・政治的急進派．1647 年に社会契約思想にもとづき普通選挙権を要求し，議会軍兵士を中心に支持者を集めたが，軍幹部による弾圧を受け，第二次内戦後に消滅した．

王権，議会

枢密院 Privy Council
法律家や実務家を含む有能な国王側近を集めた少人数の諮問機関で，ヘンリ 8 世の時代に

国王統治の実質的な中枢として確立した．チャールズ1世の処刑(1649年)後は**国務会議 Council of State**におき換えられたが，王政復古により復活した．

星室法廷 Court of Star Chamber

星室庁とも訳す．**枢密院**に直属する国王大権裁判所．治安妨害や誹毀，国王布告に対する違反などを裁くために政府が活用した．チャールズ1世期には厳罰主義と権力濫用が批判されるようになり，1641年に長期議会が**高等宗務官法廷**とともに廃止した．

イングランド議会 Parliament of England

上級貴族と主教が議席をもつ**貴族院 House of Lords**と，州および都市の代表として選出されたジェントリたちが出席する**庶民院 House of Commons**による二院制．課税への同意とひきかえに国王に要望を提示し，法律を制定する権限をもったが，その召集と解散は国王の任意であった．しかし1641年，議会の同意なき解散を不可能とする「解散反対法」が制定されたことで，内戦期から共和政期まで続く「**長期議会 Long Parliament**」となった．

略年表

年	事項
1534	ヘンリ8世の議会,「国王至上法」制定：イングランド国教会を樹立
1549	「礼拝統一法」で最初の「共通祈禱書」を規定
1558	エリザベス1世即位
1559	「国王至上法」「礼拝統一法」再制定
1603	スコットランド王ジェイムズ6世,イングランド・アイルランド王ジェイムズ1世として即位
1618-1619	ドルトレヒト神学会議
1618	「パースの五箇条」：イングランド式の礼拝様式をスコットランド教会に導入
1625	チャールズ1世即位,第一議会(6-8月)
1626	第二議会(2-6月)
1628-1629	第三議会(3-6月,1-3月)
1628	●スマート,ダラム大聖堂で説教
1635	●パジット『クリスチャン目録』
1637-1638	祈禱書導入に抗議するスコットランド人の反乱
1639	第一次主教戦争(5-6月)：チャールズ1世,スコットランド反乱鎮圧に失敗
1640	短期議会(4-5月)
	第二次主教戦争(8月)：チャールズ1世,ふたたびスコットランドに敗れる
	長期議会(11月-1653年4月)
1641	アイルランドのカトリック反乱勃発(10月)
1642	第一次内戦(イングランド議会派 対 国王派)はじまる(8月)
1643	ウェストミンスター神学者会議設置,イングランド議会とスコットランド契約派の「厳粛な同盟と契約」
1645	カンタベリ大主教ロードの処刑
	●パジット『異端目録』
	「共通祈禱書」廃止,「礼拝指針」発布
1646	●エドワーズ『ガングリーナ』
	第一次内戦終結,議会派の勝利(6月)
1647	チャールズ1世とスコットランドの「約定」(12月)
1648	第二次内戦(4-8月,イングランド議会派 対 国王派＋スコットランド),議会派の勝利
1649	チャールズ1世の裁判と処刑(1月)
	●ロス『マホメットのアルコラン』
	イングランド軍によるアイルランド遠征(8月-1653年4月)
1650-1651	第三次内戦(7月-1651年9月,イングランド共和国 対 チャールズ2世＋スコットランド),イングランドの勝利
1651	●ホッブズ『リヴァイアサン』
1653	●ロス『世界宗教大全』
	クロムウェル,護国卿に就任
1660	王政復古：チャールズ2世の帰国(5月)

図表一覧

カバー

Detail(rotated), 'View of London from Southwark, 1640-60', Anglo-Dutch school, 17th century, Chatsworth House. Reproduced by permission of Chatsworth Settlement Trustees, Bridgeman Images.

序　章

図1　John Taylor, *Religions enemies*(1641). University of Illinois at Urbana-Champaign.

図2　John Taylor, *A plea for prerogative: or, give caesar his due*(1642). British Library.

第1章

図1　ジョン・カズン. Auckland Castle, 筆者撮影.

図2　Richard Mountague, *A new gagg for an old goose*(1624). University of Illinois at Urbana-Champaign.

第4章

図1　*A catalogue of the severall sects and opinions in England and other nations: with a briefe rehearsall of their false and dangerous tenents*(1647)部分. John Miller, *Religion in the popular prints 1600-1832*(Cambridge, 1986), p. 93 より.

グラフ1　「異端」「セクト」などをタイトルに含む出版物数の推移

グラフ2　各種セクト名をタイトルに含む出版物数の推移

図2　Thomas Edwards, *Gangraena*(1646)第一部の扉. Folger Shakespeare Library.

第5章

図1　*A discovery of 29 sects here in London*(1641). British Library.

図2　Ephraim Pagitt, *Heresiography*(1645)目次. British Library.

図3　Ephraim Pagitt, *Christianographie*(1635)世界地図. British Library.

図4　Ephraim Pagitt, *Heresiography*, 5th edition(1654)口絵. British Library.

図5　Daniel Featley, *Dippers dipt*(1645)口絵. John Miller, *Religion in the popular prints 1600-1832*(Cambridge, 1986), p. 89 より.

図6　Ephraim Pagitt, *Heresiography*, 6th edition(1661)より,「アダマイト」「ペラギウス」「ジェイムズ・ネイラー」. British Library.

第6章

図1　[Alexander Ross,] *The Alcoran of Mahomet*(1649). Folger Shakespeare Library.

図2　Alexander Ross, *Πανσεβεια*[*Pansebeia*]*: or, a view of all religions in the world* (1683)扉. British Library.

図3　Ephraim Pagitt, *Heresiography*, revised 6th edition(1662)より,「トマス・ヴェナー」. University of Illinois at Urbana-Champaign.

図 4　Sir Roger L'Estrange, *The committee; or popery in masquerade*(1680)挿絵. John Miller, *Religion in the popular prints 1600–1832*(Cambridge, 1986), p. 117 より.

図 5　Ephraim Pagitt, *Heresiography*, revised 6th edition(1662)より,「平和」. British Library.